Gelete Nieto

Gianluigi Scalvini

Jaroslav Hules

Jeremy McWilliams

Jürgen van den Goorbergh

Kenny Roberts

Klaus Nöhles

Loris Capirossi

Luca Cadalora

Friedemann Kirn

MOTORRAD WM 2000

Motor
buch
Verlag

Inhalt

Einbandgestaltung: Andreas Pflaum

Mit Fotos von Friedemann Kirn, Alessio Barbanti, Oscar Bergamaschi, Lydia Guglielmi-Kirn, Yves Jamotte, Peter Lange, Christopher Reeves, Gigi Soldano, Stefan Wolf und Rolf Zimmermann

Mit besonderem Dank an Manfred Arnold, Andy Schulz und Rolf Zimmermann

ISBN 3-613-02067-X

1. Auflage 2000

Herstellung: IPa, Vaihingen/Enz
Druck: Fotolito Longo, Bozen
Bindung: Fotolito Longo, Bozen
Printed in Italy

Doohans Erbe

Der fünffache Weltmeister Mick Doohan trat vor der Saison 2000 endgültig vom Rennsport zurück. Sein Team und Cheftechniker Jerry Burgess machten weiter – und brachen mit Valentino Rossi in eine neue Ära auf.

Zweimal erbeutete der »Fliegende Holländer« Jürgen van den Goorbergh 1999 mit seiner MZ-Weber-Halbliterrakete die Pole Position, und als im Spätsommer einer spannenden Saison die ersten Verhandlungen fürs neue Millenium geführt wurden, schien das ehrgeizige deutsch-schweizer Projekt zu einer Macht heranzureifen.

Das Modenas-Team von Kenny Roberts interessierte sich für die bärenstarken Swissauto-Motoren und stellte in Brünn einen Prototypen mit dem kompakten V4-Aggregat vor, der die eigenen, schwächlichen Dreizylindermotoren ersetzen sollte. Konnten sich die Modenas-Piloten mit ihren übergewichtigen Motorrädern wenigstens regelmäßig qualifizieren, so war das neuseeländische BSL-Team mit einer eigenen Dreizylinder-Variante an technischen Anlaufschwierigkeiten gescheitert. Deshalb fing auch BSL-Manager Dave Stewart an, sich für die MZ-Weber-Maschinen zu interessieren und stellte in Aussicht, im Jahr 2000 gleich zwei Fahrer ins Gefecht zu schicken.

Auch im MZ-Weber-Team selbst wurde die Zukunft geplant. Teammanager Rolf Biland hielt emsig nach einem Siegfahrer Ausschau und hatte für die Wochen nach dem Finale in Argentinien bereits die ersten Testfahrten für die neue Saison im Kalender. Schließlich gab es von der Schweizer Compro AG, die den Rennstall nach einem geplatzten Sponsorgeschäft zu Jahresbeginn übernommen hatte, eine feste Zusage, den Rennbetrieb mindestens fünf Jahre lang zu finanzieren.

Zwei Fahrer bei MZ-Weber selbst,

Der lebenslustige Superstar: Valentino Rossi bei »Uinter Tests« in »Filippo Aisland«

Nur noch Strandgut: Mick Doohan trat zurück – und trennte sich von Freundin Selina

zwei weitere Piloten in einem Satellitenteam und ein dritter Rennstall, der die gleichen Motoren verwendete und mit einem eigenen Chassis zum Erfahrungsaustausch beitragen konnte – die Träume waren kühn, und umso bitterer war das Erwachen, als die Perspektiven nacheinander wie Seifenblasen platzten.

Der erste Rückzieher kam von Modenas. Kein Hauptsponsor, kein Siegfahrer, meldete die Crew, die einst bei Marlboro aus dem Vollen geschöpft hatte. Statt den Japanern wie geplant mit Formel 1-Technologie und ständiger, verzögerungsfreier Weiterentwicklung das Fürchten zu lehren, ging es im Modenas-Team mit der Entwicklung eines neuen Motors der dritten Dreizylindergeneration nur langsam voran. Eine kleine Rumpfmannschaft scharte sich um nur noch einen Fahrer, den jungen Spanier David de Gea, der aber weder die Erfahrung noch das Können hatte, für die Weiterentwicklung die Weichen zu stellen.

Dann sagte das BSL-Team ab. Wochenlang hatte Dave Stewart wegen des Kaufs von 1999er MZ-Weber-Werksmaschinen verhandelt und sich über die hohen Geldforderungen der Compro AG gewundert, die fast schon an die Leasinggebühren für japanische Werksmaschinen heranreichten. Der steinreiche Teambesitzer Bill Buckley zog am Ende selbst den Stecker: Der Motorrad-Rennsport sei sein Steckenpferd, ließ der Neuseeländer wissen, und wenn er schon Unsummen ausgeben müsse, wolle er eines Tages dann doch lieber seine eigenen Motoren fahren sehen. Damit war das BSL-Team vorläufig ausradiert.

Ebenso sang- und klanglos fiel auch der Vorhang bei MZ-Weber selbst. Beim oberschwäbischen Motorenunternehmer Albert Weber und seinem Bruder Hubert, der dessen Vermögen verwaltete und die Compro gegründet hatte, war der ursprüngliche Optimismus zum Ende der Saison 1999 herber Enttäuschung gewichen. Denn Rolf Biland und Motoren-Entwickler Urs Wenger hatten immer wieder Top fünf-Platzierungen in Aussicht gestellt, sofern man nur Fahrer vom Schlage eines Luca Cadalora oder Anthony Gobert verpflichten dürfe. Doch die Erfolge ließen bis zum Ende auf sich warten.

Neben Dave Stewart bemühte sich auch das Motorrad- und Zweiradwerk MZ um die Motorräder. Geschäftsführer Petr-Karel Korous hatte neue Sponsoren aufgetan, die es zur Bedingung machten, daß der Rennstall wieder als echtes Werksteam vom deutschen Unternehmenssitz in Zschopau-Hohndorf geführt wurde.

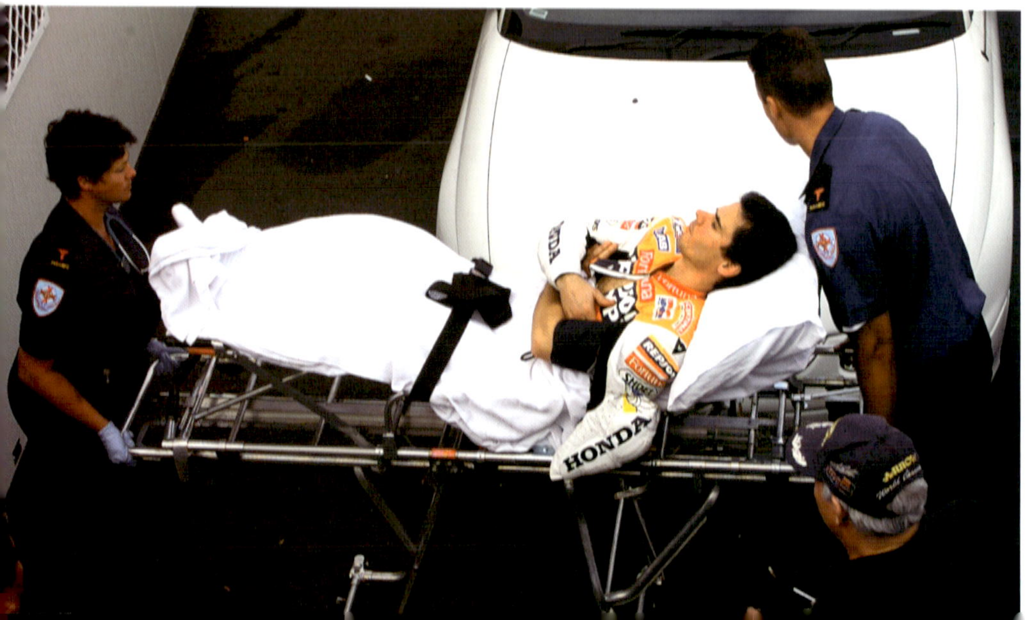

Sete Gibernau schlug Alarm: Alex Crivillé erlitt bei Tests einen Zusammenbruch

Das Tauziehen um die Rennmaschinen scheiterte freilich ebenso wie die Pläne eines gemeinsamen Serienmotorenprojekts.

Jürgen van den Goorbergh war mithin gezwungen, wieder ein Jahr auf einem unterlegenen Honda V2-Production Racer in Angriff zu nehmen. Und die Südländer hatten die Schlagzeilen vor der neuen Halbliter-Weltmeisterschaft für sich. Allen voran Valentino Rossi: Für rund fünf Millionen Dollar Jahresgage wechselte der 250 ccm-Weltmeister von Aprilia auf eine Honda NSR 500 und scharte dort eine illustre Crew um sich – das gleiche Team mit Cheftechniker Jerry Burgess, das Mick Doohan zu fünf WM-Titeln hintereinander verholfen hatte, brach mit dem 20jährigen Italiener in eine neue Ära auf.

Und was für eine. Neben seinem unbestrittenen Talent brachte Rossi seine unbeschwerte Lebenslust mit ins Spiel und ließ bei den Übersee-Tests in Australien statt einer Startnummer gleich mal einen Aufkleber mit der Aufschrift »Unter-Tests Filippo Aisland« anbringen, die ihn als Karikatur mit Stoppelfrisur und Strandkostüm beim Sonnenbaden zeigte. Rossis gute Laune elektrisierte auch die Mechaniker, die mit der Umstellung von Doohans verbissenem Ehrgeiz auf die lässige italienische Lebensart nicht die geringsten Probleme hatten. »Es ist erfrischend, jemand mit der Einstellung Valentinos bei uns in der Box zu haben. Das ist Valentino. Wenn du das von ihm nehmen würdest, dann hättest du nicht mehr einen so guten Rennfahrer auf der Strecke. Außerdem darf man sich von seiner fröhlichen Art nicht täuschen lassen: Valentino hat ein außergewöhnliches Auffassungsvermögen, mit dem er jede Information wie ein Schwamm aufsaugt und sofort in schnelle Rundenzeiten umsetzen kann. Wirklich erstaunlich«, zollte ihm Jerry Burgess Respekt. »Ich schätze, daß wir hier einen jungen Fahrer haben, der über Jahre hinweg den Ton angeben wird. Die Möglichkeit, das Motorrad in jene Richtung weiterzuentwickeln, die Valentino vorgibt, ist die beste Chance, die Honda hatte, seit Doohan 1990 anfing, die Entwicklung in seine Richtung zu steuern. Schon dieses Jahr, so schätze ich, wird Honda Valentino als einen Fahrer ansehen, der für die Weiterentwicklung klare Vorgaben macht. Und in den nächsten fünf Jahren werden wir an dem Mo-

Nur fast zum Verwechseln: Biaggi auf der Standard-YZR 500 (oben), Nanba auf dem Prototypen

Geglückte Machtprobe: Max Biaggi und sein neuer Cheftechniker Fiorenzo Fanali

torrad tiefgreifende Veränderungen erleben.«

Zeitweise war sogar geplant, Mick Doohan als Manager von Rossis Team anzuheuern, eine Idee,die über die Wintermonate hinweg immer wieder durch die Schlagzeilen geisterte. »Ich werde auf jeden Fall für Honda arbeiten. In welcher Weise, wissen wir noch nicht«, wehrte Doohan selbst ab.

Fest stand allerdings, daß er nicht mehr selbst in den Sattel steigen würde. Am Freitag, 10. Dezember 1999, erklärte der von seinen Verletzungen gezeichnete Champion den offiziellen Rücktritt. Vier Tage später humpelte der Mann, der seinen Ruhm und sein Vermögen damit verdiente, sehr schnell unterwegs zu sein, sehr langsam ins »Marriott« Hotel von Surfer´s Paradise und stellte sich einer Pressekonferenz. »Ich bin wie Strandgut«, grinste der 34jährige, der gerade erst von einem Yachturlaub mit Freunden wie Daryl Beattie zurückgekehrt war und sich im übrigen von seiner Freundin Selina getrennt hatte, die die gemeinsame Tochter Allexis fortan allein großzog.

Doohans schwerfälliger Seemannsgang erinnerte wenig an einen Athleten von Weltruhm, doch trotz seiner Verletzungen bewies der 54fache Grand Prix-Sieger Humor. »Heute ist der erste Tag seit zwei Monaten, an dem ich mich ohne Krücken bewege. Alles, um Euch zu beeindrucken«, rief er den Reportern entgegen.

Auch bei seinen weiteren Kommentaren zeigte er trotz der Schmerzen, die er in seiner außergewöhnlichen, elf Jahre währenden Grand Prix-Karriere durchlitten hatte, kein Selbstmitleid. »Einige Jahre lang gewann ich die Weltmeisterschaft, und ich war in der glücklichen Lage, immer wieder antreten zu können. Doch ich wußte, daß ich eines Tages entweder geschlagen würde oder daß so etwas passieren würde. Alles in allem bin ich aber trotzdem glücklich mit dem Verlauf meiner Karriere, und auch wenn ich könnte, würde ich im Nachhinein nichts ändern – außer, daß ich vielleicht dem Spanien-Grand Prix an jenem Wochenende ferngeblieben wäre«, meinte er.

Seine Karriere von 137 Rennen, 54 Siegen, 95 Podestplätzen, 58 Pole Positions und fünf Titeln endete an jenem Wochenende abrupt, als er bei feuchter Piste ausgangs einer Linkskurve auf dem weißen Begrenzungsstrich ausrutschte und in einen soliden Reifenwall einschlug. »Normalerweise stürzt man nicht, wo ich stürze. Deshalb verpaßte ich die Airfences. Ein völlig unüblicher Unfall«, schilderte Doohan.

Der Sturz bescherte ihm ein schlimm gebrochenes rechtes Bein, eine gebrochene rechte Schulter, ein gebrochenes linkes Handgelenk, einen beschädigten Nerv im linken Arm, schwere Bänderschäden im linken Knie, ausgerenkte Rippen und Gewebeschäden in verschiedenen anderen Körperteilen. Verletzungen, von denen er sich trotz drei Operationen immer noch nicht erholt hatte. »Ich muß akzeptieren, daß mein Körper nicht mehr in der Lage ist, Halbliterrennen zu bestreiten«, erklärte Doohan.

500 ccm: Crivillés Streß-Syndrom

Doch nicht nur der alte, auch der neue Weltmeister war in schlechter Verfassung. Alex Crivillé war nach dem Saisonfinale zwar weg vom Streß an den Rennstrecken, als größter Held in der spanischen Motorradsportgeschichte dafür aber Zentrum eines riesigen Rummels. Feste, Gala-Dinner, Ehrungen und Empfänge folgten einander Schlag auf Schlag

Geglückter Einstand: Capirossi haute beim Debüt im Pons-Team mit der Bestzeit auf den Putz

wie im Kalender eines umtriebigen Diplomaten, und der eigentlich so scheue, in sich gekehrte Crivillé, der am liebsten auf seiner Ranch in den Bergen zum Reiten ging oder sich mit den engsten Freunden vergnügte, hatte weniger Zeit für sich selbst denn je. »Zu Anfang war das alles ein Riesenspaß. Doch im Januar hörte es immer noch nicht auf mit den Feiern, den Interviews und den Fernsehshows, und allmählich ging es mir auf die Nerven«, erklärte Crivillé.

Bevor er überhaupt dazu kam, ans Atemholen zu denken, standen schon wieder die entscheidenden Testfahrten für die neue Saison in Australien auf dem Programm. Erst am Dienstagnachmittag, am Vortag seines ersten Arbeitstages, traf er in Melbourne ein. Als er am Mittwoch schließlich im Sattel seiner Maschine Platz nahm, blieb der übernächtigte Superstar fünf Sekunden unter der Bestzeit auf dem Phillip Island-Kurs. »So hat´s keinen Sinn. Wir machen morgen weiter«, empfahl sein Cheftechniker Gilles Bigot, worauf Alex trotzig auf seine Maschine stieg und weiterfuhr, natürlich, ohne auf bessere Zeiten zu kommen.

Am Ende des zweiten Tages geschah dann etwas Seltsames: Crivillé zog den Helm vom Kopf, wischte sich irritiert übers Gesicht und murmelte, er fühle sich nicht ganz wohl. Erst versuchte er noch, sich zusammen zu reißen und mit den Mechanikern zu reden, dann aber veschwand er doch im Container hinter der Boxengasse, gefolgt von seinem Freund Sete Gibernau.

Wenig später schwang die Tür auf, und Sete schrie nach einem Ambulanzfahrzeug. Denn just, als er sich zur Entspannung zurückgelehnt hatte, geriet Crivillé plötzlich in Atemnot, sein Gesicht lief blau an, dann verlor er das Bewußtsein.

Eine Viertelstunde später war Alex schon mit einem Ambulanzfahrzeug zu einer Klinik nach Melbourne unterwegs. Die Untersuchungen der Ärzte blieben freilich ohne Befund: Crivillé, der schon Wochen zuvor beim Training in einem Kraftraum einen ähnlichen Zusammenbruch erlebt hatte, wurde mangels besserer Erklärung zum Opfer von Streß erklärt und bis Saisonbeginn nach Hause geschickt. Bis auf ein paar Runden von Sete Gibernau, der am Ende stürzte, fielen die Tests des offiziellen Repsol-Honda-Teams ins Wasser: Auch Tady Okada konnte nicht fahren, weil er seit einem wenige Wochen zuvor erlittenen Teststurz Sehstörungen hatte.

Besser in Schwung war die Konkurrenz von Yamaha. Max Biaggi kreuzte bei Tests mit seinem neuen italienischen Cheftechniker Fiorenzo Fanali auf, der einst auch Eddie Lawson betreute und dessen Verpflichtung der Römer in einer internen Machtprobe erzwungen hatte. Fanalis Vorgänger Mike Sinclair wurde von Yamaha zum übergeordneten Renningenieur befördert, der auch ein Auge auf das Geschehen in Carlos Checas Box zu werfen hatte. Der Spanier, dessen Sturzinferno 1999 einen Materialschaden von über 4,5 Millionen Dollar aufgehäuft hatte, nutzte die Tests hauptsächlich dazu, wieder neues Selbstvertrauen aufzubauen.

Superstar bei MoviStar: Kenny Roberts bei Suzukis Multi-Media-Präsentation

Norick Abe, Star im Team Antena 3 des Spaniers Luis d´Antin, erhielt nach einem Jahr auf Gebrauchtmaschinen wieder volle Werksunterstützung. Im Red Bull-Yamaha-Team suchte Garry McCoy mit seinem Cheftechniker Hamish Jamieson erfolgreich nach mehr Traktion, nur sein Teamkollege Regis Laconi reiste vorzeitig von den Yamaha-Testfahrten in Malaysia ab: Der Franzose brach sich bei einem Sturz gleich am ersten Tag das rechte Schienbein.

Während die Yamaha-GP-Piloten ei-

Halbliterklasse 2000: Sete Gibernau ist vorn – zumindest auf dem Foto

nen Schritt zurückgingen und wieder auf das gutmütigere Chassis von 1998 zurückgriffen, nutzte Yamaha-Testfahrer Kyoji Nanba die drei Tage in Sepang zu ausgiebigen Probefahrten mit einem hochgeheimen Halbliter-Prototypen. Max Biaggi hatte die Neuentwicklung bereits Ende 1999 in Japan kurz ausprobiert und die eigene Bestzeit auf der gewohnten YZR 500 nur um eine Sekunde verpaßt.

Radikalste Änderung war der Motor. Anders als bei der YZR 500 mit zwei gegenläufigen Kurbelwellen steckte in dem Prototypen nur eine Kurbelwelle und entsprach damit dem Konstruktionsprinzip von Honda. Die Ingenieure hatten die Hoffnung, die Kreiselkräfte der einzelnen Kurbelwelle könne das Motorrad bei abrupten Richtungsänderungen wie etwa bei Slides am Kurvenausgang stabilisieren und für ein insgesamt leichter beherrschbares Fahrverhalten sorgen. Weil die Hoffnung trog, wurde die Weiterentwicklung allerdings Mitte des Jahres auf Eis gelegt.

Solche Experimente machte Suzuki nicht. Die Maschine wurde nur in kleinen Schritten weiterentwickelt. Viel entscheidender war, daß das Grand Prix-Team zwei Jahre nach dem Abschied von Lucky Strike wieder einen Hauptsponsor gefunden hatte. Der spanische Telefongigant MoviStar nahm das Suzuki-Werksteam und gleich auch noch das 125 ccm-Weltmeisterteam von Angel Nieto unter die Fittiche. Star Kenny Roberts junior wurde bei einer pompösen Präsentation in Jerez gleich als kommender Weltmeister ausgelobt und sparte sich die Mühe, die Favoritenrolle zurückzuweisen. »1999 war mein erstes Jahr auf Michelin-Reifen, und unsere ersten vier Rennen mit Öhlins-Federelementen, außerdem machten wir erste Verbesserungen am Motor in jene Richtung, die meiner Auffassung des Halbliter-Fahrstils entspricht. Viel aggressiver als mein Teamkollege und die Testpiloten. Mein Motor ist schwieriger zu kontrollieren, dafür aber kräftiger. Alles in allem haben wir viel geleistet, und abgesehen von schierer PS-Leistung können wir mit dem Erreichten zufrieden sein«, meinte er. »Von der Papierform her sehen meine Titelchancen rosig aus, wenn ich weiter so gut fahre und wenn wir weiter so viel Glück haben. Denn alles in allem waren wir sehr konkurrenzfähig und machten wenige Fehler, was Stürze betrifft. Und immer dann, wenn es nötig war, übten wir auf Alex sehr direkt sehr starken Druck aus. Wenn wir keine Motorprobleme kriegen und wenn ich nichts Dummes mache, dann haben wir eine Weltmeisterschaft zu verlieren. Ich sage nicht, daß wir gewinnen, doch ich sage, daß sie unser Ding ist, das wir verlieren können.«

250 ccm: Waldis Teamkollege

Nach dem spektakulären Transfer von Valentino Rossi fehlte die Nummer eins in der 250 ccm-Klasse. Weil auch Loris Capirossi, der Weltmeister 1998, in die Halbliterklasse abwanderte und als Teamkollege von Alex Barros im Honda-Team von Sito Pons gleich bei den offiziellen IRTA-Tests in Jerez mit der Bestzeit aufhor-

Zurück auf den Zweizylinder: Ohne MZ-Weber blieb Jürgen vd. Goorbergh nur der Honda-Production Racer

Kräftemessen für die neue Saison:
Alex Hofmann, Mike Baldinger

Rossis Kronprinz: Marco Melandri
bei ersten 250er Tests

chen ließ, war die Frage des neuen Titelfavoriten so offen wie in vielen Jahren nicht.

Die Hoffnungen von Honda ruhten auf zwei Japanern. Der kleine Daijiro Katoh wurde für seine Erfolge in der Heimat mit der ersten kompletten Grand Prix-Saison im italienischen Axo-Team von Fausto Gresini belohnt. Noch mehr wurde dem erfahrenen Tohru Ukawa vom australischen Shell Advance-Honda-Team zugetraut, der 1999 seinen lang ersehnten ersten Grand Prix-Sieg gefeiert hatte. Der junge Australier Anthony West, der sich im letzten Jahr auf einem Honda-Production Racer die ersten Sporen verdient hatte, wurde dort gleichzeitig als Mann der Zukunft aufgebaut und hatte erstmals eine reinrassige Werksmaschine zur Verfügung.

Ebenso gut gerüstet zeigte sich die Konkurrenz von Yamaha. Das Wunderkind Shinya Nakano, das 1999 noch regelmäßig zwischen den Grand Prix nach Hause flog, hatte sich mittlerweile in der Postkartenidylle rund um die südfranzösische Basis seines Teams Chesterfield Tech 3 eingelebt und sprach sogar schon ein paar Brocken französisch. Sein Teamkollege Olivier Jacque, zwei Jahre lang von komplizierten Verletzungen am Kampf um den Titel gehindert, war wieder topfit. Zusammen galten die beiden als ungleiches, aber überaus schlagkräftiges Duo, das der Konkurrenz mit der motorisch hinterher hinkenden,dafür aber beim Fahrwerk überlegenen YZR 250 das Fürchten lehren konnte. Das schwäbische Kurz-Yamaha-Team war im Vergleich dazu nur ein kleiner Außenseiter: GP-Neuling Mike Baldinger mußte sich im ersten WM-Jahr mit einem käuflichen Production Racer begnügen.

Leistung satt gab es bei Aprilia, wo Valentino Rossis Freund Marco Melandri zu dessen Nachfolger promovierte. Außerdem traten dort nicht weniger als drei deutsche Fahrer zu einem nationalen Kräftemessen an. Ralf Waldmann erhielt wieder aktuelle Werksmaschinen und machte sich Hoffnungen, in seinem zweiten Jahr auf den heiklen Aprilia-Werksmaschinen vielleicht doch noch den lang ersehnten Titel erobern zu können.

Erstmals seit 1996 hatte Waldmann auch wieder einen Teamkollegen: Der talentierte Nachwuchsfahrer Klaus Nöhles wurde von Waldmanns Teammanager Dieter Stappert als zweiter Mann engagiert und zog dabei das große Los. Nöhles erhielt für sein Grand Prix-Debüt die käufliche Semi-Werksmaschine und den Rückhalt eines erfahrenen Teams mit dem unübertroffenen Cheftechniker Sepp Schlögl.

Dritter im Bunde war Alex Hofmann. Seit seiner Jugend-Cross-Karriere sorgfältig zur größten deutschen Nachwuchshoffnung aufgebaut, bestritt der Europameister von 1998 schon 1999 seine erste Grand Prix-Saison, hatte bei 180 cm Körpergröße aber seine liebe Not mit dem kompakten Format seines Honda-Production Racers und zog im direkten Vergleich mit anderen Newcomern gelegentlich den kürzeren – vor allem der lästige Anthony West machte sich öfters vor Hofmanns Nase breit.

Die käufliche Semi-Werksmaschine von Aprilia bot nicht nur bequemere Sitzverhältnisse und mehr Einstellungsvarianten, sondern deutlich mehr Leistung als die Honda. Und weil auch Hofmann eine Mechanikertruppe mit Erfahrung im Umgang mit den heiklen italienischen Drehschiebermaschinen hinter sich hatte, war auch in seinem Racing Factory-Team der endgültige Durchbruch zur Weltspitze geplant.

Das große Los: Waldis neuer
Teamkollege Klaus Nöhles

Gleiche Motorräder, getrennte Teams: Honda-Piloten Reinhard Stolz und Steve Jenkner

125 ccm: Start frei für Italjet

Der tapfere Sachse Steve Jenkner verfolgte in der 125 ccm-Klasse das gleiche Ziel, nahm aber den umgekehrten Weg. Drei Jahre lang fuhr Jenkner mit einer Aprilia hinterher, kam trotz der Beratung von Exweltmeister Dirk Raudies nicht in Schwung und stieg für die neue Saison auf die einfacher abzustimmende Honda 125 um. »Die Honda ist kleiner, du sitzt mehr im als auf dem Motorrad. Beim Bremsen macht sie unheimlich Spaß«, registrierte Jenkner.

Direkte Konkurrenz hatte er dabei nicht nur von dem spanischen Weltmeister Emilio Alzamora, sondern auch aus Süddeutschland: Honda-Pilot Reinhard Stolz, im letzten Jahr in einem italienischen Team untergegangen, stellte für die neue Saison eine neue, durch und durch bayerische Mannschaft mit Horst Kassner als Cheftechniker zusammen.

Wer die besten Karten hatte, Emilio Alzamora die Nummer 1 streitig zu machen, war freilich nicht so leicht auszurechnen. Der Spanier kam 1999 zwar ohne Sieg zu Titelehren, hatte aber auch eine so langsame Maschine zur Verfügung, daß Beständigkeit seine einzige Erfolgschance war.

Die schnellsten Raketen im 125 ccm-Feld stammten 1999 von dem Belgier Olivier Liegois, der nach dem Abgang von marco Melandri mit dem ruhigen, aber fahrerisch ebenfalls hochtalentierten Mirko Giansanti weitermachte.

Doch für die Saison 2000 gab es eine Marke, die im Vorjahr noch als Außenseiter galt, dem Benetton-Playlife-Team von Liegois nun aber das blaue Band des schnellsten Renners streitig machen wollte: Die »balas rojas«, die roten Geschosse von Derbi wurden nun gleich dreifach abgefeuert. Neben Star Youichi Ui und dem kleinen Spanier Pablo Nieto wurde der 16jährige italienische Wunderknabe Manuel Poggiali verpflichtet. Für die drei Piloten schwoll die Anzahl rennfertiger Motorräder auf ein stolzes halbes Dutzend, wurden dabei aber nach wie vor nicht etwa im Derbi-Werk vor den Toren Barcelonas gefertigt, sondern im österreichischen Straßwalchen. Harald Bartol, einst selbst Grand Prix-Pilot und seit 25 Jahren renommierter Konstrukteur und Tuner, bestellte die Fahrwerke nach den eigenen Vorgaben bei der Kenny Roberts Group in England und brachte den Eigenbau-Motoren an den eigenen, hochmodernen Prüfständen das Laufen bei.

So weit war das kleine Italjet-Team unter Leitung des früheren Grand Prix-Weltenbummlers Andy Leuthe noch nicht. Die Prototypen, mit denen der Tscheche Jaroslav Hules und der Brite Leon Haslam an den Start gingen, entsprachen in vielen Details noch dem Honda-Original, dem Leuthe sie 1999 bei den ersten Gehversuchen des Projekts nachempfunden hatte. Um den Italjet-Rennern auch technisch einen eigenen Charakter zu geben, wurde der einstige Morbidelli-Konstrukteur Jörg Möller, der die letzten Jahre mit dem Bau von Kart-Motoren zugebracht hatte, in den Grand Prix-Zirkus zurückgeholt.

Teams und Fahrer 125 cm³

Start-Nr.	Fahrer (Nation)	Marke	Team
1	Emilio Alzamora, E	Honda	Telefonica MoviStar Team
3	Masao Azuma, J	Honda	Benetton Playlife
4	Roberto Locatelli, I	Aprilia	Diesel Vasco Rossi Racing
5	Noboru Ueda, J	Honda	Givi Honda LCR
8	Gianluigi Scalvini, I	Aprilia	Inoxmacel Fontana Racing
9	Lucio Cecchinello, I	Honda	Givi Honda LCR
10	Adrian Araujo, E	Aprilia	Antinucci Racing Team
11	Massimiliano Sabbatani, I	Honda	Racing Service
12	Randy de Puniet, F	Aprilia	Scrab Competition
15	Alex de Angelis, I	Honda	Matteoni Racing
16	Simone Sanna, I	Aprilia	Diesel Vasco Rossi Racing
17	Steve Jenkner, D	Honda	PEV Massivhaus ADAC Sachsen
18	Toni Elias, E	Honda	Matteoni Racing
21	Arnaud Vincent, F	Aprilia	C.C. Valencia Airtel Aspar
22	Pablo Nieto, E	Derbi	Festina-Derbi
23	Gino Borsoi, I	Aprilia	LAE - UGT 3000
24	Leon Haslam, GB	Italjet	Italjet Moto
26	Ivan Goi, I	Honda	Team Fomma
29	Angel Nieto jr., E	Honda	Telefonica MoviStar Team
32	Mirko Giansanti, I	Honda	Benetton Playlife
35	Reinhard Stolz, D	Honda	R.S. ADAC - Esch Racing
39	Jaroslav Hules, CZ	Italjet	Italjet Moto
41	Youichi Ui, J	Derbi	Festina-Derbi
44	Alessandro Brannetti, I	Honda	MTP Pileri Team
51	Marco Petrini, I	Aprilia	Semprucci-Biesse Aprilia
53	William de Angelis, I	Aprilia	Semprucci-Biesse Aprilia
54	Manuel Poggiali, RSM	Derbi	Festina-Derbi

Teams und Fahrer 250 cm³

Start-Nr.	Fahrer (Nation)	Marke	Team
4	Tohru Ukawa, J	Honda	Shell Advance Honda Team
6	Ralf Waldmann, D	Aprilia	Aprilia Germany
8	Naoki Matsudo, J	Yamaha	Petronas Sprinta Team TVK
9	Sebastian Porto, ARG	Yamaha	Edo Racing
10	Alfonso Nieto, E	Yamaha	Antena 3 Yamaha - D'Antin
11	Ivan Clementi, I	Aprilia	Campetella Racing
12	Mike Baldinger, D	Yamaha	Yamaha Kurz Aral
13	Marco Melandri, I	Aprilia	Aprilia Grand Prix Racing
14	Anthony West, AUS	Honda	Shell Advance Honda Team
15	Adrian Coates, GB	Aprilia	QUB Team Optimum
16	Johan Stigefelt, S	Honda	Dee Cee Jeans Racing Team
17	Jamie Robinson, GB	Aprilia	QUB Team Optimum
18	Sharol Yuzy, MAL	Yamaha	Petronas Sprinta Team TVK
19	Olivier Jacque, F	Yamaha	Chesterfield Yamaha Tech 3
20	Jeronimo Vidal, E	Aprilia	C.C. Valencia Airtel Aspar
21	Franco Battaini, I	Aprilia	Motoracing Battaini
24	Jason Vincent, GB	Honda	Padgetts M/C Sales
25	Vincent Philippe, F	Honda	Axo Honda Gresini
26	Klaus Nöhles, D	Aprilia	Aprilia Germany
31	Lucas Oliver Bulto, E	Yamaha	Antena 3 Yamaha – D'Antin
37	Luca Boscoscuro, I	Aprilia	Diesel Vasco Rossi Racing
41	Jarno Janssen, N	Honda	Rizla Honda
42	David Checa, E	Honda	Team Fomma
44	Roberto Rolfo, I	Honda	Tino Villa Racing
54	David Garcia, E	Aprilia	PR2 Mitsubishi
56	Shinya Nakano, J	Yamaha	Chesterfield Yamaha Tech 3
66	Alexander Hofmann, D	Aprilia	Racing Factory
74	Daijiro Katoh, J	Honda	Axo Honda Gresini

Teams und Fahrer 500 cm³

Start-Nr.	Fahrer (Nation)	Marke	Team
1	Alex Crivillé, E	Honda	Repsol Honda Team
2	Kenny Roberts, USA	Suzuki	Telefonica MoviStar Suzuki
4	Max Biaggi, I	Yamaha	Marlboro Yamaha Team
5	Sete Gibernau, E	Honda	Repsol Honda Team
6	Norifumi Abe, J	Yamaha	Antena 3 Yamaha - D'Antin
7	Carlos Checa, E	Yamaha	Marlboro Yamaha Team
8	Tadayuki Okada, J	Honda	Repsol Honda Team
9	Nobuatsu Aoki, J	Suzuki	Telefonica MoviStar Suzuki
10	Alex Barros, BR	Honda	Honda Pons
11	David de Gea, E	Modenas KR 3	Proton Team KR
12	Shane Norval, RSA	Honda	Sabre Sport
15	Yoshiteru Konishi, J	Honda	Technical Sports Racing
17	Jürgen v.d. Goorbergh, NL	Honda	Rizla Honda
22	Sébastien Gimbert, F	Honda	Tecmas Honda Elf
24	Garry McCoy, AUS	Yamaha	Red Bull Yamaha WCM
25	José Luis Cardoso, E	Honda	Maxon Dee Cee Jeans
31	Tetsuya Harada, J	Aprilia	Aprilia Grand Prix Racing
43	Paolo Tessari, I	Paton	Team Paton
46	Valentino Rossi, I	Honda	Nastro Azzuro Honda
55	Régis Laconi, F	Yamaha	Red Bull Yamaha WCM
65	Loris Capirossi, I	Honda	Honda Pons
99	Jeremy McWilliams, GB	Aprilia	Aprilia Grand Prix Racing

Ein Weltenbummler als Teamchef: Andy Leuthe mit den Italjet-Piloten Hules (links) und Haslam

GAULOISES
Red Bull
YAMAHA
24
Red Bull
GAULOISES
MICHELIN
agv

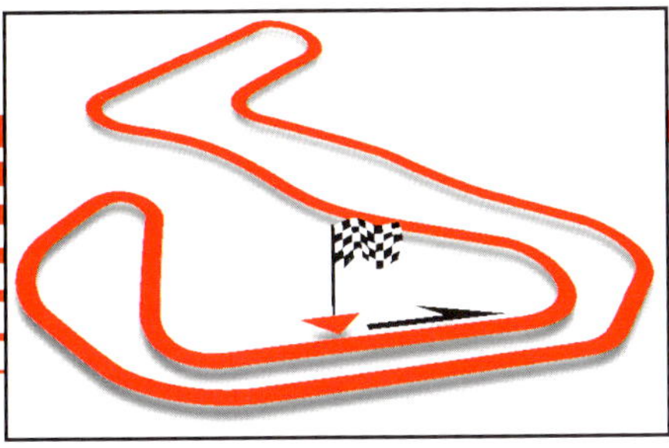

19. 3. 2000: Grand Prix Südafrika in Welkom

Ich qualme gern

Außenseiter Garry McCoy driftete den Stars beim Grand Prix-Auftakt in Südafrika mit qualmendem Hinterreifen davon. Bei den 250ern drehten gleich drei Japaner groß auf.

Mick Doohan präsentierte sich in Welkom erstmals als der neue Generalmanager von Honda Racing, ein Posten, über den sich die Japaner monatelang die Köpfe zerbrochen hatten, um den klangvollen Namen des fünffachen Weltmeisters weiter prestigeträchtig nutzen zu können. Seiner Aufgabe, jungen Fahrern mit Tips und Tricks weiterzuhelfen, kam der mit einem Kohlefasergestell am rechten Bein einherhinkende Australier freilich nur mühsam nach. »Ich würde gern an die Strecke fahren. Doch Honda kann sich keinen Roller leisten«, ätzte Doohan.

Deshalb war er meist an der Box von Valentino Rossi anzutreffen, der ein neues System zur Selbstmotivation erfunden hatte: Den Tank seiner gelben Nastro Azzurro-Honda zierte eine aufgemalte Playstation-Control, die ihm beim Fahren die Illusion einer Spielekonsole vermittelte. Entsprechen begeistert drehte er am Gas und stand zehn Minuten vor Ende des Abschlußtrainings sogar sensationell auf der Pole Position, bevor er im hektischen Finale noch auf den fünften Platz zurückfiel. »Fantastisch«, rieb er sich die Hände. »Im Rennen werde ich allerdings Probleme kriegen, wenn die Reifen nach zehn Runden Grip verlieren und zu rutschen anfangen, denn das bin ich noch nicht gewohnt. Trotzdem ist mein Ziel das Podium – und das ist kein unrealistischer Traum!«

Links: Grand Prix-Sieg statt Garagentor-Montage: Garry McCoy

Rossi war nur eine halbe Sekunde hinter Sete Gibernau auf der Pole Position, dessen Rundenzeit ebenso überraschend war wie der zweite Platz von Loris Capirossi. Kenny Roberts war Dritter, Weltmeister Crivillé nur Siebter, Max Biaggi gar erst an zehnter Stelle anzutreffen. »Mir fehlt die nötige Kraft. Außerdem spüre ich bei jeder Bodenwelle einen Stich«, klagte der Italiener, der sich bei Tests einige Wochen zuvor eine Leistenzerrung zugezogen hatte.

500 ccm: Checa neugeboren

Sein Yamaha-Teamkollege Carlos Checa war besser in Form. Von Platz vier gestartet, hatte er Kenny Roberts nach einer Runde von der Spitze verdrängt. In Runde sechs huschte Loris Capirossi vorbei und behauptete sich bis weit nach Rennmitte vor dem Spanier, doch dann gewann Checa wieder die Oberhand.

Nur einer war noch schneller. Garry McCoy, verhalten vom achten Platz gestartet und zunächst sogar noch deutlich weiter zurückgefallen, schaltete ab Rennmitte plötzlich auf Angriff. Binnen zwölf Runden stürmte McCoy um zehn Plätze nach vorn an die Spitze, und während seine Kollegen relativ brav Vorder- und Hinterrad in der Spur hielten, traktierte McCoy die Welkom-Strecke wie eine Dirt

Auch neben der Piste im richtigen Rhythmus: 125 ccm-As Roberto Locatelli

Dank fleißigem Fahrradtraining zum dritten Platz: Capirossi zeigte sich topfit für die Halbliterklasse

Track-Piste. Quer hinein in die Kurve, mit herzhaft aufgerissenem Gasgriff und qualmendem Hinterreifen wieder heraus, und das nicht ein-, sondern jedesmal, bis er seine spektakuläre Fahrt zum ersten Halbliter-Sieg mit einem langen Wheelie krönte.

Die Manager der französischen Zigarettenmarke Gauloises, die gerade erst einen Sponsorvertrag mit dem Red Bull-Yamaha-Team unterzeichnet hatten, waren ebenso begeistert wie die Fans vor den Fernsehbildschirmen. Ein krasser Außenseiter , der die großen Favoriten nicht mit höherer Motorleistung, sondern radikalen Drehs am Gas hinwegbügelte. »Eines der besten Rennen, die ich je gesehen habe«, staunte Teammanager Peter Clifford begeistert.

Ebenso überraschend waren die Drifts und Wendungen in der Karriere McCoys. Jahrelang hatte sich der Australier auf eigene Faust durch Europa geschlagen und war vor allem bei deutschen Fans kein Unbekannter. Von Exweltmeister Barry Sheene als Driftkünstler bei lokalen Veranstaltungen in Australien entdeckt und im Team des damaligen deutschen agv-Importeurs untergebracht, tauchte McCoy 1993 erstmals in Europa auf. 1994 holte er in Australien und Österreich Podestplätze, was mehr seinem Talent als den Qualitäten der von Herbert Rittberger getunten Standard-Aprilia zu verdanken war. Weil das Motorrad entweder zu fett lief oder seinen Reiter mit hinterlistigen Kolbenklemmern abwarf, desertierte der enttäuschte McCoy zusammen mit seinem Fahrwerksspezialisten Mario Rubatto noch vor Saisonende und scheiterte beim Versuch, als Ersatzfahrer im Aprilia-Werksteam unterzukommen.

1995 kehrte er im »Team Europa« auf einer Honda zurück und bescherte Teamchef Mario Rubatto in sintflutartigem Regen von Malaysia einen Überraschungssieg, den ihm sein gerührter Mentor mit einer Breitling-Uhr entlohnte. Doch schon beim Europa-Auftakt in Jerez fiel das glückliche Team wegen eines lächerlichen Streits zwischen Teamchef und Team-Physiotherapeut auseinander, und McCoy stand abermals auf der Straße.

Erst 1996 schien McCoy dauerhaft in

Wie neugeboren: Carlos Checa führte lange – und wurde am Schluß von McCoy überrascht

der WM Tritt zu fassen. Der sprachbegabte Australier unterschrieb für das italienische Aprilia-Team Alfa Bieffe, plauderte ebenso spontan auf italienisch los wie er zuvor auf deutsch geradebrecht hatte, und krönte eine mittelprächtige Saison mit dem zweiten Sieg seiner Karriere in Australien.

Ein Jahr später wurde er WM-Siebter, und als er 1999 vom neuen australischen Shell Advance-Team für die 500er Klasse angeheuert wurde, schien er den Durchbruch endlich geschafft zu haben. »Ich wollte immer schon die großen, die richtigen Motorräder fahren. Schnelle, starke Maschinen sind meine Passion – wie die CR 500, mit der ich mich zuhause auf der Moto Cross-Piste fithalte. 125er waren für mich immer nur der Einstieg. Die einzige Chance, mir einen Namen zu machen«, erklärte McCoy.

Wer den schmächtigen McCoy für einen geborenen 125er Piloten hielt, wurde schon in jenem Jahr auf dem Zweizylinder-Production Racer eines Besseren belehrt. Trotz krass unterlegener Motorleistung wurde er zweimal verwegen Elfter, doch ein Beinbruch beim Training in Brünn bremste seinen Tatendrang abermals. Und als er für 1999 keinen Startplatz erhielt, stand er schon wieder vor dem Nichts.

Monatelang vertrieb er sich die Zeit mit Moto Cross-Fahren und hatte sich im Juni bereits entschlossen, einen »normalen Job« zu suchen. »Mein Onkel hat eine kleine Firma, die Garagen-Rolltore montiert, und wir einigten uns auf das Datum, an welchem ich anfangen sollte. Zwei Tage vorher kam dann der Anruf.«

Peter Clifford war in der Leitung, der einen Nachfolger für den auf Michelin-Reifen gescheiterten Simon Crafar suchte. Während andere Teams verzweifelt nach siegfähigen Fahrern Ausschau hielten und verbrauchte Alt-Stars mit Millionen lockten, gebührte dem einstigen Journalisten der Verdienst, sich an den mutigen Australier erinnert zu haben. McCoy kam nach Assen, holte beim allerersten Kontakt mit einer V4-500er den 15. Platz und steigerte sich danach weiter mit dramatischem Tempo – bis hin zu jenem Valencia-Grand Prix, bei dem er direkt hinter seinem Teamkollegen Regis Laconi den zweiten Platz erbeutete. Statt im »normalen Job« zu ackern, der ihm allenfalls 800 Mark pro Woche eingebracht hätte, sonnte sich McCoy in frischem Ruhm, den er nun mit seinem ersten Halblitersieg krönte. »Für mich war das Wichtigste, keine Dummheiten zu machen und jedes Sturzrisiko zu vermeiden«, erklärte McCoy in der Siegerpressekonferenz und erntete eine Lachsalve der erschöpften Journalistenschar, die seinen Parforceritt mit Herzklopfen am Monitor verfolgt hatte. Doch McCoy meinte, was er sagte. »Ich bin jahrelang Speedway gefahren. Solche Drifts sind für mich die natürlichste Sache der Welt. Ich fühle mich wohl dabei«, beteuerte er.

Das einzige, was dem Späteinsteiger 1999 gefehlt hatte, war, die Kraft des durchdrehenden Hinterrads auch tatsächlich in Vortrieb umzuwandeln. »Ich will meinen alten 125er Fahrstil mit viel Kurvenspeed beibehalten, denn damit bin ich im Scheitelpunkt oft klar schneller als Biaggi oder Crivillé. Unser Problem ist der Kurvenausgang: Durch die hohe Schräglage fehlt mir Grip an der Reifenflanke, und das herumschwingende Heck hilft mir nur beim Lenken, weil das Motorrad dann bereits in die gewünschte Richtung deutet. Wir brauchen mehr Traktion «, erklärte McCoy bei seinen ausführlichen Vorsaisontests.

Sein Cheftechniker Hamish Jamieson und Michelin lösten das Problem: McCoy rückte in Welkom mit einem 16,5 Zoll-Hin-

Fröhliche Rutschpartie: Garry McCoy bei der Arbeit – und beim Champagnerbad

Fehlbedienung an der Playstation-Control: Valentino Rossi stürzte nach toller Aufholjagd

terrad aus, das in Schräglage mehr Gummi auf den Asphalt brachte als die Standarddimension mit 17 Zoll Durchmesser und laut McCoy auch die Lenkfähigkeit verbesserte. Die anderen hatten diesen Reifen nicht, und sie hatten zudem auch noch Pech. Roberts beschwerte sich nach Platz sechs über einen Mangel an Motorleistung und einen Mangel an Reifengrip. Bei Max Biaggi sprang die Kette ab, Valentino Rossi stürzte nach einer tollen Aufholjagd an sechster Stelle liegend. Tadayuki Okada und Sete Gibernau stürzten ebenfalls.

Und Alex Crivillé quälte sich mit Reifensorgen auf den fünften Platz. »Ich hatte den schlimmsten Winter meiner Karriere«, meinte der Weltmeister . »Noch am Freitag fühlte ich mich lausig auf dem Motorrad, und auch jetzt bin ich noch nicht hundertprozentig fit. Mein einziger Trost: Im Kampf um die Weltmeisterschaft dürften die drei Jungs auf dem Podium wohl kaum eine Gefahr darstellen!«

Denn auch Carlos Checa und Loris Capirossi auf den Plätzen zwei und drei waren eine faustdicke Überraschung. Capirossi, der nach drei Jahren in der 250er Klasse den dritten Anlauf auf die Königsklasse nahm, hatte schon mit seiner Bestzeit bei den Jerez-Tests maßgeblich dazu beigetragen, daß sein spanisches Honda-Pons-Team die amerikanische Elektromarke Emerson als neuen Hauptsponsor finden konnte. Um nicht nur zwei, drei schnelle Runden drehen zu können, sondern auch fit für eine ganze Renndistanz zu sein, absolvierte Capirossi ein intensives Konditionsprogramm, das er nicht mal in Südafrika unterbrach, sondern gleich nach Ankunft 50 Kilometer auf dem Fahrrad zurücklegte. Der Schweiß zahlte sich aus: Capirossi führte bis zur Halbzeit und wurde am Schluß nur knapp geschlagen Dritter. »Im Dezember ging ich zu Fuß, hatte kein Motorrad und kein Team, und nun bin ich Dritter im ersten Rennen dieser Saison. Das ist für mich die süßeste Genugtuung, die ich mir nur erträumen konnte«, strahlte Capirossi, dessen früheres 250er Team von Fausto Gresini nicht genügend Geld für seine Gage auftreiben konnte und der deshalb erst in letzter Minute im Sito Pons-Team untergekommen war.

Ebenso beeindruckend war das Comeback von Carlos Checa. »Er ist wie ausgewechselt. Wie neugeboren«, war Marlboro-Yamaha-Teammanager Geoff Crust beeindruckt. »Das war ein gutes Resultat – doch ich wollte gewinnen«, hatte sich der ehrgeizige Spanier sogar noch mehr als den zweiten Platz vorgenommen. »Ich hatte einen guten Start und sah schnell, daß Roberts Probleme hatte. Es war leicht, zu überholen. Dann machte ich einen Fehler, und Loris ging vorbei. Sein Tempo war allerdings nicht besonders hoch, deshalb konnte ich meinen Plan, am Schluß nochmals anzugrei-

Mißglückter Saisonauftakt: Bei Max Biaggi sprang die Kette ab

Entscheidung schon am Start: Shinya Nakano braust Ukawa (4), Katoh (74) und West (14) davon

fen, locker verwirklichen. Doch dann hat mich McCoy überrascht. Er war sehr schnell in den Kurven, während mir der Grip fehlte, an ihm dranzubleiben!«

250 ccm: Hofmann gibt auf

Für die Zuschauer war es die aufregendste Sache der Welt, und es entschädigte sie ein wenig für den entgangenen Kampf bei den 250ern. Denn dort war die Entscheidung um den Sieg schon kurz nach dem Start gefallen: Shinya Nakano, Star des Yamaha-Chesterfield-Teams, brauste zu einem klaren Start-Ziel-Sieg davon.

Die Honda-Piloten Daijiro Katoh und Tohru Ukawa balgten sich um Platz zwei, kamen aber nie auch nur in Nakanos Nähe. Erst auf dem Podium war das japanische Trio wieder fröhlich vereint und präsentierte sich zum gemeinsamen Siegerfoto.

Dabei hätte Katoh den WM-Auftakt um Haaresbreite verpaßt: Bei einem wuchtigen Zusammenstoß in Italien am Montag vor dem Grand Prix verschrottete er einen Mercedes CLK, kam aber glücklicherweise mit dem Schrecken davon. Offiziell wurde Nebel für den Unfall verantwortlich gemacht. In Wirklichkeit war der an Linksverkehr gewöhnte Japaner jedoch in die falsche Richtung abgebogen.

Der 26jährige Ukawa war nach Platz drei sichtlich enttäuscht, daß ihm der Grünschnabel die Show gestohlen hatte. »Ich wollte dranbleiben, doch mein Motor zog heute nicht richtig. Außerdem machte mein Hinterreifen schlapp«, zürnte er.

Was sollte da erst der geschlagene Rest der Piloten sagen. Olivier Jacque wurd fast eine halbe Minute hinter dem Sieger Vierter, Ralf Waldmann fehlte an siebter Stelle fast eine ganze. »Die drei einzigen Linkskurven, die es hier gibt, haben bereits nach wenigen Runden die linke Flanke meines Hinterreifens aufgerissen. Am Schluß war er völlig kaputt – ich versteh´ das nicht«, wunderte er sich.

Trotzdem gab es über seinen Einsatz auf der neuen Werks-Aprilia auch Gutes zu berichten. Frisch versorgt von Aprilias neuem Team-Sponsor Beck´s, blieb ihm wenigstens diesmal das Pech erspart, das ihm bei allen Saisonstarts der vorherigen Jahre Stürze und Verletzungen eingetragen hatte.

Außerdem hatten sich die über 200 Starts gelohnt, die er über Winter exerziert hatte, um die leidigen Startprobleme mit der Aprilia endlich unter Kontrolle zu bekommen. »Hast Du meinen Start

Vereint gegen Europa: Daijiro Katoh, Shinya Nakano, Tohru Ukawa

Alex Hofmann hatte Reifensorgen – Klaus Nöhles (verdeckt) holte WM-Punkte

gesehen? Einen so guten Start habe ich in meinem ganzen Leben noch nicht hingelegt. Zumindest nicht, seit ich Aprilia fahre«, frohlockte er. »In den schnellen Kurven konnte ich zunächst auch volle Rotze fahren, und meine Rundenzeiten waren besser als im Training. Bis ich links herum keinen Grip mehr hatte.«

Seltsame Reifensorgen waren an der Tagesordnung. Marco Melandri rutschte mit einer vermeintlich bewährten Mischung an die 13. Stelle ab, Alex Hofmann warf sogar vor lauter Gripmangel das Handtuch. »Porto ist im Warm-Up dasselbe passiert, Ivan Clementi dann im Rennen. Wir haben dringenden Verdacht auf einen Materialfehler«, meinte Hofmanns Cheftechniker Lucas Schmid rundheraus.

Yamaha-Kurz-Pilot Mike Baldinger machte neben einem zu harten Hinterreifen auch noch eine durchschlagende Gabel zu schaffen und mußte sich mit dem 18. und letzten Platz begnügen. Dafür freute sich Waldmanns Teamkollege Klaus Nöhles über den 14. Platz und die ersten beiden WM-Punkte seiner 250 ccm-Laufbahn. »Echt super«, strahlte er. »Am Anfang wurde ich aufgehalten, weil die andern derart vor mich reingebremst haben. Vor allem Roberto Rolfo ist so ´ne Sau auf der Bremse, daß du nie weiterkommst, wenn der reinsticht. Als ich endlich Mut faßte und vorbei fuhr, hatte ich einen schönen Fluß drin!«

125 ccm: Jenkners Riesenspaß

Den hatte auch Steve Jenkner in der 125 ccm-Klasse. Fünfter im Training, ließ sich der tapfere Sachse auch im Rennen nicht lumpen. Von Anfang an hielt er in der Spitzengruppe mit, verteidigte seinen fünften Rang gegen zwei hart attackierende Italiener bis ins Ziel und stellte damit schon beim ersten Rennen auf Honda ein Ergebnis ein, das er in drei WM-Jahren auf Aprilia nur ein einziges Mal ge-

Wer wagt, gewinnt: Steve Jenkner fuhr beim Debüt mit Honda auf Platz fünf

Sieg für Aprilia, Doppelsieg für Bridgestone: Arnaud Vincent vor Mirko Giansanti

schafft hatte. »Vor dem ersten Training dachte ich: Oje, was wird mir hier blühen! Wir hatten ein völlig neues Motorrad, weil der Werkskit für den Motor erst spät geliefert wurde und weil wir uns ganz kurzfristig entschieden haben, statt mit den üblichen Whitepower-Teilen mit einer Öhlins-Federung anzutreten. Doch Cheftechniker Konrad Hefele und mein ganzes Team haben den Motor so zum Laufen gekriegt, daß es sofort Riesenspaß machte, hier zu fahren. Auch das Fahrwerk funktionierte auf Anhieb perfekt. Das Risiko hat sich gelohnt – manchmal muß man eben etwas anderes machen, um schneller zu sein«, freute er sich. »Daß es im Training so gut lief, hat mich auch fürs Rennen zuversichtlich gemacht. Für meine Verhältnisse hatte ich einen perfekten Start und bin als Fünfter in die erste Kurve eingebogen. Auf diese Art in der Spitzengruppe mitfahren zu können, war eine tolle Erfahrung, denn ich konnte über viele Runden hinweg aufpassen, wo die anderen Zeit gut machen. Daraus habe ich einiges gelernt. Ich denke, ich werde meinen Fahrstil in Zukunft etwas umstellen müssen. Normalerweise fahre ich sehr rund und so weite Bögen wie möglich. Doch um sich im Nahkampf zu behaupten, muß man härter bremsen und spitzer in die Ecken einbiegen!«

So wie Arnaud Vincent, der schon 1999 die ersten Siege gesammelt hatte. Der schnelle Franzose schonte seine Reifen klug bis Rennmitte, preschte dann nach vorn und schüttelte seinen Verfolger Mirko Giansanti elegant aus dem Windschatten. Eins zu null für Aprilia gegen Honda, aber ein klarer Doppelsieg für Bridgestone, auf den der drittplazierte Weltmeister Emilio Alzamora mit seinen Dunlop-Reifen keine Antwort wußte.

Die Reifenprobleme von Reinhard Stolz waren freilich nichts im Vergleich zu dem Wettlauf mit der Zeit, den der bayerische Honda-Privatfahrer vor dem GP-Auftakt durchmachen mußte. Wenige Tage vor der Abreise nach Südafrika war seine neue Honda mit krummem Rahmen angeliefert worden, worauf sein Cheftechniker Horst Kassner eilends auf ein NER-Spezialchassis umrüstete. Dazu paßte wiederum das Standard-Federbein nicht, so daß Stolz nur mit Improvisationskunst und Nachbarschaftshilfe zum Fahren kam. »Mein Start und die ersten Runden waren gut, dann hat´s den Hinterreifen aufgerissen«, berichtete der Bayer nach Rang 17. »Dafür, was mir in den letzten Tagen alles zugestoßen ist, kann ich noch zufrieden sein!«

Deprimierend verlief das Wochenende hingegen für das dreiköpfige Derbi-Team. Nachdem sich der italienische Teenager Manuel Poggiali im Training das Handgelenk gebrochen hatte, ruhten alle Hoffnungen auf dem im Training zweitplazierten Youichi Ui. Doch der warf die Maschine schon in der zweiten Linkskurve wegen kalter Reifen weg und erlitt schmerzhafte Rückenprellungen. Pablo Nieto als dritter Mann erbeutete Rang 15.

Spanischer Teamchef, französischer Fahrer: Jorge Martínez und Arnaud Vincent

Arai
Eurosport
Telefonica
MoviStar
SPYKE
MICHELIN
NGK
SPARK PLUGS
SUZUKI
www.suzuki-racing.com
2
KENNY
MOTUL
RGV

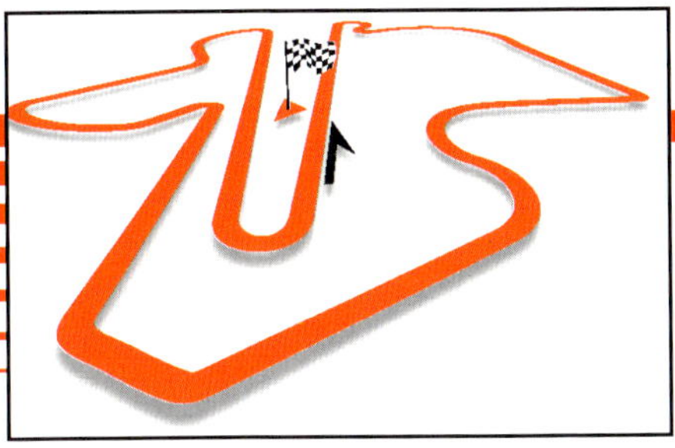

2. 4. 2000: Grand Prix Malaysia in Sepang

Frühes Fest

Kenny Roberts, Carlos Checa und Garry McCoy wurden nach einem Regenschauer vorzeitig zum Podium geschickt. Zu früh freute sich das Derbi-Werksteam - der überlegene Youichi Ui verspielte seinen Vorsprung in der letzten Runde.

Die 5,548 Kilometer-Strecke von Sepang war eine der modernsten Strecken im Kalender, mit vorbildlicher Infrastruktur und unübertroffener Streckensicherheit. Nur die tropische Hitze mit 34 Grad im Schatten, extremer Luftfeuchtigkeit und Asphalttemperaturen über 50 Grad machte den Fahrern zu schaffen. Manche, wie der französische 125 ccm-Pilot Randy dePuniet, erlitten während des Trainings sogar einen Hitzschlag. »Die Strecke ist schwierig und interessant, aber definitiv zu heiß – wenn es 15 Grad kühler wäre, wäre Sepang der schönste Kurs der Welt«, brachte es Valentino Rossi auf den Begriff.

Die Hitze verursachte einen gewissen Mangel an Grip und Haltbarkeit der Reifen. Wegen der vielen Rechtskurven ließ Michelin sogar Reifen mit zwei verschiedenen Gummimischungen heranschaffen, einer härteren Lauffläche für die rechte und einer weicheren für die linke Reifenflanke.

Die Aprilia-Halbliterpiloten klagten über besonders bedrohliche Probleme mit ihren Dunlop-Reifen, doch offensichtlich waren auch die Motoren der Hitze nicht gewachsen: Haradas Maschine gab während der beiden Trainingstage nicht weniger als dreimal den Geist auf, das Motorrad von Jeremy McWilliams ging zumindest einmal fest. Die Plätze 15 und 16 im Training blieben die kümmerliche Ausbeute.

Noch langsamer war Modenas-Pilot David de Gea auf dem 18. Platz, doch wenigstens konnte Teambesitzer Kenny Roberts seinen malaiischen Sponsoren Proton und Modenas Hoffnung auf eine bessere Zukunft machen. Stolz präsentierte er ein Modell der dritten, neuesten Generation seines Dreizylinder-Motors, der bei den Europarennen zum Einsatz kommen und die hinterherfahrende Modenas endlich zu achtbaren Resultaten antreiben sollte.

Der erste Prototyp von 1997 hatte noch eine unsymmetrische Big Bang-Zündfolge mit zwei zugleich und einem versetzt zündenden Zylinder, vor allem aber wüste Vibrationen, die der Kurbelwelle regelmäßig den Kragen abdrehten. Die nächste, ab Mitte 1998 eingesetzte Baureihe hatte eine symmetrische Zündfolge sowie eine Ausgleichswelle. Damit lief der Motor rund und weitgehend pannenfrei, doch wegen der zusätzlichen Baulänge verlor die Maschine ihre Handlingvorteile. Das neueste Modell sollte nun endlich alle Vorteile vereinen: Der Balancer saß nun über dem statt hinter dem Getriebe, womit der Motor fünf Zentimeter kürzer baute und wieder so kompakt war wie beim ersten Prototypen. Trotzdem hoffte man auf einen Zugewinn von rund fünf PS bei überzeugender Laufkultur. »Ursprünglich war unser Dreizylinder die Antwort auf die Gewichts- und Reifenpro-

Sieger Kenny Roberts junior: Die Startphase war am aufregendsten

Kenny Roberts senior und sein neuer Modenas-Motor : Fünf Zentimeter kürzer, fünf PS mehr

Wieder kein Glück: Alex Crivillé hatte im Training Traktionsprobleme – und stürzte im Rennen in der ersten Runde

bleme der V4-Maschinen. Mittlerweile wurde allerdings viel Geld in die Reifen und die Technologie für die V4-Motorräder gesteckt. Aus heutiger Sicht ging unsere Entwicklung in die falsche Richtung«, bekannte Roberts. »Trotzdem werfe ich jetzt die Flinte nicht ins Korn. Ich will dieses Motorrad fahren sehen. Und wenn es sich bewährt, werde ich einen Piloten mit entsprechender Erfahrung draufsetzen!«

Sein Sohn Kenny junior, der dem Modenas-Team im Vorjahr den Rücken gedreht hatte, um endlich Weltmeister werden zu können, drehte auf Suzuki die schnellste Runde und platzte fast vor Selbstvertrauen. »Die Vergasereinstellung war kristallklar, Reifen und Fahrwerk minutiös auf den richtigen Punkt. Wenn wir das morgen wieder hinkriegen, glänzen wir auch im Rennen«, rieb er sich die Hände.

Loris Capirossi, am Vortag überraschend Schnellster, setzte sich immerhin noch mit Platz zwei in Szene. Weltmeister Alex Crivillé mühte sich dagegen noch hinter Neuling Valentino Rossi an neunter Stelle ab. »Auf dieser Strecke hatten wir schon im letzten Jahr Kummer. Wir kriegen einfach die Kraft nicht auf den Boden«, meinte er nachdenklich.

500 ccm: Rossi stürzt erneut

Im Rennen dauerte das Kräftemessen zwischen Capirossi und Crivillé nicht einmal eine Runde lang. »Ich hatte einen guten Start und war hinter Capirossi, doch er stürzte, und ich hatte keine Chance, auszuweichen. Wir waren so eng beieinander, daß es keine Lücke gab, mit der ich mich an seinem Motorrad hätte vorbeimogeln können. Glücklicherweise habe ich nichts gebrochen, doch mir reicht auch eine schwere Prellung am linken Bein. Es tut ziemlich weh, doch die Ärzte meinen, ich könne in Japan antreten«, berichtete der Spanier.

Capirossi spürte seinen linken Ellbogen. »Dieser Sturz war unglaublich. Vielleicht machte ich vom Start weg zuviel Druck und geriet auf ein dreckiges Streckenstück. Jedenfalls rutschte das

Abgeschlagen im Verfolgerpulk: Auch Crivillés Kollegen Gibernau (5) und Okada (8) fuhren hinterher

Getrennt fahren, gemeinsam anstoßen: Roberts blieb für Checa (rechts) unerreichbar

Motorrad blitzartig weg. Ich bin sauer auf mich selbst – die einzigen Punkte, die ich holte, sind an meinem linken Arm zu sehen!«

Zwei Runden später stürzte der zweitplatzierte Norick Abe, fuhr zu einem kurzen Check an die Box und nahm das Rennen als Letzter wieder auf. In der fünften Runde hob dann Valentino Rossi zu einem unerhörten Steigflug ab – kurz, nachdem er den zweiten Platz übernommen hatte, mutete er seiner Nastro Azzurro-Honda in der Spitzkehre nach Start und Ziel zuviel Schräglage zu und löste einen brutalen Highsider aus. »Sieger hätte ich vielleicht nicht werden können. Doch meinen zweiten Platz hätte ich gehalten, davon bin ich überzeugt. Kannst du dir meinen Zorn vorstellen?« platzte es aus ihm heraus. »Eine Lektion von Welkom habe ich gelernt: Man muß in der ersten Kurve außen sein, dann kann man eine Menge anderer Fahrer überholen. Ich bin selbst an McCoy vorbeigefahren und war schon Dritter, doch auf der Gegengeraden bin ich versehentlich an den Killschalter gekommen und wieder hinter McCoy zurückgefallen. Ich überholte erneut und rieb mir bereits die Hände, als in dieser Spitzkehre dann plötzlich das Hinterrad wegrutschte. Dabei habe ich in diesem Moment weder Gas noch Bremse betätigt!«

Carlos Checa lag zu diesem Zeitpunkt noch mit über einer Sekunde Vorsprung in Führung, doch Kenny Roberts rückte immer näher. Siebter nach einer Runde, machte er zügig Positionen gut, war in Runde fünf bereits Zweiter und ging in der achten Runde an Checa vorbei. Ebenso mühelos nahm er dem Spanier daraufhin 0,7 Sekunden pro Runde ab. Ob Checa im Endspurt nochmals hätte zurückschlagen können, blieb eine müßige Frage: Nachdem es schon zuvor leicht zu tröpfeln begonnen hatte, wurde der Nieselregen in der 16. Runde stärker, worauf Kenny Roberts die Hand hob und der Rennleiter mit dem Abbruch reagierte. Weil bereits volle 15 Runden und damit auch mehr als die erforderlichen zwei Drittel der Gesamtdistanz zurückgelegt waren, gab es keinen Neustart. Zum Teil war das auch fürs Publikum ein Segen: Auf den Rängen waren keine Regenschirme erlaubt – der Veranstalter hatte Angst, sie könnten als Waffe mißbraucht werden!

So kam Roberts fünf Runden früher als gedacht in den Genuß des Champagnerbads für seinen zweiten Sieg in Sepang. »Trotzdem, nochmals würde ich das nicht durchmachen wollen«, schilderte er. »Ich kam am Start gut weg, doch sowie ich in den zweiten Gang schaltete, war es, als ob der Motor kein Benzin mehr kriegte. Ich hob sogar die Hand. Plötzlich lief die Kiste wieder, doch ich war schon weit hinten. Dann stürzten Crivillé und Ca-

Garry McCoy gegen Kenny Roberts: Der Südafrika-Sieger fuhr schon wieder aufs Podest

Zuviel Schräglage: Valentino Rossi baute einen Highsider

pirossi direkt vor meiner Nase. Ich wich aus, doch Crivillés Motorrad verfolgte mich. Ich verpaßte es um einen halben Meter!«

Danach lief freilich alles nach Plan für den Suzuki-Star. »Als er überholte, versuchte ich, ihn nicht allzu weit davonfahren zu lassen und gleichzeitig meine Reifen zu schonen. Ich setzte darauf, daß ich am Schluß mehr Reserven haben würde und ihn nochmals hätte angreifen können. Dann hat uns der Regen überrascht. Doch ich bin trotzdem mit diesem zweiten Platz zufrieden«, meinte Checa.

Zumal er die anderen Yamaha-Stars diesmal klar geschlagen hatte. Garry McCoy kam mit über fünf Sekunden Rückstand auf Checa als Dritter ins Ziel und behauptete, Max Biaggi habe ihn aufgehalten. Der wiederum mußte mit Platz vier zufrieden sein und behauptete, McCoy habe einen besseren Hinterreifen gewählt. Nobuatsu Aoki freute sich mit der zweiten Suzuki über Platz fünf, erst dahinter kamen die offiziellen Repsol-Honda-Piloten Tady Okada und Sete Gibernau ins Ziel. Die Werks-Aprilias von McWilliams und Harada waren auf Rang zehn und zwölf ebenso abgeschlagen wie David de Gea auf Platz 14.

250 ccm: Doppelsieg für Yamaha

Nach dem mißlungenen Saisonauftakt in Südafrika war Ralf Waldmann schon mit Rücktrittsgedanken zitiert worden, außerdem schlugen ihm abschätzige Artikel in der deutschen Tagespresse auf den Magen, in denen von Bauchansatz und einem Mangel an Kondition und Motivation die Rede war.

Doch Waldi hatte schon immer das Talent, das Ruder herumzureißen. Beim Malaysia-Grand Prix konzentrierte er sich wie Marco Melandri auf das Fahrwerk von 1999, das zwar etwas weniger handlich beim Einbiegen war, dafür aber mehr Traktion beim Beschleunigen aufbaute. War er in Welkom noch abgeschlagen als Siebter qualifiziert, so stürmte er nun als Dritter in die erste Startreihe – und wies alle Rücktrittsgedanken weit von sich. »Wenn es so weitergeht, kann ich noch zehn Jahre fahren«, frohlockte er.

Das Finale des Abschlußtrainings war dabei so spannend wie jedes Rennen. Nur vier Minuten vor dem Ende wurde die Session unterbrochen, weil Anthony West einen Highsider hatte und spektakulär von seiner Honda stürzte. Das Beste aus der verbleibenden Zeit zu machen, war eine Sache der Nerven und des Glücks, im richtigen Moment aus der Boxengasse zu fahren. »Ich wußte, daß ich noch zwei Runden hatte. In der letzten Runde war ich hinter Nakano, konnte ihm locker folgen und dabei ein paar neue Linien abschauen«, verriet Waldi. »Wir haben auch erstmals in diese Saison ein ganzes Training mit dem letztjährigen Chassis absolviert. Das brachte mehr, als zwischen zwei Maschinen hin und her zu wechseln. Eine Änderung am Set-Up hat genau den Grip und die Traktion erzeugt, die wir brauchten!«

Tohru Ukawa erbeutete mit Windschattenhilfe von Nakano und Waldmann die Pole Position, Daijiro Katoh, zu Anfang des Abschlußtrainings gestürzt und dann auf die Ersatzmachine umgestiegen, qualifizierte sich als Zweiter. Naka-

Noch zehn Jahre: Ralf Waldmann war nach Startplatz drei wieder obenauf

Verfolger unter Kontrolle: Marco Melandri freute sich über Platz sechs

no, ebenso wie Katoh früh gestürzt, wurde von seinem Teamkollegen Olivier Jacque aus der ersten Reihe gedrängt.

Doch im Rennen bewies der kleine Japaner erneut, aus welchem Holz er geschnitzt war. Zunächst Dritter, ging er schon in der zweiten Runde an Jacque und Katoh vorbei und machte sich zum zweiten Sieg im zweiten Rennen davon. »Besser hätte die Saison nicht starten können«, rieb er sich die Hände. »Ich kann es kaum glauben: Gestern habe ich mein Nummer eins-Motorrad demoliert, mußte mich mit dem Ersatzmotorrad in die zweite Reihe stellen und dachte nicht im Traum an den Sieg. Doch ich bin super vom Start weggekommen und habe meine Gegner wieder frühzeitig abschütteln können. Ich habe auch danach kräftig weiter Druck gemacht, denn ich hatte Angst, Olivier sei mir auf den Fersen!«

Der Franzose hatte sich zu Anfang mehr Zeit gelassen. »Ich bin nicht besonders gut weggekommen, danach hatte ich kräftige Vorderradrutscher. Ich sah Tohru Ukawa stürzen und paßte besonders auf, nicht den gleichen Fehler zu machen«, schilderte Jacque. »Nach sechs, sieben Runden fühlte sich der Vorderreifen besser an. Doch Katoh war schwer zu ewischen, weil seine Honda mehr Power beim Beschleunigen hat. Als ich endlich an ihm vorbei war, war Nakano längst entwischt!«

Die Aprilia-Fraktion spielte im Kampf um den Sieg abermals keine Rolle. Doch wenigstens schaffte es Waldi, den Rückstand auf den Sieger von knapp einer Minute in Welkom auf 17 Sekunden zu verkürzen. Für einige frühe Runden hielt er dabei sogar den Anschluß an Jacque und Katoh, bevor er sich mit seinem einsamen vierten Platz zufrieden gab. »Nicht schlecht«, klopfte er sich selbst auf die Schulter. »Wir holen auf, und das ist das Einzige, was zählt. Wenn wir nach Europa kommen, sind wir vorne dabei. Nach dem Start brauchte ich eine Weile, bis ich an West vorbei war, dabei habe ich meine Reifen überstrapaziert – denn ich mußte das Tempo schon vor Halbzeit deutlich drosseln!«

Diesmal hielt auch Olivier Jacque mit - und feierte mit Nakano einen Doppelsieg

Der nach seinem Trainingssturz grün und blau geschlagene West mußte sich auch noch Marco Melandri geschlagen geben, der als Fünfter das erste Top-Resultat seiner 250 ccm-Karriere einheimste. »West bremst sehr spät, ist in der Kurve selbst aber nicht übermäßig schnell. Ich überholte, er schlug zurück, doch dann habe ich ihn endgültig abgeschüttelt«, meinte Melandri befriedigt. »Platz sechs war mein eigentliches Ziel. Daß Tohru Ukawa gestürzt ist, war natürlich mein Glück!«

Bittere Enttäuschung bei der Zieldurchfahrt: Für Youichi Ui dauerte das Rennen eine Runde zu lang

Ebenso froh war Alex Hofmann über den zehnten Platz, bei dem er sich in einem spannenden Vierkampf mit Aprilia-Werksfahrer Franco Battaini und den Privatfahrern Alex Debon und Naoki Matsudo behauptete. »Ich hatte einen fantastischen Start – ich fuhr an der kompletten Reihe vor mir vorbei und war in der ersten Kurve Siebter«, freute sich Hofmann. »Erst im letzten Teil des Rennens hatte ich Probleme mit der Hitze. Ich ahnte, daß das kommen würde, weil ich im Winter bei der Bundeswehr war und nicht richtig trainieren konnte«, erklärte der 20jährige, der im Vorjahr wegen einem Hitzschlag an die Box gefahren war.

Während Mike Baldinger mit Gabelproblemen kämpfte, eine Kollision mit Johan Stigefelt überstand und 19. wurde, wurde Klaus Nöhles bereits in der ersten Runde von Alfonso Nieto umgerissen.

125 ccm: Die falsche Trophäe

Der italienische Aprilia-Star Roberto Locatelli war im ersten Training klar überlegen, stürzte am Samstag aber nach einer Kollision mit William de Angelis und rutschte auf den dritten Startplatz zurück.

Im Rennen vergaß er die Schmerzen im linken Arm. Bis nach Rennmitte Fünfter, gab er in der entscheidenden Phase des Rennens Gas, war sieben Runden lang Zweiter und holte sich dann wenige Kurven vor dem Ziel die Führung. »Ich bin mit meiner Leistung sehr zufrieden«, posaunte der neue WM-Leader nach seinem Sieg. »Ich habe in den Kurven das Tempo wettgemacht, das mir die schnellsten Hondas auf den Geraden voraus haben, und mir gelang es trotzdem, die Reifen so zu schonen, daß ich am Schluß noch Reserven hatte.«

Sein später Angriff wurde zum Drama für Derbi-Werkspilot Youichi Ui. Der in Welkom schon in der ersten Runde gestürzte Japaner entschädigte sein Team mit einem bravourösen Rennen, bei dem er vom fünften Startplatz aus in Führung preschte und seinen Vorsprung zielstrebig auf über vier Sekunden ausbaute.

Noch eingangs der letzten Runde trennten ihn knapp zwei Sekunden von Locatelli. Doch binnen weniger Kurven schrumpfte der Vorsprung ebenso zusam-

Nach drei Kolbenklemmern war Feierabend: Welkom-Sieger Arnaud Vincent

men wie die Hoffnung auf den ersten Derbi-Sieg seit über zehn Jahren – Ui wurde mit seinem größten Triumph vor Augen eingefangen und ließ nach der Zieldurchfahrt fassungslos den Kopf hängen. »Natürlich bin ich bitter enttäuscht, weil ich so lange und so klar geführt habe. Doch meine Reifen haben schon nach zehn, zwölf Runden nachgelassen. Am Ende waren sie so ruiniert, daß ich nur noch gerutscht bin.«

Gerüchte machten den Umlauf, ein falsches Boxensignal hätte ihn in trügerischer Sicherheit gewogen. »Unsinn«, erklärte der österreichische Derbi-Konstrukteur Harald Bartol. »Auf der Boxentafel wurden +1,9 Sekunden angezeigt, und das entsprach exakt seinem Vorsprung. Ui hat in der letzten Runde die Nerven verloren. Er gilt seit so vielen Jahren als Bruchpilot, daß er den Erfolg unter gar keinen Umständen aufs Spiel setzen wollte. und weil seine Reifen so verbraucht waren, hatte er bei Locatellis Attacke keine Chance mehr zur Gegenwehr!«

Locatellis Team feierte ausgelassen unter dem Podest, doch ganz fehlerfrei verlief die Zeremonie nicht: Auf Locatellis Trophäe waren die Worte »Winner of the 150 cc class« eingraviert, eine Kategorie, die es nur in Südostasien gibt. »Das gehört mir nicht«, meinte Locatelli schlagfertig – und gab die Trophäe prompt zurück.

Eigentlich träumte auch sein Markengefährte Arnaud Vincent von einem weiteren Sieg, nachdem er sich im Abschlußtraining auf den zweiten Platz hatte verbessern können. Doch am Renntag spukte die Aprilia des Franzosen mit drei Kolbenklemmern, bevor sie in der elften Runde endgültig den Geist aufgab. »Zweimal habe ich sie wieder in Gang gebracht, beim dritten Mal war endgültig Feierabend«, brummte Vincent.

Ein mysteriöses Problem bremste auch Benetton Playlife-Star Masao Azuma. Manchmal beschleunigte die Maschine wie eine Rakete, um bei nächstbester Gelegenheit wieder lustlos vor sich hin zu husten. Nach dem Ende entdeckten die Mechaniker die peinliche Ursache für das launische Verhalten: In der Hektik war vergessen worden, den Kunststoff-Schutzdeckel vom offenen Vergaser zu nehmen. Beim Anlassen der Maschine vom Ansaugrohr geblasen, tanzte der Deckel das ganze Rennen über ekstatisch durch die Airbox.

Azuma behauptete sich trotzdem noch knapp vor Steve Jenkner, der als Neunter nun schon zum zweiten Mal hintereinander in die Top Ten vorstieß. »Zwei Runden vor Schluß war ich sogar Siebter und dachte, ich könne mich von Scalvini und Azuma absetzen. Doch die beiden sind natürllich auch nicht dumm und haben mich wieder geschnappt«, schilderte Jenkner.

Reinhard Stolz hatte auf seinem Weg zum 15. Platz vor allem mit dem wild angreifenden Alex de Angelis zu tun. »Er hat mich fünfmal ausgebremst, um mir anschließend den Weg zu versperren. Bis er endlich stürzte«, erklärte Stolz.

Holte er wenigstens noch einen Punkt, so fuhr das motorisch unterlegene Italjet-Team wie schon in Welkom hinterher. Leon Haslam bugsierte seine Maschine als 19. ins Ziel, Jaroslav Hules fügte sich nach einem Ausritt in die Aussichtslosigkeit seiner Situation und gab auf.

Wer zuletzt lacht: Roberto Locatelli schnappte Youichi Ui den Sieg vor der Nase weg

DUNLOP
Dainese
47

9. 4. 2000: Grand Prix Japan in Suzuka

Hab´ acht

Der Suzuka-Grand Prix glich der Parade einer Supermacht: Die Japaner gewannen alle drei Klassen – und standen auf acht der neun Podestplätze.

Zwei Jahre lang hatten sich Ingenieure und Sportfunktionäre hinter den Kulissen darüber gestritten, wie ein Reglement für Viertakter im Grand Prix-Sport aussehen könnte. In Suzuka einigten sich die Herstellervereinigung GPMA und die internationale Sportföderation FIM darauf, neben den bewährten Zweitakt- 500ern ab 2002 auch Viertakter mit höchstens 990 ccm zuzulassen. Reglementiert wurden nur Tankinhalt, Lärmpegel und das Mindestgewicht der Motorräder pro Zylinderzahl: 135 kg für Zwei- und Dreizylinder, 145 für Dreizylinder mit Ovalkolben, 145 kg für Vier- und Fünfzylinder, 155 kg für vier oder mehr Zylinder mit Ovalkolben, 155 kg für sechs oder mehr normale Zylinder. Beim Geräuschpegel wurden 115 dB/A vor und 120 dB/A nach dem Rennen beschlossen, außerdem wurde der Inhalt des Benzintanks auf 24 Liter für 2002 und 2003 sowie 22 Liter ab 2004 begrenzt. Für die schluckfreudigen Zweitakter wurden 32 Liter Kraftstoff gestattet.

Die groben Rahmenrichtlinien heizten die Diskussion um Sinn und Gerechtigkeit der neuen Regel freilich erst richtig an: Fürsprecher der Viertakt-Zukunft sahen fantastische Perspektiven, weil zahlreiche bislang unbeteiligte Werke und Motorenhersteller künftig Interesse am Motorrad-Grand Prix-Sport zeigen würden. Kritiker beschworen eine Kostenexplosion herauf, die nur der Gigant Honda tragen könne und den derzeit so spannenden und ausgeglichenen Wettbewerb in der GP1-Klasse hinwegfegen würde.

Pole Position und Sieg: Youichi Ui sorgte bei Derbi für Partystimmung

Und spannend war der Wettbewerb bei den 500ern, der in der neuen Saison so viel unerwartete Wendungen nahm wie selten zuvor. So hatte Jeremy McWilliams nach den Auftaktniederlagen auf der Zweizylinder-Aprilia am Montag nach dem Malaysia-Grand Prix heimlich Michelin-Reifen getestet und war begeistert von den Resultaten – mehr Grip, bessere Kontrollierbarkeit im Grenzbereich, schnellere Rundenzeiten. In Suzuka rollte er wieder brav auf seinen gewohnten Dunlop-Reifen aus der Box, war aber trotzdem auf Anhieb schnell und brannte im ersten Training die drittbeste Zeit in den Asphalt. »Der Asphalt und die Temperaturen sind hier völlig anders als in Malaysia, und offensichtlich bekommt das den Dunlops. Wir mußten nicht einmal viel am Set-Up hin- und herdrehen«, freute sich McWilliams, dessen Dunlop-Techniker natürlich Wind von der geheimen Test-Aktion bekommen hatten und ihn seither in der Box auf französisch begrüßten. Im Rennen legte sich die Euphorie: McWilliams wurde Achter, Lokalmatador Tetsuya Harada, der schon im Training aussichtslos hinterhergefahren war, tuckerte an die Box.

Von Honda war schon im Training wenig zu sehen. Okada Fünfter, Gibernau 13. am ersten Tag, das war ebenso wenig nach dem Geschmack des erfolgsverwöhnten Teams wie Crivillés neunter Rang, den er erst nach einem Sturz zustande brachte. »Die Motorleistung ist immer noch da. Doch sie sitzt am falschen Fleck der Leistungskurve«, erklärte ein Honda-Techniker, warum die einst fast unschlagbare NSR 500 plötzlich überall abgehängt wurde.

Das Dilemma begann, als Alex Crivillé sich als frischgebackener Weltmeister etwas mehr Topleistung wünschte

Begrüßung auf französisch: Jeremy McWilliams testete heimlich Michelin-Reifen

Gespräch unter Weltmeistern: Mick Doohan munterte Alex Crivillé auf

und nie dazu kam, das revidierte neue Motorrad gründlich mit dem alten zu vergleichen – denn entweder war beim Testen das Wetter schlecht, oder er mußte seinen Einsatz wie in Australien wegen seines mysteriösen Zusammenbruchs absagen. Sete Gibernau hatte das Motorrad in Australien für gut befunden und wurde innerhalb der Repsol Honda-Truppe immer mehr zum Sündenbock.

Denn offensichtlich hatte die Rennabteilung des Guten zuviel getan und zuviel der Motorleistung vom mittleren in den oberen Drehzahlbereich verlegt. Die volle Leistung des bärenstarken V4-Motors kam zu abrupt und fraß die Lauffläche des Hinterreifens im Rekordtempo hinweg. »Loris Capirossi und Alex Barros verwenden genau das gleiche Chassis mit der gleichen Federung und den gleichen Reifen wie wir, hatten in den ersten Rennen aber keine Probleme. Also mußte es am Motor liegen – denn während wir die neueste Generation einsetzen, hat das Sito Pons-Team Vorjahresmotoren zur Verfügung«, erklärte Crivillés Cheftechniker Gilles Bigot.

Bei hastig eingeschobenen Probefahrten auf der japanischen Sugo-Strecke sortierte ein Honda-Testfahrer einige Vorjahres-Teile aus, worauf Honda mit revidierten Motoren nach Suzuka anreiste. Freilich kam es auch im Abschlußtraining noch nicht zum großen Durchbruch: Gibernau schwang sich zwar zum vierten Trainingsplatz auf, doch Okada hinkte als

Angst und Schrecken: Zunächst behagte Abe die Fahrt überhaupt nicht

Siebter ebenso hinterher wie Crivillé als Zehnter.

Erst ein intensives Gespräch zwischen Mick Doohan und Alex Crivillé rüttelte den Weltmeister so wach, daß er für den Rennsonntag auf Angriff schaltete. »Du brauchst dich von Roberts nicht einschüchtern zu lassen, immerhin bist du der Weltmeister und hast mit deinen Siegen letztes Jahr bewiesen, was du kannst. Zeig´ Flagge und geh´ deinen eigenen Weg«, beschwor Doohan, dessen Führungspersönlichkeit und mentale Stärke vielen im HRC-Team erst jetzt richtig bewußt wurde, wo es keinen Fahrer mehr gab, der sich den Ball für den Elfmeter zurecht legte.

500 ccm: Abes Angst

Am Sonntag war Alex Crivillé im entscheidenden Moment wieder der Kämpfer von früher. Gilles Bigot beobachtete, wie Crivillé das 250er Rennen am Monitor verfolgte, mit welcher Entschlossenheit er anschließend ins Leder stieg, und er wußte, daß es ein guter Tag werden würde.

Kenny Roberts führte vor Abe, Biaggi und Okada, doch Crivillé marschierte vom fünften Rang zügig nach vorn. Ab Runde sieben stritt er sich bereits um die Podestplätze und eroberte kurz nach Rennmitte sogar die Spitze. In einem halsbrecherischen Kampf eines dichten Führungspulks, der die Zuschauer von den Sitzen riß, sah er trotz der Konter von Roberts und Abe bis fünf Runden vor Schluß wie der mögliche Sieger aus.

Daß er im Kampf um die Führung dann einen Ausritt durch die Wiese hatte und sich als Sechster wieder einfädelte, war unter den Umständen leicht zu verschmerzen. »Denn was zählt ist, daß wir uns zurückgemeldet haben. Obwohl das Resultat am Ende mager ausfiel, habe ich wenigstens wieder um den Sieg mitgekämpft. Wir haben das Motorrad mit den Teilen von 1999 klar verbessert, und Doohan hat mir genügend Mut zugesprochen, so daß ich mich wieder zum Siegen imstande fühlte«, erklärte Crivillé. »Der Ausritt passierte, weil Abe an jener Stelle plötzlich langsamer war und ich einen Notausgang brauchte, um nicht in ihn reinzudonnern. Das war vielleicht ein Schreck!«

Während Gibernau stürzte, bestätigte Okada die verbesserte Form des Honda-Teams mit dem dritten Platz. Trotz des Erfolgs stand er dabei im Schatten eines zweiten japanischen Superstars: Norick Abe. Schon vom Start weg hatte sich der Yamaha-Pilot an die zweite Stelle katapultiert. In einem immer erbitterter tobenden Gefecht setzte er sich vier Runden vor Schluß endgültig durch und beendete den Thriller mit dem zweiten Suzuka-Sieg seiner Karriere. »Das muß toll für die Zuschauer gewesen sein. Doch mir behagen solche Rennen nicht – sie jagen mir Angst und Schrecken ein«, strahlte Abe treuherzig.

Trotz der vielen Positionswechsel war Abes Rennen jedoch nicht mit jener wilden Kamikaze-Fahrt 1996 vergleichbar, bei der er die Yamaha mit furchterregenden Rutschern seinem ersten Sieg entgegenprügelte. Daß sein Motorrad diesmal so lammfromm in der Spur blieb, lag an seinem Hinterreifen. Am Sonntagmorgen probierte er statt der klassischen 17-Zoll-Dimension erstmals einen Reifen mit 16,5 Zoll Durchmesser aus, jener Größe, mit der schon Garry McCoy in Südafrika gewonnen hatte. »Im Warm-Up am Vormittag spürte ich keinen großen Unterschied. Doch Michelin vesprach mir, der Reifen würde konstanter durchhalten. Und tatsächlich: Der Reifen lebte sehr lange, Kenny hatte viel mehr mit Rutschern zu kämpfen«, berichtete Abe, der trotz sechs Jahren Halbliter-Erfahrung nicht für seine Abstimmungskünste berühmt war.

Der knapp geschlagene Roberts erzählte, er habe alles im Griff gehabt, bis

Kenny Roberts führt vor Alex Crivillé – Max Biaggi scheitert an einer Bodenwelle

Grenzenloser Jubel: Norick Abe feiert seinen zweiten Suzuka-Sieg

jener Kerl mit dem 16,5 Zoll-Reifen neben ihm aufgetaucht sei. »Es war ein seltsames Rennen, so langsam, daß ich noch 50 Runden hätte weiterfahren können. Ich hatte nicht genug Grip, glaube aber, daß das mehr mit den kühleren Temperaturen heute zusammenhängt – insgesamt ist der 17-Zoll-Reifen überlegen«, hielt er trotzig fest.

Welche Dimension nun besser war, hing vom individuellen Fahrstil ab. »Der 16,5-Reifen hat mehr Grip in voller Schräglage. Der mit 17 Zoll hat mehr Traktion beim Beschleunigen mit halb aufgerichteter Maschine«, verriet Michelin-Grand Prix-Manager Jacques Morelli. Was Kurvenkünstlern wie Abe und Südafrika-Sieger Garry McCoy recht war, mußte den Anhängern des klassischen, »spitzen« Halbliterfahrstils nicht unbedingt billig sein.

Waren Abe und sein spanischer Teamchef Luis d´Antin nach dem Triumph aus dem Häuschen, so herrschten beim offiziellen Marlboro-Yamaha-Team gemischte Gefühle. Carlos Checa holte Platz fünf und den zweiten Platz in der Weltmeisterschaft. Max Biaggi stürzte dagegen beim Anbremsen der gefürchteten Schikane vor Start und Ziel spektakulär, nachdem er elf Runden lang im Kampf um den Sieg ganz vorne mitgespielt hatte. »Ich bremste zu stark und geriet beim Herunterschalten auf eine Bodenwelle. Mein Fehler«, räumte er ein.

250 ccm: Baldingers schwerer Sturz

Diese Schikane wurde auch Ralf Waldmann zum Verhängnis. Beim Start des 250er Rennens verschluckte sich sein Aprilia-Motor, weil er aus Nervosität das Gas zu weit aufdrehte. Waldi kam nur als 15. aus der ersten Runde zurück, fegte dann aber binnen vier Runden auf Rang acht und hätte bei dem Tempo, das er vorlegte, womöglich noch den Anschluß an die Spitzengruppe geschafft. »Ich war gut

Sturz bei Tempo 171: Mike Baldinger erlitt einen Oberschenkelhalsbruch

Ralf Waldmann: Gut drauf – bis zum Sturz in der Schikane

drauf. Wir haben wieder das Chassis vom Vorjahr verwendet, und ich bin schon im Training so schnell gefahren wie noch nie zuvor in Suzuka. Nach meinem mißglückten Start habe ich auch zügig aufgeholt und hatte schon die Spitzengruppe vor Augen. Doch dann wollte ich zuviel auf einmal«, raufte er sich die Haare. Ein spektakulärer Highsider machte den Traum, vielleicht sogar doch noch mit einem Podestplatz nach Europa zurückkehren zu können, frühzeitig zunichte.

Dafür glänzte sein Teamkollege Klaus Nöhles nach Startplatz 29 mit Schlußrang 14. Bei seinem furiosen Rennen kam es zu einem spannenden Finale, bei dem er auch Alex Hofmann überholte. »Ich habe einen blöden Fehler gemacht«, ging Hofmann mit sich selbst ins Gericht. »Drei Runden vor Schluß habe ich die Ideallinie verpaßt und bin fast von der Piste abgekommen. Das haben die anderen natürlich ausgenützt. Ich hatte einen guten Start und sah, wie das ganze Feld vor der ersten Kurve nach innen zog. Ich entschied mich für den längeren Weg und fuhr außen an einer ganzen Reihe von Kollegen vorbei.«

Diesmal war Marco Melandri bester Aprilia-Pilot und holte wie schon in Malaysia den fünften Platz. »Die ersten paar Runden konnte ich mich sogar in der Spitzengruppe halten – eine tolle Erfahrung, bei der ich viel gelernt habe«, freute sich der italienische Teenager. »In der dritten Runde wäre ich in einer schnellen Kurve allerdings fast gestürzt, deshalb bin ich in meinem eigenen Rhythmus weitergefahren.«

Die drei Japaner an der Spitze hetzten sich dabei mit zunehmender Risikobereitschaft. In der siebten Runde ging Daijiro Katoh an Shinya Nakano vorbei

Erhöhte Risikobereitschaft: Daijiro Katoh vor Tohru Ukawa und Shinya Nakano

Sieg für die japanischen Fans – und für sein europäisches Dream Team: Derbi-Star Youichi Ui

in Führung. Nakano wehrte sich bis zum Endspurt verzweifelt gegen die Attacken des zweiten Honda-Werkspiloten, Tohru Ukawa, mußte sich dann drei Runden vor Schluß jedoch abermals der überlegenen Motorleistung der Konkurrenz geschlagen geben.

Blieben dem Yamaha-Duo Nakano und Jacque die Plätze drei und vier, so trug sich der kleine Katoh in die Geschichtsbücher ein: Bei drei Starts auf der schwierigen 5,8 Kilometer-Strecke heimste er drei Siege ein. »Zunächst führte Nakano. Ich war in den Kurven langsam, dafür aber viel schneller auf den Geraden«, gab er zu. »Irgendwann fuhr ich vorbei und drehte mich nicht mehr um. Ich war mir meiner Sache zu keiner Sekunde sicher, erst, als ich an der karierten Flagge vorbei fuhr. Keine Ahnung, wie hitzig das Gefecht in der letzten Runde war – ich werde mir die Show zuhause als Video nochmals anschauen! Nakano war im Infield sehr stark, deshalb versuchte ich, ihn abzublocken. Sonst hatte ich keine Pläne – ich fuhr einfach, so schnell ich konnte, und als Nakano angriff, habe ich gekontert! Ich kämpfe lieber mit Japanern als mit Europäern, denn ich weiß,was sie fühlen und wie sie reagieren...«

Einer der Europäer hatte keine Chance, in den Kampf einzugreifen: Schon im ersten Zeittraining war Yamaha-Kurz-Pilot Mike Baldinger bei Tempo 171 das Vorderrad weggerutscht. In einer Linkskurve, mit der einst schon Manfred Herweh und Peter Öttl unliebsame Bekanntschaft gemacht hatten, schlug er ohne nennenswerte Verzögerung in eine nur leidlich mit Schaumstoffballen verkleidete Mauer ein, brach sich den rechten Oberschenkelhals und erlitt Kreuzbandverletzungen im Knie. Die darauffolgende Woche mußte der Pechvogel in einem japanischen Krankenhaus verbringen und machte sich dann auf die Heimreise nach Merdingen. In den Wochen und Monaten darauf wurde er auf eine lange Geduldsprobe gestellt: Während das Knie relativ schnell verheilte, wuchs der gesplitterte Knochen sehr langsam zusammen. Sein ursprünglich für den Deutschland-Grand Prix avisiertes Comeback wurde auf unbestimmte Zeit weiter verschoben.

125 ccm: Party time bei Derbi

Auch der italienische Teenager Manual Poggiali mußte in Japan auf den Start verzichten. Nachdem sich der 16jährige

Ein Fest für die japanischen Fans: Ueda, Ui und Azuma auf dem Podest

in Welkom das Handgelenk gebrochen hatte, versuchte er ein Comeback in Suzuka, gab aber nach wenigen Runden auf. »Die Schmerzen sind zu stark. Hier gibt es zu viele Kurven und zu wenige Stellen, wo man sich ausruhen kann. Es hat keinen Sinn«, meinte er deprimiert.

Sein Teamkollege Youichi Ui zeigte sich dagegen in Bestform. Ohne seelische Nachwirkungen seiner knappen Malaysia-Niederlage glühte er im Abschlußtraining zur ersten Pole Position für Derbi, was der etablierten Konkurrenz von Honda und Aprilia einen nachhaltigen Schock versetzte. »Bei früheren Gelegenheiten ist mir die Trainingsbestzeit immer um Haaresbreite entgangen. Sie ausgerechnet hier bei meinem Heimspiel in Suzuka sicherstellen zu können, ist natürlich doppelt angenehm«, strahlte er.

Doch es sollte noch besser kommen. Wie in Malaysia, nur sehr viel früher, entwickelte sich ein Duell mit Aprilia-Star Roberto Locatelli. In der dritten Runde mußte Ui die Führung an den langmähnigen Italiener abgeben, bewachte ihn aber auf Schritt und Tritt und stellte sicher, die Lücke nicht allzu groß werden zu lassen. »Locatelli machte eine Menge Druck, deshalb ließ ich ihn vorbei. Doch ich hatte das Rennen unter Kontrolle, schonte meine Reifen und machte mir nicht die geringsten Sorgen: Ich wußte, daß ich ihn wieder erwischen würde«, beteuerte Ui später.

Statt einen Gegenangriff herauszufordern, war der Italiener so freundlich, Ui den Heimsieg kampflos zu überlassen. Fünf Runden vor Schluß trennte er sich per Highsider von seiner Aprilia, worauf die 42000 Zuschauer auf den Rängen begeistert zu feiern und zu applaudieren anfingen. Ebenso begeistert waren auch die spanischen Derbi-Fans – denn Youichi Ui hatte mit seinem Sensationssieg auch die WM-Führung übernommen. »Am Freitag ist mir der Motor eingangen, das hat mich ein bißchen beunruhigt. Doch von diesem Moment an lief alles glatt. Ich dachte nicht an den Sieg, doch daß meine Frau Junko und mein Sohn Yohei am Startplatz waren, hat mich zuversichtlich gemacht«, schilderte Ui.

Teammanager Giampiero Sacchi gab die richtige Losung aus. »Party time«, grinste er. »Wir haben jeden Grund zu feiern – mit unserem Siegfahrer Youichi, mit Konstrukteur Harald Bartol und Cheftechniker Mario Galeotti, den Vätern dieser überlegenen Maschine!« Bartol selbst gab die Komplimente sofort zurück. »Wir sind in Rekordzeit an die Spitze vorgestoßen, weil wir als richtiges Dream Team zusammenarbeiten – mein Dank gilt den Mechanikern!«

Die Japaner hatten freilich noch mehr Grund zu feiern. Locatellis Sturz saugte Nobby Ueda und Masao Azuma mit aufs Podium. Insgesamt waren damit von neun zu vergebenden Podestplätzen acht in japanischer Hand – so etwas hatte es in der Grand Prix-Geschichte noch nie gegeben.

Steve Jenkner machte sich diesmal weniger durch sein Resultat als durch sein Durchhaltevermögen verdient. Schon im Abschlußtraining am Samstag gestürzt, erlebte er im Warm-Up am Sonntag morgen einen Highsider und knackste sich beim Aufprall einen Knochen im rechten Fuß an. Nichtsdestotrotz biß er sich durchs Rennen und fuhr vom 28. Startplatz noch an die 13. Stelle.

Publikumsliebling Nobby Ueda: Platz zwei

Während Reinhard Stolz als 16. knapp an den WM-Punkten vorbeifuhr, erlebte das Italjet-Team ein Desaster: Jaroslav Hules fiel mit einem Kolbenklemmer aus, Leon Haslam stürzte, und zwischen Teammanager Andy Leuthe und Cheftechniker Jörg Möller war das Klima vergiftet.

Marlboro
DUNLOP
Marlboro
aprilia
6
RALF
UNICOM STARKER
CERAMIC GROUP
BECK'S
EUROBET
DUNLOP

30.4.2000: Grand Prix Spanien in Jerez

Willkommen zuhause

In Jerez hatte Ralf Waldmann Heimatgefühle und machte das 250er Rennen zum Triumphzug. Doch Halbliter-Star Kenny Roberts verdarb es sich mit den Fans.

Um mit der hochmodernen Valencia-Strecke mithalten zu können, entschied sich das Management des Circuito de Jerez für massive Umbauten. Der neue Belag für den 4,4 Kilometer-Kurs war dabei nur der kleinste Teil des Projekts: Das Fahrerlager sollte binnen der nächsten zehn Monate nach dem Grand Prix komplett in den hinteren Streckenteil verschoben und die bisherige Gegengerade zum neuen Start- und Ziel-Bereich umgebaut werden. Prunkstück der Pläne war die luxuriöse neue Boxenanlage mit einem futuristischen Aussichtsturm, der im Bereich der Startaufstellung wie eine fliegende Untertasse direkt über der Strecke schwebte.

Doch noch fanden die Teams auf der 1986 eröffneten Strecke ihr gewohntes Territorium vor, zu dem sie nicht nur wegen des jährlich ausgetragenen Grand Prix und der offiziellen Februar-Tests der Teamvereinigung IRTA anreisten, sondern sich auch bei ausgiebigen privaten Probefahrten über die Wintermonate hinweg die Klinke in die Hand gaben. Grund dafür war das schöne Wetter in Südspanien, das die Teams selbst im Dezember und Januar regelmäßig mit Sonnenschein und Frühlingstemperaturen begrüßte.

Nur der April zeigte sich diesmal von seiner launischen Seite, und nach kühlen Trainingstagen zogen am Sonntag endgültig Regenwolken auf. Bei der Startaufstellung des 125er Rennens fing es an zu tröpfeln. Als die Ampel auf grün sprang, wertete das auch der Himmel als Startsignal und nieselte mit doppeltem Einsatz auf das lospreschende Feld herab. In der zweiten Kurve rutschte bereits der erste Fahrer, Gelete Nieto, ins Kiesbett, worauf rote Flaggen geschwenkt und das kaum gestartete Rennen abgebrochen wurde.

Weil die Trainings trocken gewesen waren, mußte laut Reglement ein freies Regentraining eingeschoben werden. Als die Fahrer eine volle Stunde nach dem Abbruch abermals zur Startaufstellung vorrückten, hatten sie freilich längst wieder profillose Slicks montiert: Die Strecke war wieder trocken.

Voll am Limit: Statt »boshaftem Nichtwollen« bewies Waldi unbedingten Siegeswillen

125 ccm: Endlich Alzamora

Die Honda-Asse Mirko Giansanti und Nobby Ueda kamen am besten weg, wurden aber alsbald von Youichi Ui eingefangen. Die feuerrote Derbi machte das Rennen bis zur siebten Runde, versank dann aber allmählich im Mittelfeld und fiel in der letzten Runde nach einem Beinahe-Sturz noch von Platz acht auf 21 zurück. »Wir haben den falschen Vorderreifen erwischt – kein Grip«, seufzte der kleine Japaner.

Die spanischen Fans wurden jedoch reichlich entschädigt. Emilio Alzamora,

Probesitzen im Harrier-Jet: Norick Abe blieb von seinem Autounfall unbeeindruckt

Der ewige Zweite als Sieger: Emilio Alzamora hatte endlich das nötige Glück

seit vier Jahren ohne Sieg und 1999 nur durch Beständigkeit zu Weltmeisterehren gekommen, setzte sich in der siebten Runde nach ein paar beherzten Überholmanövern an die Spitze. Ein Dreikampf mit Mirko Giansanti und dem Trainingsschnellsten Roberto Locatelli nahm von Runde zu Runde an Härte zu, doch Alzamora mochte nicht als ewiger Zweiter dastehen. Mit dem möglichen Heimsieg vor Augen setzte er alles auf eine Karte, antwortete auf jede Attacke mit einem Konter und hielt seine Gegner mit einem überzeugenden Endspurt in Schach. »Ein Traum ist wahr geworden«, jubelte der sonst so ernst und verschlossen wirkende Spanier. »Im letzten Jahr bin ich drei- oder viermal nur ganz knapp am Sieg gescheitert, doch entweder fehlte das Glück oder die nötige Motorleistung. Diesmal hat mein Team perfekte Arbeit geleistet.«

Mirko Giansanti, dank der technischen Expertise seines Honda-Playlife-Teamchefs Olivier Liegois mit einer pfeilschnellen Maschine gesegnet, zollte seinem Gegner Respekt. »Emilio war unheimlich schnell. Ich wurde am Schluß durch einige gewaltige Slides vorgewarnt und habe dann auf weitere Angriffe verzichtet, weil ich nach dem Kolbenklemmer von Japan unbedingt Punkte brauchte.« Auch Locatelli war nach seinem Sturz in Suzuka darauf bedacht, heil ins Ziel zu kommen. »Kompliment an Emilio. Er war heute unschlagbar«, lobte er seinen Rivalen. »Bei uns dagegen hat sich Motorleistung verflüchtigt. Deshalb fiel ich am Schluß um vier Sekunden zurück.«

Ein Mangel an Motorleistung fiel auch dem für das Aspar-Aprilia-Team fahrenden Arnaud Vincent auf. »Ein hartes Wochende«, seufzte der Franzose, der sich vom 20. Startplatz auf den achten

Ein Traum ging in Erfüllung: Emilio Alzamora

Schlußrang vorgekämpft hatte. »Nach dem Training war ich regelrecht depressiv, weil ich mir auf die schlechten Rundenzeiten keinen Reim machen konnte. Erst beim Fahren im Pulk fiel mir auf: Uns fehlt Beschleunigung. Wenigstens weiß ich nun, daß ich das Motorradfahren nicht verlernt habe!«

Ähnlich erging es auch Steve Jenkner, der sich mit Schmerzen von seinem in Suzuka gebrochenen Mittelfußknochen auf den 18. Startplatz mühte, im Rennen aber ebenfalls eine starke Aufwärtstendenz bewies und wenigstens Rang zehn eroberte. »Wir haben eine neue Sorte Vorderreifen mit steiferer Karkasse eingesetzt. Das hat mir sehr geholfen. Bei den anderen haben die Reifen stark abgebaut, bei mir sind sie konstant geblieben. Leider bin ich zu lange in der Meute stecken geblieben«, zog er Bilanz.

Lief seine Honda wie ein Uhrwerk, so feierte Italjet trotz technischer Schwierigkeiten die ersten beiden WM-Punkte der Saison. »Vier Runden vor Schluß habe ich das Auspuffende verloren. Außerdem ging mir fast das Benzin aus – ich habe die Maschine hin- und herschütteln müssen, damit wieder Sprit in den Vergaser rann. Es hat ganz knapp gereicht«, schilderte Jaroslav Hules nach seinem 14. Platz begeistert.

Reinhard Stolz plagte sich dagegen mit Dunlop-Standardreifen auf den 19. Platz. »Schon nach sechs, sieben Runden hat mein Hinterreifen stark nachgelassen. Doch ich habe keine härtere Mischung bekommen«, stellte er entmutigt fest.

Uis Reifensorgen: Sieben Runden Führung – und am Schluß nur Platz 21

250 ccm: Nöhles vor Battaini

Auch Alex Hofmann hatte nicht viel Freude am Europa-Auftakt. So sehr er sich auch mühte, konnte er seine Freitagszeit bei windigem Wetter im Abschlußtraining nicht verbessern und rutschte auf den 23. Startplatz ab. »Ich muß wieder mehr Freude am Fahren entdecken. Ich fahre nicht locker genug«, stellte er fest und versuchte, sich fürs Rennen ganz neu zu motivieren. Als das Grünlicht aufflammte, düste er denn auch wie eine Rakete los. Gleich in der ersten Runde trudelte allerdings die Yamaha des gestürzten malaiischen Petronas-Piloten Sharol Yuzi in seine Richtung, worauf Hofmann einen zeitraubenden Umweg durchs Kiesbett in Kauf nehmen mußte und das gesamte Feld an sich vorbeiziehen sah. »Von den Rundenzeiten her hätte er in der Spitzengruppe mithalten können«, meinte Cheftechniker Lucas Schmidt nach dem 17. Platz geknickt.

Zumindest konnte Hofmann Julien Allemand auf Distanz halten – der Franzose wurde als Ersatz für den verletzten Mike Baldinger angeheuert und wurde bei seinem ersten Einsatz auf der Kurz-Yamaha Vorletzter.

Ralf Waldmann war dagegen von Anfang an in seinem Element. Wie schon in Suzuka mit den Fahrwerken vom Vorjahr ausgerüstet, beherrschte er alle vier Trainings souverän, und die einzige Gefahr fürs Rennen blieb der Start. »Keine Sorge«, winkte der 33jährige gut gelaunt ab. »In Japan war ich nervös, deshalb habe ich dort den Start verpatzt. Hier bin ich klar Schnellster, deshalb bin ich auch nicht nervös – und deshalb wird mein Start morgen wunderbar klappen!«

Die Selbstmotivation funktionierte: Waldi gelang es, genau die richtige Men-

Mit dem letzten Benzintropfen zu zwei WM-Punkten: Italjet-Pilot Jaroslav Hules

Halber Spanier: Ralf Waldmann feiert Fiesta

ge Kraftstoff in die bei niedrigen Drehzahlen zu gierig zuschnappenden Einlaßdrehschieber zu löffeln. Mit idealen 40 Prozent der Gasgriffstellung kreischte er mit der Spitze los und bog als Vierter in die erste Kurve ein.

Noch besser war Shinya Nakano gestartet, doch schon in der zweiten Kurve raspelten der Japaner und seine Chesterfield-Yamaha ins Kiesbett. »Ich war zu schnell und bin übers Vorderrad weggerutscht. Mir gelang es, weiterzufahren, doch in den Kurven streifte immer wieder die Verkleidung am Boden«, knirschte Nakano, der immerhin noch den 15. Platz und einen Punkt rettete.

Waldi war nach Nakanos Sturz Zweiter und blies noch in der gleichen Runde zum Angriff auf den führenden Olivier Jacque. Mit einem beherzten Ausbremsmanöver tauchte er innen an dem Franzosen vorbei und machte sich zum ersten Saisonsieg über alle Berge, wobei er vom Publikum nach Kräften angefeuert wurde. »Nach dem ersten Rennen gab es einige Journalisten, die haben mich schon halbtot geschrieben und mir boshaftes Nichtwollen unterstellt. Das ärgert einen schon. Umso größer ist jetzt meine Genugtuung. Ich habe gezeigt, daß ich immer noch schnell fahren kann«, triumphierte Waldi, dem Tageszeitungen Motivationsmangel und einen Bauchansatz angedichtet hatten. »Dabei haben wir unsere Probleme schon in Malaysia durch die Umstellung auf die 99er Maschine gelöst. Seither geht's bergauf. In Suzuka war ich bereits schneller denn je zuvor, bis ich im Rennen heruntergehüpft bin. Hier in Jerez war ich auch schneller denn je. Die Erfahrung des letzten Jahres und all die Tests helfen uns enorm. Wir sind mit der Fahrwerksabstimmung viel weiter gekommen, mein Hinterreifen war wie auf der Strecke festgeklebt. Außerdem gefällt es mir in Jerez. Ich habe hier schon 1987 den 80 ccm-EM-Lauf gewonnen und bin seither so oft hier gewesen,

Harakiri-mäßige Ausbremsmanöver: Klaus Nöhles erkämpfte Platz acht

Abgehängt: Hofmann (66) wurde 17., Baldinger-Vertreter Allemand (23) Vorletzter

daß ich mich als halber Spanier fühle!«

Seit dem Saisonfinale 1997 gegen Max Biaggi hatte Waldmann keinen Grand Prix mehr gewonnen, und in der Euphorie begann er schon wieder vom Ti-

Nur nicht aufgeben: Shinya Nakano rettete nach seinem Sturz noch Platz 15

tel zu träumen. »Ich habe schon immer gesagt: Das Jahr ist lang, da kann viel passieren. Jetzt bin ich auf einem Level, wo ich ständig vorne mitfahren kann!«

Sein junger Teamkollege Klaus Nöhles hinkte diesem Level nicht viel hinterher. Als Elfter qualifiziert, kämpfte er sich auf den fabelhaften achten Platz und ließ dabei alt eingesessene Könner wie den Aprilia-Werkspiloten Franco Battaini hinter sich. »Ich habe ihn Harakiri-mäßig ausgebremst. Ein solches Resultat hätte ich mir nicht zugetraut. Ich habe die Gegner stärker eingeschätzt«, rieb er sich die Hände.

500 ccm: Feuer in der Aufwärmrunde

In der Halbliterklasse stand Max Biaggi auf der Pole Position, machte sich durch einen Sturz in der Aufwärmrunde aber zum Gespött des Publikums. »Diese Art von Glück hatte ich noch nie«, bemerkte er später. »Eingangs der Spitzkehre am Ende der Gegengeraden kam mir Regis Laconi in die Quere, ich mußte nach rechts ausweichen und geriet auf den weißen Begrenzungsstrich, worauf das Vorderrad wegrutschte.«

Zum Glück für den Italiener ging die Yamaha in Flammen auf, denn während der Aufräumarbeiten blieb ihm Zeit genug, auf dem Rücksitz eines Rollers ins Fahrerlager zurückzukehren und seine zweite Maschine aus der Box zu holen. Normalerweise hätte er aus der Boxengasse starten müssen, doch der Rennleiter erlaubte ihm sogar, wieder seinen alten Platz auf der Pole Position zu beziehen. Freilich erledigte sich das Protestgeschrei mancher Kollegen von selbst: Eine rutschende Kupplung bescherte Biaggi das endgültige Aus.

Kenny Roberts lag zu jenem Zeitpunkt schon komfortabel in Führung und baute seinen Vorsprung bis zur 15. Runde auf satte 5,6 Sekunden aus. Carlos Checa, der zunächst einmal Valentino Rossi und Alex Barros dingfest machen mußte, quetschte alles aus seiner Yamaha heraus, um den Rückstand zu verkleinern und schob sich Radlänge um Radlänge näher an den Amerikaner heran. Auch Alex Crivillé, von Honda mit gutmütigeren Vorjahresmotoren ausgerüstet, hatte sich endgültig gegen Garry McCoy durchgesetzt und zeigte als Fünfter starken Vorwärtsdrang.

Deshalb waren die 150000 Fans auch so sauer, als Roberts sofort die Hand hob und einen Abbruch erzwang, als in der 17.

Sturz in der Aufwärmrunde: Max Biaggi hatte zum Schaden den Spott

Der zweite Start: Valentino Rossi (46) glüht erstmals aufs

Runde die ersten Regentropfen vom Himmel fielen. Während Roberts beim Anblick der roten Flaggen in die Fußrasten stieg und begeistert die Arme ausbreitete, schlug ihm ein wütendes Pfeifkonzert von den Rängen entgegen, worauf Roberts die Faust ballte und seinen Jubel in ein paar obszöne Gesten Richtung Publikum verwandelte.

Doch die feste Überzeugung der Fans und des in Ungnade gefallenen Stars, die erforderlichen zwei Drittel der Renndistanz seien absolviert, entpuppte sich als grandioser Irrtum: Weil gemäß den Regeln die letzte komplett absolvierte Runde gewertet wurde, also die 16. von insgesamt 26, hatten die Piloten statt 66 erst 61,5 Prozent der Gesamtdistanz hinter sich gebracht. »Ich jubelte und dachte nicht im Traum daran, nochmals antreten zu müssen. Bei der Rückkehr zur Box habe ich mich über die ganze Hektik gewundert«, erzählte Roberts. Seine Crew hatte ihn mit einem Boxensignal dazu aufgefordert, noch eine weitere Runde durchzuhalten, doch der Amerikaner begriff das Signal nicht. »Ich hätte die Hand auch gehoben, wenn ich das Signal verstanden hätte. Die Sicherheit geht vor«, beharrte Roberts und erhielt sogar Unterstützung von Carlos Checa. »Es war richtig, daß Kenny die Hand gehoben hat. Wir sind schlimm gerutscht«, hielt er fest.

Sieger im zweiten Lauf: Alex Crivillé zeigte sich angriffslustig

Nur knapp am Sieg vorbei: Carlos Checa holte vier von fünf Sekunden auf

Statt der Siegerzeremonie stand ein zweiter Start auf dem Programm, bei dem Checa als Erster davonflitzte. »Ich hatte fünf Sekunden Rückstand vom ersten Lauf, deshalb habe ich von Anfang an soviel Druck gemacht wie nur möglich«, schilderte der Spanier, dem es tatsächlich gelang, vier der fünf Sekunden wegzuhobeln.

Roberts fuhr zwar abgeschlagen als Vierter über die Linie, hatte in der Addition beider Läufe aber immer noch um 0,8 Sekunden die Nase vorn und verwies den Yamaha-Star damit auf den zweiten Platz. Zurückhaltung war auch angebracht, weil er sich für Intermediates vorn und hinten entschieden hatte, die bei der schnell abtrocknenden Piste keine Reserven boten. »Checa hatte hinten einen Slick. Ich wollte auch einen haben, doch es war zu spät für einen Wechsel. Schon kurz nach dem Losfahren wußte ich, daß ich Probleme kriegen würde. Am Schluß hat es aber ganz knapp gereicht«, atmete er auf.

Zur Freude seiner Fans heimste Alex Crivillé mit einem übermütigen Schlußangriff den Laufsieg vor Checa ein, der in der Addition freilich keine Bedeutung hatte. Crivillé war im ersten Teil wegen einer rutschenden Kupplung am Start weit zurückgefallen, lag beim Abbruch an fünfter Stelle und mußte in der Addition mit Platz vier zufrieden sein.

Ein deutlicheres Signal setzte Valentino Rossi. Den dritten Platz beim Abbruch bestätigte er auch im Zehn-Runden-Sprint des zweiten Teils und eroberte das erste Podium seiner Halbliterkarriere. »Im ersten Teil bin ich schlecht gefahren, war zu verkrampft und bin mit vollem Tank vor den Kurven viel zu spät in die Bremsen gestiegen. In der Pause traf mein Team zum Glück die richtigen Entscheidungen – den Slick hinten habe ich meinem Cheftechniker Jerry Burgess zu verdanken!«

Japan-Sieger Norick Abe, der wie eine Reihe anderer Stars am Donnerstag die US Air Force-Basis im Küstendorf Rota besucht hatte und dabei probeweise in der Kanzel eines Harrier-Jets Platz genommen hatte, wurde nach seinem Heimsieg gleich mehrfach vom Pech heimgesucht. Am Montag nach dem Suzuka-Triumph zerstörte er seinen unversicherten Porsche auf regennasser Straße. »Keine Sorge, wir können einen neuen kaufen – ich habe ja das Rennen gewonnen«, tröstete er seine schluchzende Freundin, die den Unfall auf dem Beifahrersitz miterlebt hatte.

Im Rennen von Jerez zögerte er dann zu lange mit seiner Reifenwahl. Nach Platz zehn im ersten Teil wollte er zunächst mit einem Regen-Vorderreifen weiterfahren, entschied sich zu spät für einen Wechsel und kam nicht mehr rechtzeitig zum Startplatz.

Aus der Freude wurde Zorn: Roberts lauscht dem Pfeifkonzert der Fans

SHOEI
REPSOL YPF
HONDA
GAS
1
REPSOL YPF
REPSOL

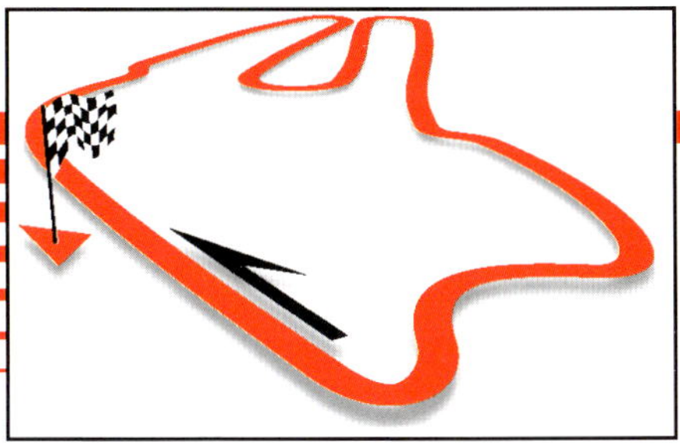

14.5.2000: Grand Prix Frankreich in Le Mans

Der göttliche Funke

Bei Daijiro Katohs Aufholjagd im 500er Rennen sah Dr. Costa überiridische Talente. Auch Alex Crivillés Halblitersieg glich einer wundersamer Auferstehung.

Formel 1-Boss Bernie Ecclestone hatte sich des Circuit du Castellet bemächtigt, und obwohl die angekündigten Umbauarbeiten der malerischen Strecke in Südfrankreich noch nicht einmal begonnen hatten, blieb dem französischen Motorrad-Grand Prix-Promoter Claude Michy keine andere Wahl, als sich nach einem neuen Schauplatz umzusehen.

Le Mans war die beste Alternative, weil der für die jährlichen 24-Stunden-Langstreckenklassiker berühmte Kurs nur zwei Stunden von Paris entfernt war und deshalb auch genügend Fans ansaugen konnte. Nur das Wetter war schlechter als an der Cote d´Azur, und die Rennfahrer nutzten den Regen, um sich mit der Renndirektion zusammenzusetzen und über kommende Reglementsänderungen zu diskutieren. Falls es während eines Rennens anfing zu regnen, so wurde für die Zukunft beschlossen, so genügte es, wenn drei Fahrer die Hand hoben, um den Lauf abzubrechen. Wenn nur einer die Hand hob, blieb die Entscheidung beim Renndirektor. Promoter Dorna setzte außerdem durch, die bisher 15 Minuten Regentraining abzuschaffen, die nach einem Abbruch immer dann obligatorisch waren, wenn alle vier Trainings im Trockenen stattgefunden hatten. Fürs nächste Jahr plante die Dorna im Interesse lückenloser TV-Übertragungen sogar, Rennunterbrechungen bei plötzlichen Regengüssen ganz abzuschaffen und durch Reifen- oder Fahrzeugwechsel zu ersetzen.

Neuigkeiten gab es aber auch aus dem Fahrerlager selbst. Rechtzeitig für Le Mans wechselte das Aprilia-Halbliterteam nun doch von Dunlop auf den französischen Hersteller Michelin über, um Tetsuya Harada und Jeremy McWilliams endlich Reifen anbieten zu können, die genügend Grip hatten und gleichzeitig auch eine Renndistanz durchhielten. Die Modenas KR3 war damit einzige aller 500er, die noch auf Dunlop-Reifen einherrollte. Die Premiere der dritten Motorengeneration, der die kompakten, um fünf Zentimeter kürzeren Baumaße der Urversion mit der Zuverlässigkeit der zweiten, um eine Ausgleichswelle ergänzten Bauserie verbinden sollte, ging freilich gründlich schief: Im ersten Zeittraining brach die Kurbelwelle, worauf David de Gea sich mit dem alten Mk2-Modell auf den 17. Startplatz mühte. »Sowie der Motor reibungslos funktioniert, möchte ich Luca Cadalora oder John Kocinski auf die Maschine setzen«, kündigte Teambesitzer Kenny Roberts an.

Kurzfristig konnten sich die Fans eines anderen Comebacks erfreuen: Der frühere Honda-Star »Rocket« Ron Haslam, zum Ende seiner Karriere Entwicklungsfahrer der legendären elf 500 mit Achsschenkellenkung und seit sieben

Modenas-Besitzer Kenny Roberts: Cadalora oder Kocinski

Noch am Leben: Alex Crivillé führt vor Abe

Sauer auf Ui:
Arnaud Vincent fühlte sich bedrängt

Jahren nicht mehr im Sattel einer Rennmaschine gesessen, zwängte sich wieder in eine Lederkombi, um den verletzten Südafrikaner Shane Norval auf dessen Zweizylinder-Honda zu ersetzen. »Unser Sport sollte professionell sein und nicht zum Zirkus ausarten, wo jeder eine Lizenz kriegt, der für ein paar Schlagzeilen gut ist«, wetterte Beobachter Mick Doohan. Ganz von der Hand zu weisen war die Kritik nicht: Der 44jährige Haslam war im ersten Training Allerletzter und seufzte, die Zeit, wo man mit einer zweitklassigen Maschine noch erstklassige Resultate abliefern konnte, sei wohl endgültig abgelaufen. Tags darauf stürzte er, holte sich Rückenprellungen und mußte ebenso auf den Start verzichten wie sein 16jähriger Sohn »Pocket Rocket« Leon Haslam, der nach einem Sturz im ersten und nach einem Motorschaden seiner Italjet im zweiten Zeittraining die Qualifikation verpaßte.

Ein Geschenk zum 53. Geburtstag:
Derbi-Konstrukteur Harald Bartol
freut sich mit Ui

125 ccm: Bartols Geburtstagsgeschenk

Youichi Ui war dagegen Schnellster und freute sich dabei über den neuen Motor, den ihm Konstrukteur Harald Bartol aus seiner PS-Küche in Straßwalchen mit gebracht hatte. Noch mehr Drehmoment, 53 PS Höchstleistung und eine Überdrehfähigkeit bis zu 14500/min waren die Eckdaten des Supertriebwerks, so daß Ui bei

dem wechselhaften Wetter gelassen abwarten konnte, bis die Piste zum Trainingsende hin endlich trocken genug war, um ein paar schnelle Runden in den Asphalt zu brennen. »Ich bin von den Rundenzeiten ebenso begeistert wie von der Schlagkraft des neuen Motors«, rieb er sich die Hände. »Allerdings werden wir im Rennen aus Sicherheitsgründen die alte Variante einsetzen. Denn noch ist der neue Motor im Entwicklungsstadium.«

Doch auch die alte Maschine war kräftig genug. Ui legte einen Blitzstart hin, hielt sich nach drei Runden an der Spitze jedoch zurück und beobachtete das Geschehen aus dem Windschatten der Führungsgruppe. Dort hatte sich mittlerweile der stark aufholende Nobby Ueda durchgesetzt, übertrieb seinen Ehrgeiz jedoch in der vierten Runde und stürzte, wobei er die Nachfolgenden um ein Haar mit abgeräumt hätte. »Wirklich ein Jammer. Mein Motorrad war heute ebenso gut drauf wie ich, der Motor zog wie noch nie in dieser Saison«, bedauerte er.

Jetzt war Arnaud Vincent vorn und hielt sich die Gegner die meiste Zeit des Rennens über erfolgreich vom Leib, zählte am Schluß aber auch zu den Verlierern. Denn fünf Runden vor Schluß zwängte sich Ui wieder an Vincent vorbei, und der Franzose war so sauer wegen des verlorenen Zweikampfs, daß er in der letzten Runde einen aussichtslosen Konter versuchte und nur noch weiter auf den fünften Platz zurückfiel. »Ui fuhr unfair«, zeterte Vincent hinterher. »Er schlug mir gnadenlos die Tür vor der Nase zu. Ich wußte, daß meiner Aprilia Beschleunigung fehlte, deshalb zog ich die letzten Register, um an Ui dranzubleiben. Doch sein Überholmanöver hat mich Konzentration gekostet. Deshalb war ich bei meinem Gegenangriff zu schnell und kam von der Strecke ab. Ein paar Kollegen haben das ausgenutzt und fuhren vorbei, doch ich bereue nichts – wenigstens habe ich alles versucht!«

Startverzicht: Leon Haslam scheiterte mit Motorschaden, Vater Ron mit Rückenprellungen

Ui grinste, er habe die Aussichtslosigkeit von Vincents Attacke aus den Augenwinkeln heraus erkannt, und war nach seinem zweiten Saisonsieg mit sich und der Welt zufrieden. »Das ist ein Geschenk an Harald Bartol, denn schließlich hatte der gestern seinen 53. Geburtstag. Er sieht noch jung aus für sein Alter«, strahlte Ui.

Statt Vincent räumte der Italiener Mirko Giansanti den zweiten Platz ab und nahm voll Selbstvertrauen den ersten Sieg ins Visier. Auch der clevere Emilio Alzamora war zur Stelle, als es zählte, und schnappte Roberto Locatelli den dritten Rang vor der Nase weg.

Steve Jenkner mußte sich dagegen mit dem ersten Nuller der Saison abfinden. 16. nach einer Runde, übernahm er sich bei der Aufholjagd und verabschiedete sich in einer schnellen Linkskurve mit einem spektakulären Highsider. »Ich hatte schon in der ersten Runde drei Riesenrutscher. Doch ich dachte, mein weicher Hinterreifen sei bis zur zweiten Runde warm genug. Ein folgenschwerer Irrtum«, meinte der tapfere Sachse. Der direkt hinterherfahrende Reinhard Stolz hatte mit ähnlichen Rutschern zu kämpfen, hielt sich aber im Sattel und wurde am Ende 13.

250 ccm: Waldi gegen West

Europa-Neuling Daijiro Katoh schockierte die Konkurrenz mit der Pole Position, kam beim Start des 250er Rennens als Schnellster vom Fleck, stürzte aber in der zweiten Runde. »Ich hatte einen Rutscher, und die Honda war mit vollem Tank so schwer, daß ich sie nicht mehr abfangen konnte«, seufzte der kleine Japaner. Immerhin gelang es ihm, sie wieder aufzurichten. Als Allerletzter stürzte er sich ein zweites Mal ins Gefecht und eroberte nach einer heldenmütigen Aufholjagd noch den erstaunlichen sechsten Rang. »Wenn er das Rennen gewonnen hätte, wäre er ein großer Mann gewesen. Zu stürzen, weiterzufahren und ein solches Resultat nach Hause zu bringen, ist hingegen göttlich«, schwelgte Rennarzt Claudio Costa in der Box des Axo-Teams.

Ralf Waldmanns Leistung war fast genauso göttlich. Als Trainingszweiter neben Katoh losgebraust, merkte er schnell, daß seine Reifen nicht den nötigen Grip aufbauten. Nach zwei kühlen Tagen mit Regenschauern herrschte am Sonntag wärmeres Wetter, worauf sich das Team auf Verdacht für härtere Reifen entschied – ein Irrtum, der Waldi von einer Wiederholung seines Jerez-Triumphes abhielt. Statt dessen steckte er in einem aufreibenden Kampf mit Anthony West um den fünften

Blitzstart ins Verderben: Ralf Waldmann und Daijiro Katoh

Platz fest, und beim Versuch, sich des Australiers endlich zu entledigen, ging er in der 17. Runde schließlich zu Boden. »Ich wollte ihn in der La Chapelle-Spitzkehre ausbremsen und habe ihn von hinten berührt«, gestand Waldi später. »Wests Honda beschleunigte besser und war auch im Topspeed schneller, deshalb war er nur mit einer Gewaltaktion zu schnappen.« Wie Katohs Maschine war freilich auch Waldis Aprilia bis auf ein paar Kratzer unversehrt, worauf sich Waldi wieder in den Sattel schwang und immerhin den achten Platz sicher stellte.

Teamkollege Klaus Nöhles hatte schon mit dem Start seine Sorgen. »Ich schätze, ich habe zu viel Gas gegeben und bin mit zu hoher Drehzahl losgefahren. Der Motor hat anschließend ausgesetzt und ist nur auf einem Zylinder weitergeruckelt. Ich konnte nicht einmal den nächsten Gang einlegen«, schilderte Nöhles jenen Alptraum, der Ralf Waldmann im Vorjahr bei fast jedem Rennen heimgesucht hatte. Mit 300 Meter Verspätung , als er schon fast aufgeben wollte, hatte sich die Maschine endlich freigehustet und funktionierte wieder normal, so daß Nöhles noch bis ins Mittelfeld und auf den 14. Platz fahren konnte.

Schon in der fünften Runde fuhr er dabei an Alex Hofmann vorbei, der im Abschlußtraining wegen Benzinmangels liegen geblieben war und sich deshalb nur als 17. qualifiziert hatte. Im Rennen vermasselte der 19jährige dann wie Nöhles den Start. »Wegen des langen ersten

Im Drift zum Sieg: Tohru Ukawa

Tiefschlag nach Höhenflug: Auf den Jerez-Triumph folgte für Waldi eine herbe Enttäuschung

Gangs hatte ich subjektiv das Gefühl, nicht vom Fleck zu kommen, und ließ die Kupplung zu schnell rein. Der Motor starb ab, ich fuhr dem ganzen Feld hinterher. Doch wenn du in der ersten Kurve 25. bist, ist irgendwann auch die Motivation im Keller«, schilderte Hofmann, der unlustig und unkonzentriert weiterfuhr und sich nach dem Rennen voller Selbstzweifel im Transporter verschanzte.

Denn die Spitze, auf die er in dieser Saison eigentlich Jagd machen wollte, schien weiter entfernt denn je. Und Anthony West, im letzten Jahr auf einer Privat-Honda noch auf Hofmanns Niveau, schien den Durchbruch geschafft zu haben: Drei Runden lang hinter seinem führenden Teamkollegen Tohru Ukawa Zweiter, übernahm der Australier in Runde vier sogar für eine Zeitlang die Führung, bevor er von Shinya Nakano und Olivier Jacque überwältigt wurde.

Lange Zeit schien es, als könne Jacque seinen Fans endlich den ersten Heimsieg bescheren, denn zu Rennmitte schob er seine Chesterfield-Yamaha unter dem Jubel der Fans an seinem japanischen Teamkollegen vorbei auf Platz eins. Doch im Finale herrschten wieder umgekehrte Verhältnisse: Ukawa schob seine gelbe Honda wieder in Führung, Nakano preschte abermals an Jacque vorbei und verwies den Franzosen auf den dritten Platz. »Wenigstens bin ich bei einem Frankreich-Grand Prix nun einmal auf dem Podium«, war Jacque trotzdem begeistert. »Das war eines der intensivsten Rennen, die ich je erlebt habe! Die Strecke schlängelt sich hier so dicht an den Rängen vorbei, daß du die Fans förmlich spüren kannst. Es war wirklich schwer für mich, bei der ganzen Begeisterung rundherum konzentriert zu bleiben. Als Katoh stürzte und Ukawa einen Fehler machte, glaubte ich an einen Doppelsieg für unser Team, weil Nakano und ich uns gegenseitig toll geholfen haben. Doch am Schluß war gegen die Power von Ukawas Honda nichts zu machen. In den letzten Runden waren meine Reifen so am Ende, daß ich mich mit dem drittten Platz abfinden mußte!«

Drosselte Jacque im Endspurt das Tempo, so kam Nakano nach verhaltenem Beginn immer besser in Schwung. »Mir steckte der Rennsturz von Jerez noch in den Knochen, deshalb war ich in den ersten Runden nervös. Nach und nach stieg aber mein Selbstvertrauen. In der letzten Runde hätte ich Ukawa fast noch erwischt, denn er verbremste sich in der Museumskurve. Doch er sperrte mir im letzten Augenblick die Tür zu«, erzählte Nakano, der von den französischen Fans förmlich eingemeindet wurde und sich das ganze Wochenende über mit Autogram-

Der Durchbruch: Auch Anthony West führte das Rennen an

Zum Feiern gibt es immer Gründe: Regis Laconi nach dem neunten Platz

men die Finger wund geschrieben hatte.

Sieger Ukawa war natürlich begeistert – und störte sich nur an der in Frankreich verpönten Alkoholwerbung. »Schon im letzten Jahr, bei meinem ersten Grand Prix-Sieg in Le Castellet, mußte ich auf Champagner verzichten – und jetzt schon wieder«, beschwerte sich der Japaner mit einem Augenzwinkern.

500 ccm: Biaggi am Boden

Kenny Roberts rieb sich schon vor dem ersten Training die Hände. »Hier gibt´s keine so lange Gerade wie in Le Castellet, außerdem gibt es zwei Doppelkurven. Das liegt der Suzuki«, meinte der Jerez-Sieger und nagelte im ersten Training auch prompt die schnellste Zeit auf die Strecke.

Doch im Abschlußtraining fuhren beide Suzuki-Piloten ins Desaster. Erst erwischte es Nobuatsu Aoki mit einem Highsider, der ihn auf den 14. Startplatz zurückwarf. Kurz danach stürzte Kenny Roberts auf genau die gleiche Weise: Beim Beschleunigen aus der Schikane drehte das Hinterrad durch, packte wieder zu und schleuderte den Fahrer aus dem Sattel. »Der gleiche Fleck, die gleichen Reifen«, wunderte sich Roberts, der wie Aoki beim Aufprall grün und blau geschlagen wurde. »Der Reifen war nicht kalt, ich war bereits auf meiner dritten Runde. Aber es war eine härtere Mischung. Beim Hochschalten vom zweiten in den dritten Gang drehte das Rad plötzlich wild durch. Warum habe ich diesen Reifen nur verwendet? Dieser Sturz war Mist, völlig unnötig. Ich kann von Glück sagen, daß ich nichts gebrochen habe.«

Seine Prellungen, vor allem am Knie, waren aber schmerzhaft genug, daß er tags darauf erst nach einer Intensivbehandlung seines Physiotherapeuten Dean Miller mühsam in den Sattel steigen konnte. Die Kraft reichte, im Rennen 18 Runden lang den Ton anzugeben. Erst mit nachlassenden Reifen fiel Roberts dann zurück und landete auf dem sechsten Platz, Aoki fuhr ebenfalls bis zum Ende durch und rettete Platz elf.

Weil Carlos Checa einen zu weichen Hinterreifen erwischt hatte und nur Siebter wurde, baute Roberts mit dieser Platzierung sogar seine WM-Führung aus. »Das ist mehr, als ich erwarten durfte, so lausig, wie ich mich heute morgen beim Aufstehen und später nach dem Warm-Up gefühlt habe«, meinte Roberts erleichtert. »Dean Miller hat Wunder bewirkt, daß ich überhaupt beweglich genug war, zu fahren. Doch als die Reifen nachließen, hatte ich nicht genügend Kraft, die Maschine bei Rutschern unter Kontrolle zu halten. Deshalb hatte ich keine Chance zur Gegenwehr, als die anderen von hinten kamen.«

Die anderen waren eine kunterbunte Gesellschaft. Fünfter wurde Alex Barros, Platz vier erbeutete Garry McCoy, der sich im üblichen Sturm und Drang-Stil von Platz neun vorgearbeitet hatte. Valentino Rossi bestätigte seine Form von Jerez erneut mit dem dritten Platz und

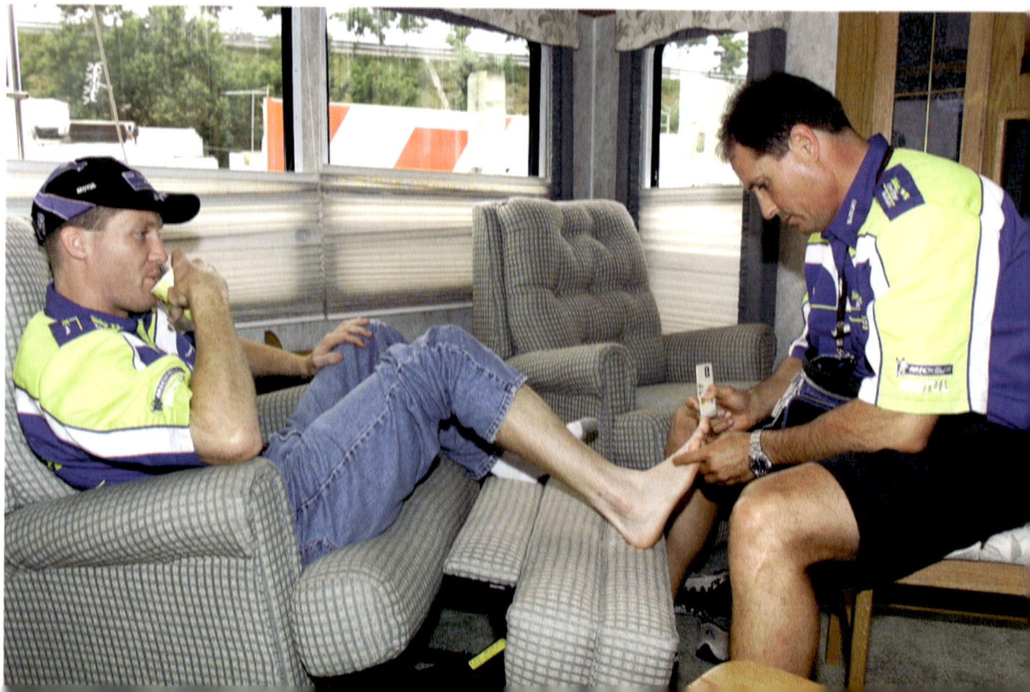

Therapeut Dean Miller wirkte Wunder: Kenny Roberts jr. wurde im Abschlußtraining grün und blau geschlagen

Glückwunsch vom Michelin-Mann: Sieger Alex Crivillé

ließ wissen, dieser Erfolg sei noch wertvoller als der von Spanien. »Denn dort konnte ich wegen der Rennunterbrechung eine Pause einlegen, während ich hier 29 lange Runden durchhalten mußte«, erklärte Rossi. »In den ersten zwei, drei Runden konnte ich bereits etliche Gegner überholen. Dann sah ich, daß Checa und Roberts in Schwierigkeiten steckten – und war plötzlich Dritter!«

Nur an Norick Abe und Alex Crivillé kam er nicht mehr heran. Sieben Runden vor Schluß war der Japaner an dem Spanier vorbei in Führung gegangen, wurde von dem Honda-Star aber argwöhnisch beschattet. In der letzten Runde schlug Crivillé dann zu und feierte den ersten, lange ersehnten Sieg des Jahres. »Manche Medien haben mich bereits beerdigt. Doch heute habe ich gezeigt, daß ich am Leben bin«, triumphierte Crivillé, dessen Honda nach dem technischen Verwirrspiel der letzten Rennen komplett auf die Version 1999 zurückgerüstet worden war. »Wenn das Motorrad nicht richtig funktioniert, ist es schwer, fahrerisch auf höchstem Niveau zu bleiben, deshalb kann sich auch kaum mehr jemand an meine letzten Erfolge erinnern«, ergänzte der Spanier, der seinen letzten Sieg 1999 in Imola gefeiert hatte. »Doch ich hoffe, daß wir dieses traurige Kapitel endgültig abhaken können. Heute hat jedenfalls alles gestimmt – bis hin zu den Reifen, wo wir nach einem Versuch mit weichen Reifen im Warm Up doch wieder auf eine härtere Mischung im Rennen zurückgegriffen haben!«

Diese härtere Mischung hatte Grip bis zum Endspurt, in dem er Abe gekonnt austrickste. »Er hat mich in einer Kurve überrumpelt, in der ich nicht mit einem Angriff gerechnet habe, weil er dort vorher immer recht langsam war«, kratzte sich der Japaner am Kopf. »Ich war fassungslos, als er plötzlich vorbeizischte!«

Trotzdem durfte sich Abe im Erfolg sonnen – zumal Yamaha-Superstar Max Biaggi nach kurzer Führung das Hinterrad seiner Yamaha überbremste und den vierten Nuller im fünften Rennen buchte.

Auch Aprilias Wechsel zu Michelin war noch längst kein Schlüssel zum Erfolg: Harada wurde Zehnter, McWilliams landete auf Rang zwölf.

Wechsel zu Michelin: Jeremy McWilliams wurde Zwölfter

DIESEL
ALL FIRED UP!

28. 5. 2000: Grand Prix Italien in Mugello

Einer kam durch

Drei italienische Superstars kämpften in der Halbliterklasse um den Sieg. Zwei davon wurden im Endspurt ausradiert.

Die wichtigste Nachricht vor dem Mugello-Grand Prix kam von seiten der Schlachtenbummler: Die Fan-Clubs von Marco Melandri und Valentino Rossi gaben feierlich ihre Fusion bekannt. Verbunden »in tiefer Freundschaft« und »in gleichem Geist«, so kündigten sie an, würden sie ihre Helden künftig gemeinsam unterstützen.

Superstar Rossi, der im Vorjahr noch eine mit Pop-Blumen übersäte Speziallackierung spazieren fuhr, verzichtete diesmal auf solche Gags, weil er die Schlagzeilen erst einmal mit Rennsiegen füllen wollte, bevor er sich neue Späße einfallen ließ. Arbeit hatten er und Cheftechniker Jerry Burgess in Hülle und Fülle: Wieder einmal galt es, zwischen zwei Motorenvarianten, einem Triebwerk von 1999 und einer Mischversion aus neuen und alten Teilen, das Beste herauszufiltern.

In der ersten Startreihe standen schließlich drei Honda: Alex Barros, der sich im Windschatten des drittplatzierten Rossi an die Pole Position katapultierte, Vierter war Loris Capirossi, Max Biaggi bugsierte seine Yamaha an die zweite Stelle.

Nur die Piloten des Repsol-Honda-Teams suchte man wieder einmal vergebens. Tady Okada als Schnellster des offiziellen Werksteams war erst auf dem siebten Platz anzutreffen. Weltmeister Alex Crivillé buchte nur Platz zwölf hinter den beiden Aprilia, was vor allem auf seine zwei Stürze im Abschlußtraining zurückzuführen war. Den ersten verschuldete er selbst, weil er am Ende der Zielgeraden beim Anbremsen einen Bordstein touchierte, wenig später wurde er von einem Kolbenklemmer abgeworfen.

500 ccm: Alex am Boden

Im Rennen fuhr Crivillé bis zur siebten Runde lustlos als Zehnter umher, faßte sich dann ein Herz und griff Zweizylinder-Pilot Jeremy McWilliams an. Kurz darauf beerdigte der Weltmeister seine Maschine erneut, und zwar abermals am Ende der Zielgeraden. »Um ganz ehrlich zu sein: Ich fühlte mich das ganze Wochenende über nicht wohl im Sattel. Die zwei Stürze am Samstag machten es nicht besser. Heute tat mir alles weh, ich konnte mich kaum bewegen«, jammerte Crivillé. Sein Cheftechniker Gilles Bigot sagte die gleich für Montag anberaumten Vorderreifentests ab und schickte seinen Fahrer nach Hause.

Hätte sich Crivillé auch nur im Windschatten von McWilliams gehalten, wäre am Ende ein achtbares Resultat herausgesprungen. Denn der Engländer wurde in einem turbulenten Kampf auf den dritten Endrang gespült und feierte seinen bislang größten, wenngleich unerwarteten Erfolg in der Halbliterklasse. »Wir haben hier ein neues Motorrad zur Verfügung, das sich leichter in die Kurven einlenken läßt. Das hat mir sehr geholfen, denn um mit den Vierzylindern mitzuhalten, mußte ich soviel Speed wie nur möglich in die Kurven mitnehmen«, schilderte der Ire. »Schon zu Jahresbeginn habe

Roberto Locatelli-Fans nach dem Sieg ihres Helden: Nach dem 500er Rennen hatten viele der Tifosi weniger zu lachen

Zwei Stürze im Training, ein dritter im Rennen: Alex Crivillé verstand die Welt nicht mehr

Valentino Rossi, Loris Capirossi, Max Biaggi: Kampf auf Biegen und Brechen

ich angekündigt, das wir es schaffen können. Jedesmal lerne ich mehr dazu. Und ich sage: Mehr Podestplätze werden folgen!«

Wieder war McWilliams deutlich schneller als Tetsuya Harada, der ab Rennmitte mit Reifensorgen zurückfiel und dann wegen eines Motorschadens aufgab. Doch der Heimerfolg der kleinen venezianischen Marke, die so gut wie alle Tests auf der bildschönen Strecke im Herzen der Toskana erledigte, ging ebenso unter wie der zweite Platz von Carlos Checa, der wegen des schwachen sechsten Platzes von Kenny Roberts erstmals in seiner Karriere die Führung einer Halbliter-Weltmeisterschaft übernahm.

Denn vorne entspann sich ein Drama, das alles andere an diesem Tag in den Schatten stellte. Nachdem Roberts mit früh verbrauchten Reifen aus der Spitzengruppe abrutschte, waren Loris Capirossi, Valentino Rossi und Max Biaggi an der Spitze unter sich. Voller Begeisterung fühlte sich der Streckensprecher bereits an den Imola-Grand Prix 1972 erin-

Schicksalhafte Begegnung: Biaggi bleibt mit dem Handbremshebel an Capirossis Heck hängen und stürzt

nert, bei dem Agostini, Pagani und Spaggiari ein historisches, italienisches Podium in der Halbliterklasse besetzt hatten.

Der Vergleich kam zu früh. Rossi und Biaggi hätten sich besinnen und den Triumph mit dem souveränen Capirossi teilen können. »Doch das hat das italienische Herz nicht zugelassen«, wie Exweltmeister Dieter Braun richtig analysierte.

Statt sich mit Podestplätzen zu bescheiden, setzten Capirossis Verfolger auf alles oder nichts. Rossi zwängte sich zunächst erfolgreich an Capirossi vorbei, bremste dann aber zu spät, bog mit zuviel Speed in die tückische Bergab-Rechtskurve »Casanova« ein und verlor die Kontrolle übers Vorderrad. Unspektakulär, aber unerbittlich ging die gelbe Nastro Azzurro-Honda auf Tauchstation. Rossi gelang es, die kaum beschädigte Maschine wieder aufzurichten und einen 12. Platz ins Ziel zu bringen, doch die große Feier seiner Fans aus Tavullia, die nach dem Abwinken zu Hunderten auf die Strecke fluteten, fiel ins Wasser.

»In dieser Kurve habe ich Ende 1996 einen ähnlichen Sturz gebaut. Es gibt dort eine Bodenwelle, und wenn du dort mit vollem Tempo ankommst, ist der Abflug vorprogrammiert«, erklärte Loris Capirossi. »Das war keiner jener Fehler, wegen dem du dir noch tagelang die Haare raufst«, analysierte Rossi selbst. »Vielleicht bin ich zu schnell eingebogen, vielleicht war es auch diese kleine Senke, die das Vorderrad aus der Spur hebelte. Wenigstens bin ich bis zu diesem Moment gut gefahren. Ich habe das Rennen genossen – bis zu dem Sturz«, meinte er.

Daß Rossi seine Enttäuschung so gut

Immer Rummel um Valentino: Mit Familie abends in der Hospitality, seine Fans auf den Rängen und beim Stürmen der Strecke

Kurvenspeed ist alles: Jeremy McWilliams eroberte das Podest

verbergen konnte, lag an dem Trost, den ihm sein Erzfeind Max Biaggi bescherte. Denn der Römer, von Rossi so verabscheut, daß er vor jeder Pressekonferenz die Stühle rückte, um ja nicht neben Biaggi sitzen zu müssen, trennte sich ebenfalls auf unsanfte Art vom greifbar nahen Triumph. Direkt nach Rossis Sturz ließ er den Rückstand von einer halben Sekunde mit ein paar sensationellen Spätbremsmanövern auf Null zusammenschrumpfen und schob sich unter heftigem Getöse der 50000 Zuschauer für ein paar Kurven in Führung. In der langgezogenen »Arrabiata« bergauf schlug Capirossi zurück, wobei die Verkleidungen der beiden für mindestens 30 Meter aneinander scharrten.

Schicksalhaft war dann die Begegnung in der folgenden »Scarperia«-Rechtskurve. Biaggi blieb beim Einbiegen mit dem Handbremshebel am Heck der Capirossi-Honda hängen, worauf auch sein Vorderrad jegliche weitere Bodenhaftung verweigerte. Wie Rossi gelang Biaggi eine relativ weiche Landung, mit kräftiger Anfahrhilfe der Streckenposten erreichte er noch als Neunter das Ziel. Die Mechaniker klatschten, doch sowie der Beifall verstummte, herrschte beklommene Stille. »Die Honda waren auf der Geraden so schnell, daß ich mir andere Linien suchen mußte, um nicht zuviel an Boden zu verlieren – im letzten Jahr waren wir noch Kopf an Kopf«, erklärte Biaggi. »Die Berührung mit Capirossi kam völlig überraschend. Ich ahnte, daß er sich in den letzten Kurven breit machen würde, doch ich rechnete nicht mit einem so harten Bremsmanöver. Alles in allem habe ich wenigstens bewiesen, daß ich noch zur Stelle bin!«

Doch Capirossi war der Mann der Stunde. Ein Jahr zuvor in Mugello noch mit schwarzer Flagge, Schimpf und Schande aus dem 250er Rennen gejagt, verwandelte er seinen Heim-Grand Prix nun in eine gelungene Demonstration souveräner Überlegenheit. »Ich hatte schon frühzeitig drei Sekunden Vorsprung und dachte darüber nach, ob ich auf und davon fahren sollte. Dann entschied ich mich, auf die anderen zu warten, denn ich fühlte mich stark genug, das Rennen bis zur Ziellinie auszufechten«, erklärte Capirossi.

250 ccm: Hofmanns Beinbruch

Bei der Startaufstellung der 250er ging ein kurzer Schauer über die Mugello-Piste nieder, und obwohl der Nieselregen in der Aufwärmrunde wieder aufhörte und ohne Verzögerung gestartet wurde, blieb der Grip fragwürdig. Insgesamt gab es zehn Stürze, dabei wurden auch alle drei deutschen Fahrer ausradiert.

Da war noch alles in Ordnung: Ralf Waldmann (6) startet neben Jacque (19) und Nakano (56)

So hatte sich Ralf Waldmann bereits an Aprilia-Testpilot Marcellino Lucchi vorbei in Führung geschoben, als ihm unversehens das Vorderrad wegrutschte. »Alles schien in Ordnung, mein Start war gut, das Motorrad sauschnell auf der Geraden – ich hätte gewinnen können! Ich war vorne, hatte sogar schon einen kleinen Vorsprung. Dann rutschte beim Einlenken das Vorderrad weg, ohne Bremse, ohne Vorankündigung, ich weiß nicht, warum. Ich denke auch nicht, daß dort Öl war, denn ich bin in einer anderen Kurve gefallen als die anderen. Vielleicht war der Grip wegen der paar Regentropfen vor dem Start noch nicht so da«, vermutete er.

Beim Sturz seines Teamkollegen Klaus Nöhles war von einem vorhergegangenen Ausrutscher wohl eine Benzinspur im Spiel. »Ich habe diesmal ausnahmsweise einen richtig guten Start gehabt, war Fünfter oder Sechster und konnte das Tempo richtig gut mitgehen. Ich konnte locker hinter Battaini hinterherfahren und habe schon überlegt, wo ich die nächsten zwei, drei Runden hätte überholen können. Vor jener Kurve habe ich dann gelb-rote Flaggen gesehen, allerdings in der Bremszone, nicht am Ausgang. Leider habe ich in der Kurve selbst schon wieder voll reingehalten. Die Piste war so glitschig, daß ich einer von den sieben war, die dort gestürzt sind. Schade«, schilderte der zweite Aprilia-Germany-Pilot seinen Weg ins Desaster.

Am Schlimmsten erwischte es Alex Hofmann. »Ich bin in der ersten Runde bewußt vorsichtig gefahren und war völlig überrascht, als ich plötzlich durch die Luft flog«, erinnerte sich der Aprilia-Pilot. Obwohl er laut Data Recording vier km/h langsamer durch diese Kurve rollte als gewöhnlich, verlor er wegen der dubiosen Streckenverhältnisse die Kontrolle und zog sich einen V-förmigen, doppelten rechten Schienbeinbruch zu. Um acht Uhr am Sonntagabend wurde der Bruch bereits in der Klinik Dr. Costas in Imola genagelt, drei Tage später kehrte der 20jährige nach Bochum zurück und bereitete sich aufs Comeback vor. »Assen ist meine absolute Lieblingsstrecke. Doch im Zweifelsfall lasse ich mir lieber Zeit und trete erst an, wenn ich wieder völlig fit bin«, gab er als Parole aus.

Von Trainingssturz gut erholt: Sieger Nakano schleudert den Helm ins Publikum

Marco Melandri und Franco Battaini holten die Kohlen für Aprilia mit den Plätzen vier und fünf aus dem Feuer. Allerdings war auch dabei Glück im Spiel: Tohru Ukawa hatte die beiden sowie seinen Landsmann Daijiro Katoh eine Runde vor Schluß bereits dingfest gemacht und den dritten Platz in Reichweite, als er in der letzten Kurve der letzten Runde einen epischen Sturz baute. Ukawa richtete seine Honda wieder auf und erreichte den Zielstrich noch als Sechster, war aber trotzdem bitter enttäuscht. »Ein blöder Fehler – ich gab zu viel Gas und hatte einen Highsider. Melandri und Katoh waren auf der Geraden klar schneller als ich, deshalb wollte ich in dieser Kurve ei-

Trost für Aprilia: Marco Melandri wurde Vierter

Ralf Waldmann, Klaus Nöhles: Benzinspur oder nur Regen?

nen kleinen Vorsprung heraus holen, um beim Beschleunigen zum Zielstrich nicht mehr in Gefahr zu geraten«, erläuterte Ukawa.

Während Katoh beim Heimspiel seines italienischen Axo-Teams auf diese Weise einen Podestplatz erbte, trumpften Nakano und Olivier Jacque mit dem zweiten, souveränen Doppelsieg der Saison auf. Nakanos Angriffslust – bis zu Rennmitte Dritter, profitierte er erst vom Sturz des zweitplatzierten Marcellino Lucchi und ging sechs Runden vor Schluß dann an Olivier Jacque vorbei – war umso erstaunlicher, als er im ersten Training am Freitag schwer gestürzt war, dabei von seiner eigenen Maschine getroffen wurde und einen verrenkten rechten Knöchel davongetragen hatte. »Ich hatte ziemliche Schmerzen und dachte heute morgen: Oje, das wird ein harter Tag! Umso glücklicher bin ich, daß ich trotzdem gewonnen habe«, erklärte Nakano. »Allerdings hat mich auch Olivier überrascht. Meine Maschine war etwas stärker, außerdem hatte ich etwas härtere Reifen und deshalb mehr Reserven, weshalb ich überzeugt war, ihm davonfahren zu können. Statt dessen hat er mich bis zuletzt immer wieder angegriffen. Ein harter Bursche!«

Jacque trug die Niederlage mit Gleichmut. »Shinya sagte es ja selbst: Sein Motorrad war schneller. Doch insgesamt sind beide Maschinen sehr gut, und es war eine Riesenüberraschung, daß wir auf der Aprilia-Hausstrecke derart auftrumpfen konnten. Unsere WM-Rivalen waren hier nicht sehr stark. Deshalb haben wir auch in Barcelona gute Chancen auf den Sieg«, demonstrierte er Selbstvertrauen.

125 ccm: Stevie Wonder

Der Trost für Aprilia fand in der 125 ccm-Klasse statt. Roberto Locatelli sorgte erst für die Trainingsbestzeit, dann für einen überlegenen Sieg und fuhr nebenbei auch noch die neue Rekordrunde in Mugello.

Seine Dominanz war unantastbar: Nach einer Runde hatte er 1,6 Sekunden Vorsprung, nach zwei schon deren vier, und damit war die Frage nach dem Sieger bereits beantwortet. »Renndirektor Jan Witteveen hat einen Sack voll neuer Teile zu diesem Rennen mitgebracht, und ein paar davon haben mir beim Starten sehr geholfen«, verriet Locatelli. »Ich habe einen sauberen, unspektakulären Fahrstil, und wir haben unsere zielstrebige Vorbereitung heute programmgemäß ummünzen können. Das befriedigt mich – auch wenn mir völlig klar ist, daß der Kampf im Verfolgerpulk für die Zuschauer viel interessanter war!«

Dort balgte sich in der ersten Runde noch Locatellis Teamkollege Simone San-

Stevie Wonder: Am Schluß wurde die Lücke frei

Überraschung in der Verfolgergruppe: Aprilia-Pilot Gino Borsoi wird Fünfter

na, fiel dann aber dramatisch zurück und zu Rennmitte mit einem Elektrikdefekt aus. Nobby Ueda, Gino Borsoi, Mirko Giansanti und Lucio Cecchinello rückten auf, erhielten in der letzten Runde aber Gesellschaft von Manuel Poggiali, der lange zwischen Platz 12 und 15 umhergeirrt war, im Endspurt seines Heimspiels aber alles auf eine Karte setzte.

Ausgangs der Schikane krachte er dann mit Lucio Cecchinello zusammen: Der 31jährige Honda-Pilot und der 17jährige Derbi-Nachwuchsmann gingen beide zu Boden und trafen sich in Dr. Claudio Costas Clinica Mobile wieder, wo Handgreiflichkeiten nur durch gutes Zureden des anwesenden Erste Hilfe-Personals vermieden werden konnten. »Er hat mir den Weg abgeschnitten. Ich konnte gar nicht anders, als ihn aufzuspießen«, grollte Cecchinello, der von einer brillianten Fahrt mit einem gut laufenden Motorrad berichtete und sich über den entgangenen Podestplatz ärgerte. »Ich habe Cecchinello von rechts überholt, und er hat nicht mit mir gerechnet. Die Fernsehbilder beweisen: Er war hinter mir, sonst hätte er wohl kaum das Hinterteil meiner Maschine getroffen«, verteidigte sich Poggiali.

Einer der Profiteure des Unfalls hieß Steve Jenkner. Nach einer Runde erst an 15. Stelle, arbeitete sich »Stevie Wonder« zusammen mit Weltmeister Emilio Alzamora durchs halbe Feld und krönte seine Jagd mit dem unverhofften vierten Platz, dem besten Resultat seiner dreieinhalbjährigen Grand Prix-Karriere. »Die Fahrer an der Spitze sind so oft ineinander gerannt, da habe ich gedacht, da wird in der letzten Runde bestimmt eine Lücke frei – und siehe da«, schmunzelte der tapfere Sachse. »Der Start war wie erwartet nicht so gut, weil wir einen ewig langen ersten Gang drin hatten. Aber ich habe den Anschluß noch gut gekriegt. Wenn ich auf der Bremse noch ein bißchen härter werde, dann fahre ich demnächst aufs Podest«, kündigte er an.

Auch Reinhard Stolz war mit seinem 19. Platz einverstanden. »Endlich einmal wieder ein schönes Rennen, bei dem man wieder mal hat kämpfen können«, freute er sich. »Mein Fehler war, daß ich die Maschine zu kurz übersetzt habe. Am Kurvenausgang konnte ich zwar überholen, im sechsten Gang haben mich die andern dann aber zurücküberholt.«

Auch das Heimspiel von Italjet verlief versöhnlich: Beide Fahrer erreichten das Ziel, Jaroslav Hules sicherte sogar zwei WM-Punkte.

Tretroller sind sicherer als Rennmaschinen: Cecchinello stürzte wegen Poggiali

Silberstreif bei grauem Wetter: Olivier Jacque (19) und Shinya Nakano (56) auf dem Weg zum Doppelsieg

11. 6. 2000: Grand Prix Katalonien in Barcelona

Auf Wolke sieben

Die Silberpfeile des Chesterfield-Yamaha-Teams schwirrten beim Doppelsieg von Barcelona über alle Wolken. Die spanische Armada ging in schwerem Wetter unter.

Im Italjet-Team hing der Haussegen schief. Der schon seit dem Japan-Grand Prix schwelende Zwist zwischen Tuner Jörg Möller und Teamkoordinator Andy Leuthe mündete noch am Sonntag abend im Fahrerlager von Mugello in einen offenen Streit. Leuthe, der das Team immerhin über anderthalb Jahre hinweg aufgebaut hatte, warf dem 56jährigen Möller das schleppende Entwicklungstempo vor, bei dem er immer wieder die Umstände oder andere Schuldige für Pannen und Rückschläge, nie aber sich selbst verantwortlich machte.

Doch als bei der Firmenleitung die Vertrauensfrage gestellt wurde, konnte der redegewandte Möller auf seinen in Italien immer noch klangvollen Namen bauen und behauptete sich. Leuthe warf den Bettel hin und machte sich unverzagt auf die Suche nach neuen Projekten, wobei er alsbald auf Modenas-Teambesitzer Kenny Roberts stieß und wegen eines Modenas 125-Projekts für 2001 zu verhandeln begann. Möller blieb und schrieb den Trainingsrückstand der beiden Piloten Jaroslav Hules und Leon Haslam diesmal den ausladenden, aerodynamisch wenig ausgefeilten Verkleidungen der Motorräder zu.

Doch auch für das Benetton-Playlife-Honda-Team begann das Barcelona-Wochenende mit einem Schock. Mirko Giansanti stürzte bereits im ersten freien Training am Freitagmorgen und erlitt einen vierfachen Bruch des rechten Handgelenks. Die Trümmer wurden in Dr. Claudio Costas Klinomobil so kunstfertig eingerichtet, daß dem WM-Leader eine Operation erspart blieb. Seine Titelhoffnungen erlitten freilich einen heftigen Dämpfer. »Es passierte auf meiner letzten Runde in diesem Training«, schilderte der Pechvogel. »Ich war sehr schnell, als plötzlich das Hinterrad blockierte – ein Kolbenklemmer! Alles geschah so blitzartig, daß ich keine Chance zu einer Gegenreaktion hatte.«

Mit dem Arm in Gips verfolgte er am Streckenrand, wie WM-Rivale Roberto Locatelli die vorläufige Pole Position abräumte. Bei den 250ern qualifizierte sich Shinya Nakano vor Ralf Waldmann, der trotz seines Pechs von Le Mans und Mugello noch an den WM-Titel glaubte. In der Halbliterklasse waren die Honda-Asse Alex Barros und Loris Capirossi vorn. Von den spanischen Stars war wenig zu sehen: Carlos Checa lag mit seiner Werks-Yamaha an vierter Stelle, der durch die verschiedenen Motorvarianten verwirrte Repsol-Honda-Star Alex Crivillé war nur an siebter, Sete Gibernau gar nur an zehnter Stelle anzutreffen.

Die Hoffnung der Spanier, das Ruder im Abschlußtraining herumreißen zu können, scheiterte an den Wolken, die am Freitagabend aufzogen. Am Samstag wirbelte ein schweres Unwetter mit monsunartigen Regenfällen von bis zu 250 Litern pro Quadratmeter über Katalonien, und als es beim Grand Prix am Sonntag immer noch nieselte, fiel die große Fiesta der spanischen Fans wie schon in Jerez ins Wasser.

Carlos Checa stürzte in der fünften Runde vom Thron der WM-Tabelle, kurz, nachdem ihn Alex Barros von Platz zwei verdrängt hatte. »Ich wollte unbedingt an

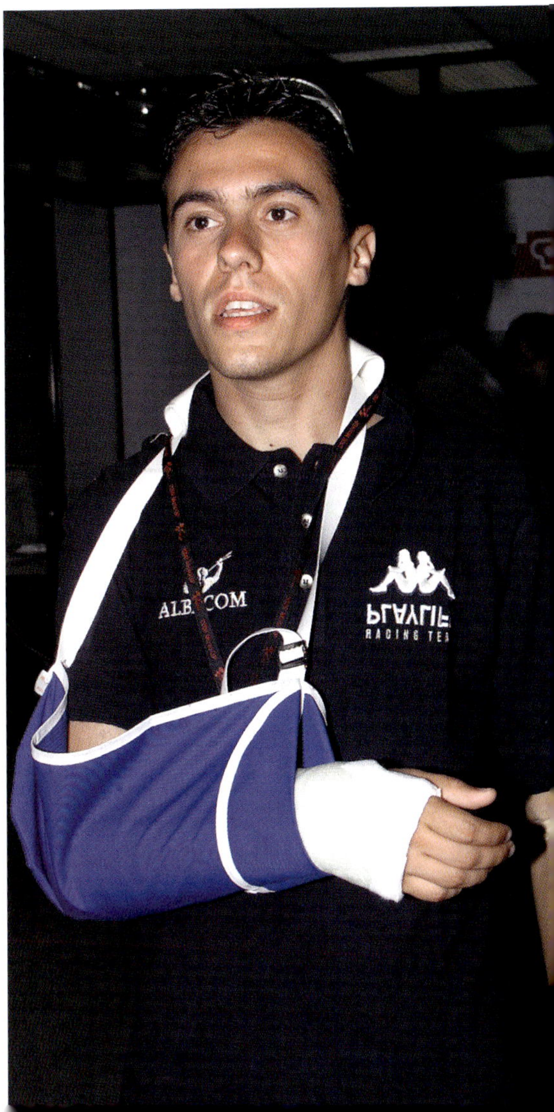

Mirko Giansanti: Vierfacher Handgelenksbruch

Erst zurück-, dann ausgerutscht: Alex Crivillé erlebte ein Desaster

ihm dranbleiben. Doch wir hatten kein gutes Regen-Set-Up. Beim Gasgeben hatte ich viel zu wenig Traktion«, gestand der Yamaha-Star, der schon im Warm-Up am Vormittag spektakulär gestürzt war.

500 ccm: Setes Selbstüberschatzung

Sete Gibernau rückte durch den Checa-Crash an die vierte Stelle, genoß die Vorfreude auf das erste achtbare Resultat einer bisher verheerenden Saison aber nur für eine Runde. Das Hinterrad seiner Repsol-Honda keilte an der gleichen Stelle aus, an der es auch schon Checa erwischt hatte, worauf er die unschuldigen Strohballen mit einem wütenden Fußtritt bestrafte. »Es herrschten seltsame Bedingungen. Es begann aufzutrocknen, und der Asphalt schien dabei rutschiger zu sein als am Anfang, wo es noch richtig naß war«, entschuldigte er sich. »Aber wenigstens habe ich wieder um den Sieg mitgekämpft!«

Sein Teamkollege Alex Crivillé hatte am Start zuviel Gas gegeben und war wegen seines durchdrehenden Hinterrads tief ins Mittelfeld zurückgefallen. Viel mehr Grip fand er auch im weiteren Verlauf des Rennens nicht, bevor er in Runde elf zu Boden ging. »Das Hinterrad hat ohne Vorwarnung ausgekeilt. Wahrscheinlich war unsere Abstimmung zu hart«, kommentierte er. Einmal mehr war die Stimmung im Repsol-Honda-Team am Tiefpunkt, zumal die Piloten immer ständig die Technik, nie aber sich selbst in Frage stellten. »Daß Sete davon redet, er habe wieder um den Sieg mitgekämpft, zeugt von bedrohlichem Realitätsverlust – denn er hat noch gar nie in seiner Karriere um den Sieg gekämpft!« wunderte sich Crivillés Cheftechniker Gilles Bigot.

Wenigstens dämmerte Alex Crivillé allmählich, daß ihm sein WM-Titel entglitt. »Die meisten meiner Kollegen stören mich wenig, weil auch sie immer wieder Fehler machen. Doch Kenny Roberts zieht in der WM-Wertung davon. Und das gefällt mir nicht«, erklärte er.

Der überlegene Sieg des Amerikaners stand nur zu Rennmitte kurz in Frage, als der mächtig aufholende Alex Barros vorbeidrängelte. Wenige Kurven später war freilich Roberts wieder vorn, während Barros mit stotterndem Motor ausrollte – ein Pfennigartikel, ein kleiner Plastikstecker an der Lichtmaschine, war durchgeschmort. »Erst gab mein Drehzahlmesser den Geist auf, dann die Zündung«, berichtete der Brasilianer. »Sonst hätte ich natürlich gewonnen«, fügte er hinzu.

»Natürlich nicht«, entgegnete Roberts. »Barros hat mir nicht die geringsten Sorgen gemacht. Ich ließ ihn bewußt überholen. Hinterherfahren ist eine Sache, ein Rennen anzuführen, eine andere. Er hätte dem Druck nicht standgehalten.«

Roberts brachte seine Fahrt hingegen konzentriert und fehlerlos zu Ende. Dabei ließ er sich auch von den spanischen Zuschauern nicht beirren, die ihn schon bei seinem Jerez-Sieg zum Feindbild erkoren hatten und ihrer Enttäuschung auch nun wieder mit gellenden Pfeifkonzerten sowie dem Schleudern von Bierdosen und Tomaten Luft zu machen versuchten. »Es gibt halt viele Checa- und Crivillé-Fans, so weit verstehe ich die Sache. Das Schleudern von Gegenständen ist nichts, was wir in der Presse diskutieren sollten, sonst eskaliert das Problem nur noch mehr«, winkte er später ab. »Ich werde mich statt dessen mit meinen Kollegen unterhalten, dann setzen wir uns mit der Rennleitung an einen Tisch. Vielleicht lassen wir künftig Schilder aufstellen: Wer mit Bierdosen wirft, wird von den Fahrern erschossen!«

Sechster nach Blitzstart: Capirossi (65)

Plansoll übererfüllt: Roberts stürmte im Rennen und der WM-Wertung davon

Trotz der Zuschauer-Attacken stieg Roberts ohne sichtliche Spuren von Streß von seiner Maschine. »Ich war schon in der Aufwärmrunde vorn, und dann eben nochmals im Rennen. Irgendwie war kein großer Unterschied«, zuckte der Amerikaner mit den Schultern. »Ich habe nicht mehr getan als meinen Job. Die Suzuki hat im Nassen wunderbar funktioniert, und wir haben jene Leistungsnachteile überspielen können, die wir sonst im Trockenen haben. Aber es war jene Art von Rennen, bei der du nicht das Gefühl hast, viel getan zu haben. Kein Kampf nach meinem Geschmack.«

Denn Roberts war es gewohnt, mit Spätbremsmanövern, grimmigen Schräglagen und speziellen Ideallinien alles aus seiner vergleichsweise PS-schwachen Suzuki zu quetschen, um bei der motorisch überlegenen Konkurrenz von Honda und Yamaha im Windschatten bleiben zu können. »Uns fehlt Beschleunigung im Bereich unter 11000 Umdrehungen. Ich kann die Suzuki nicht mit dem Hinterrad lenken, und deshalb müssen wir sie so abstimmen, daß beide Räder brav hintereinander in der Spur laufen«, erklärte Roberts. »Nur eine Handbreit weit sliden zu können, macht auf einer 500er schon den Unterschied ums Ganze. Es bedeutet, daß du die Rennstrecke optimal nutzen und durch die frühe Richtungskorrektur auch fünf Prozent früher Gas geben kannst. Diese fünf Prozent früheres Gasgeben bedeuten fünf km/h mehr Speed, und die wiederum münzen sich in eine Zehntelsekunde um.«

Weil die Haftung in Schräglage früher nachließ als die Traktion beim Beschleunigen, wirkte sich der Mangel an Motorleistung im Finale eines Halbliter-Grand Prix noch stärker aus als am Anfang. »Die Honda-Piloten brauchen mit einem verbrauchten Reifen nur das Gas zu öffnen, und die schiere Motorleistung zieht sie aus dem Loch. Doch wenn mir der Schwung in der Kurve wegen nachlassendem Reifengrip ausgeht, rettet mich

Kommt da noch jemand? Jeremy McWilliams wurde nach Sturz noch Zwölfter

Feiern um jeden Preis: Yoshiteru Konishi und Tady Okada nach Platz zehn und 15

am Kurvenausgang nichts mehr«, ergänzte Roberts und übte sich in Selbstkritik: »In den Trainings lege ich meist gute, konstante Rundenzeiten vor. Doch in der Hitze des Gefechts im Rennen fahre ich oft zu hart und vergesse, daß ich meine Reifen schonen sollte.«

Trotz dieses Handicaps war der Suzuki-Star nun einsamer WM-Favorit – und lag sogar deutlich über jenem Erfolgsplan, den sich sein Team für die Europa-Saison gesetzt hatte. »Eigentlich wollten wir nur mit einem blauen Auge durchkommen und überall unter den ersten fünf mitfahren. Richtig zuschlagen wollten wir erst bei den Übersee-Grand Prix, denn dort scheinen die Europäer nicht mehr den gewohnten Enthusiasmus zu haben. Vielleicht, weil sie dort die Sprache nicht verstehen«, vermutete Roberts. »Für mich sind dagegen alle Schauplätze gleich – denn ich verstehe die Sprache nirgends!«

250 ccm: Tech 3 ohne Teamorder

Das ungemütliche Nieselwetter war eigentlich ganz nach dem Geschmack von Ralf Waldmann. »Die Motorleistung läßt sich neuerdings sehr angenehm dosieren. Seit dem Le Mans-Grand Prix weiß ich: Ich kann mit der Aprilia auch im Regen sehr schnell fahren«, rieb er sich vor Tatendurst die Hände.

Nur an den weißen Markierungsstrich auf der Startlinie dachte er nicht. Waldi fiel aus der ersten Reihe mit hilflos durchdrehendem Hinterrad tief ins Mittelfeld zurück, blies dann zu einer fulminanten Aufholjagd und war nach zwei Runden schon an sechster Stelle. Seiner Pechsträhne fuhr er trotzdem nicht davon: Schon in Le Mans und Mugello gestürzt, rutschte sein Motorrad nun abermals unbarmherzig übers Vorderrad ins Aus. »Solche Rutscher hatte ich öfters schon im Regen. Auch diesmal habe ich ihn mit dem Knie wieder abgefangen, doch dann ist mir die Straße ausgegangen«, schilderte er. Wenigstens hatte die Maschine kaum Kratzer, so daß er wieder aufspringen, weiterfahren und noch den siebten Platz retten konnte.

Den geplanten Sieg holte allerdings einer seiner Erzrivalen ab. Olivier Jacque, von Ralf Waldmann ob seiner wenig rücksichtsvollen Überholmanöver schon vor

Jahren »Jacque attack« genannt, machte dabei auch vor seinem jungen japanischen Teamkollegen nicht halt. 19 Runden lang fuhren die beiden Chesterfield-Yamaha-Silberpfeile auf der zunächst nassen, dann aber allmählich auf der Ideallinie abtrocknenden Strecke wie das doppelte Lottchen hintereinander her. Dank weicher Regenreifen führte Nakano zunächst souverän, kam dann aber zunehmend unter Druck von Jacque und Honda-Star Tohru Ukawa, die etwas härtere Hinterradmischungen gewählt hatten.

Eingangs der 20. Runde, am Ende der Zielgeraden, witterte Ukawa dann seine Chance und scherte aus dem Windschatten aus, um sich innen in Führung zu bremsen. Jacque fühlte sich ebenfalls eingeladen und versuchte sein Glück noch weiter innen. Nebeneinander schlingerte das Trio auf den viel zu schmalen trockenen Streifen am Eingang der ersten Kurve zu. Nakano wurde nach außen auf den feuchten Asphalt abgedrängt, überbremste das Vorderrad, fuhr geradeaus und konnte den Sturz mit ausgestrecktem Bein gerade noch verhindern. Jacque hatte innen das bessere Ende für sich, machte im Finale nochmals kräftig Druck und gewann souverän.

Auf dem Podium traf sich das Trio wieder, doch Nakano war nicht im Geringsten beleidigt über den entgangenen Sieg. »Nach zwei Trainingsstürzen war es mir sowieso am Wichtigsten, sicher ins Ziel zu kommen. Ich freue mich, daß Olivier endlich mal wieder gewonnen hat«, meinte der 22jährige vergnügt.

Auch Teamchef Hervé Poncharral rang erfolgreich um Fassung. »Ein solches Rennen mitanzuschauen, ist für kein Teammitglied leicht«, rieb er sich die Schweißperlen von der Stirn. »Doch wirklich, es freut sich jeder für Olivier. Er ist nun in seiner sechsten WM-Saison, war die letzten beiden Jahre verletzt, und wird jetzt endlich wieder stark. Es gibt nichts, was er sich sehnlicher wünscht, als Weltmeister zu werden.«

Das verband die beiden Chesterfield-Piloten, den wilden Einzelgänger Jacque und den zuvorkommenden, freundlichen Nakano, der mittlerweile in Südfrankreich seßhaft geworden war und bereits bruchstückhaft französisch plauderte. Trotz der Rivalität im Kampf um den WM-Titel und trotz der unterschiedlichen Charaktere herrschte beispielhafte Har-

Lieber Tauchen als Gas geben: Marco Melandri im Unwetter am Samstag

Gerade noch ein Punkt: Klaus Nöhles war mit Platz 15 so unzufrieden wie Ralf Waldmann mit Rang sieben

Der Start des Sturzfestivals: Youichi Ui beerdigt seine Derbi

monie im Team. Vielleicht, weil die beiden viel zu gut und viel zu stolz waren, um sich auf das Niveau teaminterner Grabenkriege herabzulassen.

Vielleicht auch, weil beide den aufrichtigen Poncharral viel zu gut kannten, um Diskussionen um Teamstrategien oder gar Teamorders heraufzubeschwören. »Wir werden niemals dem einen oder anderen Vorteile verschaffen, weil er Franzose oder Japaner ist oder weil er in der WM-Tabelle ein paar Punkte mehr hat«, hielt Poncharral kategorisch fest. »Zum Rennfahren braucht man Geld, deshalb kümmere ich mich um Sponsoren, um den Betrieb am Laufen zu halten. Darüber hinaus bin ich aber Sportsmann!«

Wichtiger als die teaminterne Rivalität war, daß seine Fahrer gegenüber den schnellen Aprilia und Honda nicht mehr unter dem traditionellen PS-Mangel der Yamaha YZR 250 zu leiden hatten. »Uns fehlt zwar immer noch Motorleistung und Topspeed, dafür aber ist die Leistungsentfaltung besonders gleichmäßig, und das Fahrwerk glänzend ausbalanciert. Mugello und Barcelona waren eigentlich Angststrecken für uns. Doch es hat sich wieder mal gezeigt, daß gute Rundenzeiten nicht nur auf der Geraden zustande kommen!« Hielten sich die Favoriten bei den 500ern und 250ern über Wasser, so rutschten die Stars der 125 ccm-Klasse einer nach dem andern ins Verderben.

125 ccm: Ayrton Sanna

Youichi Ui eröffnete die Sturzorgie bereits in der berüchtigten ersten Doppelkurve nach der Startgeraden. »Ich habe mich im Regen von Anfang an nicht wohl gefühlt. Die Bedingungen waren miserabel, die Sturzserie spricht für sich selbst«, hakte das Aushängeschild der nur wenige Kilometer entfernten Traditionsfirma den Unfall ab.

Sein spanischer Teamkollege Pablo Nieto wurde bei Uis Sturz abgedrängt und mußte einen Umweg durchs Kiesbett in Kauf nehmen, hielt aber die Balance und kämpfte nach einer wackeren Aufholjagd um die Podestplätze mit. Der Jubel der Fans erstarb vier Runden vor Schluß: Nieto stürzte nun doch, konnte aber ein zweites Mal weiterfahren und rettete mit abgebrochenem Kupplungshebel noch den sechsten Platz. Das blieb auch die magere Ausbeute für die »roten Geschosse«: Der dritte Mann, Manuel Poggiali, hatte sich längst mit einem Ge-

Endlich der ersehnte Erfolg: Reinhard Stolz fuhr auf Platz fünf

Keine Fiesta für die spanischen Fans: Auch Emilio Alzamora verpaßte das Ziel

triebeschaden verabschiedet. Jaroslav Hules war wegen eines Elektrikdefekts gleich gar nicht gestartet, Nobby Ueda stürzte wie Ui in der ersten Runde, der sonst so sattelfeste Emilio Alzamora beendete die Fahrt in Runde drei im Kies. »Zu harte Gummimischung«, kommentierte der Weltmeister den gleichen Fehler bei der Reifenwahl, für den auch WM-Favorit Roberto Locatelli mit einem Sturz in der achten Runde büßte.

Sein 22jähriger Teamkollege Simone Sanna katapultierte sich dagegen aus der dritten Startreihe in die Spitzengruppe und gewann souverän seinen ersten Grand Prix. »Als ich zum ersten Mal das Zeichen »+20« auf meiner Boxentafel sah, bekam ich für eine Weile weiche Knie, weil ich wußte, daß das meinen ersten GP-Sieg bedeuten könnte. Doch dann habe ich mich zusammengerissenund bin konzentriert weitergefahren«, berichtete der Italiener, für den die erfindungsreiche italienische Presse sofort den Künstlernamen »Ayrton Sanna« parat hatte.

Bei insgesamt nicht weniger als zwölf Stürzen war ein behutsamer Umgang mit dem Gas freilich mehr gefragt als schnelle Rundenzeiten. Während Steve Jenkner in der ersten Runde durch die Wiese mußte und nach einer seiner ehrgeizigen Aufholjagden bei Rennmitte aus achter Stelle abschmierte, erntete Reinhard Stolz dank umsichtiger Fahrweise als Fünfter den lange ersehnten ersten Erfolg der Saison. »Natürlich habe ich von den Stürzen der andern profitiert. Doch wenn die nicht so schnell gefahren wären, dann hätte es sie auch nicht geschmissen«, verwies der Bayer mit umwerfender Logik. »Meine Reifen waren sehr hart und hatten wenig Grip, dafür wußte ich aber, dass sie die Renndistanz durchhalten würden. Deshalb bin ich auf Abwarten gefahren. In den letzten zwei, drei Runden habe ich dann richtig Gas gegeben!”

Der erste Sieg: Simone »Ayrton« Sanna

SHOEI
1
REPSOL YPF
HONDA
NSR
BELL
10
Emerson
Emerson
ELECTRONICS
pons.com

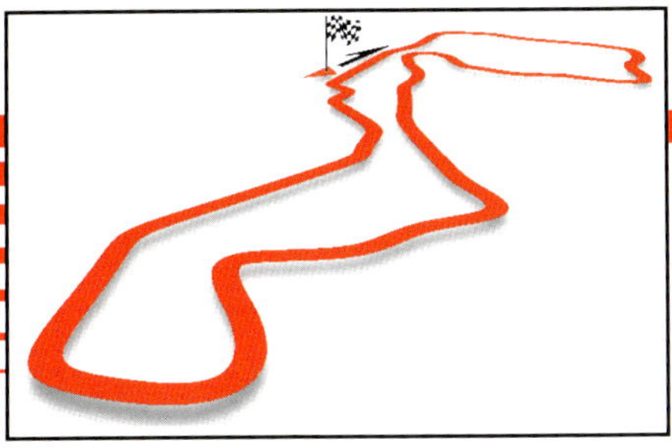

24. 6. 2000: Grand Prix Holland in Assen

Sitos Sieger

Am Vormittag sah's beim verregneten Assen-Grand Prix noch rabenschwarz aus fürs Emerson-Honda-Team. Doch am Nachmittag entdeckte Teamchef Sito Pons, dass er gleich zwei Siegfahrer hatte.

Honda-Berater Mick Doohan fehlte in Assen, weil er sich den Fixateur entfernen ließ, den er seit dem Frühjahr am rechten Bein mit sich herumgetragen hatte.

Dafür tauchte Kevin Schwantz nach fast drei Jahren Abwesenheit wieder einmal bei einem Grand Prix auf, um als Gallionsfigur für eine „Riders for Health"-Auktion Reklame zu machen. Der einzig noch verbliebene Kontakt zur Motorrad-Weltmeisterschaft bestand für den Texaner darin, das Renngeschehen für die offizielle MotoGP-Website von Quokka Sports zu kommentieren. Bei seinen Fans war der Weltmeister von 1993 freilich immer noch der grosse Held. Anders als Doohan zog Schwantz Scharen von Autogrammjägern an. Einer von ihnen riß sich das Kevin Schwantz-T-Shirt vom Leib und demonstrierte eine riesige Tätowierung, bei der Kevin in voller Schräglage über seinen Rücken brauste. Kevin musste das Kunstwerk signieren, worauf der Fan sofort zum nächsten Tattoo-Shop rannte, um sich auch die Unterschrift unauslöschlich in die Haut sticheln zu lassen.

Die wenige freie Zeit, die dem Texaner verblieb, trieb er sich an der Suzuki-Box herum und zollte Kenny Roberts Respekt, der mit völlig anderer, unspektakulärer Fahrweise genauso erfolgreich war wie Kevin einst mit seinen wilden Rodeoritten. „Mein Motorrad benahm sich damals so, dass ich so fahren mußte. Dank der Big Bang-Motoren, besserer Reifen und der Fülle von Daten, die für die Abstimmung ausgewertet werden, sind die Motorräder viel gutmütiger geworden. Deshalb gibt es auch so viele schnelle Fahrer. Suzukis Hauptproblem bleibt: Dass eine gewisse Marke auf jeder Geraden schneller ist. Wenn es Suzuki gelingt, flinker in den Ecken zu sein und Honda ein Schnippchen zu schlagen, lache ich mir auch heute noch ins Fäustchen", verriet er und lobte Roberts gleich als den neuen Weltmeister aus. „Er ist mental der Stärkste, hat stets einen klaren Kopf, verliert nie die Gesamtperspektive und läßt sich deshalb auch notfalls mal von seinem Teamkollegen überholen. Ich wünschte, ich hätte zu Beginn meiner Karriere soviel taktischen Spürsinn gehabt - doch ich wollte jedes Rennen um jeden Preis gewinnen!", schmunzelte Schwantz, der sich 1995 wegen seiner Verletzungen vom Motorradrennsport zurückzog und dann eine Weile in der amerikanischen Nascar-Serie sein Glück hinterm Lenkrad versuchte. „Doch das war eine Sackgasse. Ich kam als Weltmeister, und jeder erwartete auf Anhieb Großtaten. Dabei ist das eine völlig andere Liga. Mit der Zeit wurde es immer schwieriger, Geld zu finden", winkte Kevin ab. „Derzeit betreue ich die jungen Suzuki-Piloten in der US-Superbike-Meisterschaft. Ich bin auch Chef eines Privatteams bei den 8 Stunden von Suzuka. In ein paar Wochen fahre ich außerdem bei der Australian Safari, einer Motorradrallye, mit. Derzeit muß ich mich leider noch

Kevin Schwantz mit Kenny Roberts: Der ewige Rundenrekord war nicht in Gefahr

Die richtigen Reifen: Alex Barros hielt Alex Crivillé gekonnt unter Kontrolle

Nudeln kochen mit dem Kühlwasser: Youichi Ui siegte mit überhitztem Motor

schonen - ich habe beim Moto Cross-Fahren meine linke Schulter gebrochen!“

Noch immer hielt der furchtlose Texaner den offiziellen Rundenrekord von Assen, aufgestellt 1991 mit der letzten Generation leichter, nur 115 kg schwerer Vierzylindermaschinen. Die Bestzeit war auch im Jahr 2000 nicht in Gefahr, denn der Sommer, der sich in den Tagen nach dem verregneten Barcelona-Grand Prix von seiner schönsten Seite gezeigt hatte, meldete sich rechtzeitig zum Assen-Wochenende wieder ab.

125 ccm: Leben im Fischglas

Vom ersten Trainingstag an herrschte unbeständiges Nieselwetter mit mal nasser, mal trockener Piste, und am Renntag fing es eine Viertelstunde vor Start des 125er Laufs so zu schütten an, dass über die Wahl der richtigen Reifen kein Zweifel bestand. Der Trainingsschnellste Youichi Ui, der eine seiner beiden Derbi konsequent auf trockenes Wetter und die andere konsequent auf Regen abgestimmt hatte, ließ angesichts der Wassermassen die weichsten Regenreifen aufziehen, die zu finden waren, und brauste als Erster durch die Gischt. Anders als in Barcelona hielt sich der kleine Japaner dabei sogar

Triumph für Derbi: Youichi Ui und Manuel Poggiali mit Nobby Ueda auf dem Podest

Manuel Poggiali (links) war lange Zweiter – und wurde kurz vor Schluß noch von Nobby Ueda (rechts) geschnappt

erfolgreich im Sattel und stürmte nach einer störungsfreien Alleinfahrt zum dritten Saisonsieg über die Linie. „Ich warte auf Verfolger, doch als ich nach ein paar Runden immer noch allein war, beschloß ich, weiter allein auf die Flucht zu gehen. Das hat wunderbar geklappt, nur dass mein Motor am Ende zu heiß wurde - ich hätte mit dem Kühlwasser Nudeln kochen können", schmunzelte Ui.

Dass Harald Bartols Motoren nicht nur schnell waren, sondern bei tückischen Bedingungen auch besonders gutmütig am Gas hingen, bewies wie schon in Barcelona einer der Nachwuchskräfte im Team: Ausgerechnet der 17jährige Manuel Poggiali übernahm in der zweiten Runde Rang zwei und hielt sich auch dort lange so unbedrängt, dass ein klarer Doppelsieg in der Luft lag.

Erst im Endspurt zahlte Poggiali seiner mangelnden Erfahrung Tribut: Nobby Ueda, schlecht gestartet und erst zu Rennmitte an die dritte Stelle gerückt, machte in der letzten Runde einen Rückstand von vollen vier Sekunden wett, überrumpelte den Teenager und sicherte sich den zweiten Platz. „Nach meinem schlechten Start habe ich mir besondere Mühe gegeben, den Fehler von Barcelona nicht zu wiederholen und sicher im Sattel zu bleiben. Als der Regen nachließ und die Strecke trockener wurde, kam ich aber immer besser in Fahrt. Ich dachte nicht, dass ich Poggiali noch erwischen würde. Doch in der letzten Runde hat er wohl den Gasgriff losgelassen - ich bin außen herum an ihm vorbeigeflitzt", freute sich der unverwüstliche Rennveteran.

Poggiali dachte nicht daran, seinen Podestplatz durch einen Gegenangriff aufs Spiel zu setzen, drehte sich statt dessen um und nahm erleichtert zur Kenntnis, dass keine weiteren Verfolger lauerten. „Sicher, ich hätte Zweiter werden können - doch überhaupt auf dem Podium zu sein, ist allein schon ein Riesending", freute er sich über einen Erfolg, dem Steve Jenkner schon seit Jahren hinterherfuhr.

Diesmal war der tapfere Sachse womöglich dichter dran denn je, endlich auch mal unter die ersten drei zu fahren. Bei abtrocknender Piste im ersten Zeittraining hatte er den zweiten Platz erbeutet und hielt nach dem Abschlußtrai-

Wasser im Helm: Steve Jenkner lebte wie im Fischglas

Assen-Fluch besiegt: Auch Shinya Nakano (56) und Olivier Jacque (19) fuhren aufs Podest

ning immer noch Rang sechs. Doch statt im Rennen wieder nach vorn zu kommen, rutschte er an die achte Stelle und erbte erst Rang sieben, als Emilio Alzamora vor seiner Nase stürzte. „Ich bin ein bißchen enttäuscht", ließ er nach dem Zieleinlauf wissen. „Wenn ich mehr gesehen hätte, wäre mehr drinne gewesen. Doch gleich nach dem Start ist die Lüftungsklappe am Helm aufgegangen und hat Wasser in den Helm reingelassen. Die erste Rennhälfte lang habe ich komplett wie im Fischglas gelebt!"

250 ccm: Waldis Wasserschlacht

Ralf Waldmann hatte das Training im Nassen wie im Trockenen dominiert und sah dem Renntag mit Gelassenheit entgegen.

Doch das Pech, das den Aprilia-Star seit seinem bislang einzigen Saisonsieg in Jerez verfolgte, blieb ihm auch in Assen treu. Während alle anderen Spitzenteams mit berechtigtem Argwohn zum bleigrauen Himmel aufschauten und ihre Fahrer auf nasser Piste mit Regenreifen ins Rennen schickten, vertraute Aprilia-Renndirektor Jan Witteveen einem optimistischen Flugwetterbericht und kündigte an, während des Rennens werde die Strecke abtrocknen.

Waldmann, sein Teamkollege Klaus Nöhles, Marco Melandri und Franco Battaini brausten daraufhin auf sparsam profilierten Intermediates davon und hätten Aprilia einen tollen Triumph beschert, wenn Witteveen recht behalten hätte. Doch kurz nach dem Start entlud sich ein

Vorfahrt für den Nachwuchs: Anthony West vor Tohru Ukawa

Ralf Waldmann: Mit dem Wolkenbruch schwammen die Sieghoffnungen davon

heftiger Wolkenbruch, und in den Wassermassen schwammen die allerletzten Hoffnungen davon, die Waldi im ohnehin fast aussichtslosen Kampf um die WM noch gehabt hatte.

Melandri beendete die Rutschpartie vorzeitig an der Box. Nöhles und Battaini, die immerhin Regen-Vorderreifen zur Verfügung hatten, balancierten auf die Ränge 18 und 20, wobei Nöhles „so oft die Füsse am Boden hatte, dass keine Sohle mehr unter den Stiefeln übrig war." Waldmann hatte weder vorne noch hinten Grip, wurde zweimal überrundet und kam als 24. und Vorletzter ins Ziel. „Mit Trocken-Fahrwerk und Intermediate-Reifen bin ich derart gerutscht, dass das Hinterrad auch auf der Geraden durchdrehte und ich nur bis in den vierten Gang hochschalten konnte", schilderte er.

Auch Daijiro Katoh hatte seine Honda auf besseres Wetter abgestimmt und musste mit Rang acht zufrieden sein. Die anderen Spitzenteams trafen eine bessere Reifenwahl: Erst zogen die Silberpfeile von Shinya Nakano und Olivier Jacque durch die Gischt an die Spitze, dann bestimmte das Honda-Duo Tohru Ukawa und Anthony West das Geschehen.

Aber auch bei den Regenreifen gab es Unterschiede. „Ich hatte hinten den weichsten Regenreifen drauf, den wir nur finden konnten. Damit hatte ich in der Gischt zu Beginn des Rennens eine Menge Grip und konnte schnell nach vorn stoßen. Mir war es egal, ob ich stürzte oder im Sattel blieb, denn bei meiner Startposition hatte ich sowieso nichts zu verlieren", schilderte der junge Australier, der sich nur als 22. qualifiziert hatte, aber schon in der dritten Rennrunde an der Spitze auftauchte.

Ab Rennmitte wurde er immer heftiger von Tohru Ukawa bedrängt und wehrte sich mit tollkühnen Kontern gegen die ersten Attacken seines Teamkollegen. Erst in der zwölften von 18 Runden wurde er endgültig von der Spitze verdrängt und fiel bis zum Ende auf den vierten Platz zurück. „Der Kampf mit Tohru war unterhaltsam und fair. Wir waren ein paarmal eng beieinander, haben uns aber nie berührt. Für mich hätte es allerdings weiter regnen müssen. In den letzten fünf Runden war eine Streckenhälfte naß und die andere trocken. Das hat den Reifen vollends wegradiert", erläuterte West, warum er knapp an seinem ersten Podestplatz vorbeifuhr.

Ukawa hatte dank einer härteren Gummimischung dagegen bis zum Schluß Reserven. „Als Anthony nach vorn ging, konnte ich ohne Probleme folgen. Er bog etwas schneller in die Kurven ein als ich, doch irgendwann habe ich ihn erwischt", grinste der Japaner nach seinem zweiten Sieg der Saison.

Das Chesterfield-Yamaha-Team teilte die gute Stimmung, denn Jacque und Nakano standen schon wieder zu zweit auf dem Podest. Vor allem Jacque, der in Assen noch nie ins Ziel gekommen war, machte aus seiner Erleichterung keinen Hehl. „Es sieht so aus, als wäre ich meinen Assen-Fluch endlich los geworden", atmete er auf. „In jeder Runde starrte ich an jene Stelle des Asphalts, an der ich sonst immer gestürzt bin. Deshalb habe ich mich auch zurückgehalten, als ich nur noch Ukawa vor mir hatte. Denn der ist

Eisbeutel für Loris Capirossi: Zähne zusammenbeißen für die Lieblingsstrecke

Die fliegende Fahne des Fliegenden Holländers: Jürgen vd. Goorbergh wurde Neunter

derzeit nicht mein Hauptgegner in der WM!“

Das war vielmehr sein eigener Teamkollege, dessen Führung im Titelkampf auf gerade noch vier Punkte zusammenschrumpfte. „Es herrschten grausige Bedingungen“, stöhnte Nakano nach seinem dritten Platz, zog aber dennoch eine positive Bilanz. „Ich hatte einen harten Regenreifen drauf, außerdem war die Federung auf trockenes Wetter abgestimmt. Deshalb hatte ich es in strömendem Regen noch schwerer als meine Rivalen. Doch am Ende gelang es mir wenigstens noch, West zu erwischen. Damit war ich in acht Rennen sieben Mal auf dem Podium!“

Sieger Alex Barros: Ein großer Tag fürs Pons-

500 ccm: Kennys Kolbenklemmer

Die Trockenphase bei Ende des 250er Rennens hielt nicht lange: Wenige Minuten nach Start des Halbliter-Laufs prasselte der nächste Regenguß über die Strecke, worauf das Rennen nach drei Runden unterbrochen wurde. WM-Leader Kenny Roberts fehlte bereits: Nach kurzer Führung wurde der Amerikaner gleich in der ersten Runde am Ende der Gegengeraden von seiner Suzuki geschleudert, kam mit einem leicht angeknacksten Knöchel aber glimpflich davon. „Wenn der Motor sich dazu entschließt, die Arbeit einzustellen, so blockiert das Hinterrad und löst jenes Phänomen aus, das man als Highsider beschreibt“, nahm Roberts leicht gereizt zur Sturzursache Stellung. „Nobu Aoki hat dieses Problem in dieser Saison schon öfter gehabt. Ich bin bis zu diesem Sturz hingegen von Kolbenklemmern verschont geblieben. Deshalb werde ich im nächsten Rennen auch wieder so Gas geben, als sei nichts geschehen“, hakte er den Zwischenfall ab.

Der hinterher fahrende Alex Barros hatte zunächst vermutet, der entfesselt lossprintende Amerikaner habe sein Hinterrad überbremst. Diese Beobachtung sollte der einzige Fehler des Brasilianers bleiben: Nach kurzem Handgemenge mit Weltmeister Alex Crivillé ging der Emerson-Honda-Pilot in Führung und feierte den zweiten Grand Prix-Sieg seiner Karriere, obwohl Crivillé ihn in einem Fotofinish auf dem Weg zur Ziellinie noch übertrumpfte - in der Addition beider Läufe hatte Barros wegen eines Zwei-Sekunden-Vorsprungs aus dem ersten Teil das bessere Ende für sich. „Die sechs besten Fahrer hatten hinten einen Slick und vorne einen Intermediate montiert, und das war für die abtrocknende Strecke eindeutig die richtige Kombination", erläuterte Barros befriedigt. „Ich wußte, dass ich etwas über zwei Sekunden Vorsprung auf Crivillé hatte und wollte ihn nicht entwischen lassen. Bis zum Ende vorn zu sein, war die beste Methode, ihn unter Kontrolle zu halten", rieb er sich die Hände.

Es war ein großer Tag für das Leasing-Team, denn hinter Crivillé bugsierte Loris Capirossi seine Honda an die dritte Stelle und stellte einen Doppelerfolg sicher, mit dem nach dem Desaster des Morgens keiner mehr gerechnet hatte. Beide Piloten waren im nassen Warm Up spektakulär gestürzt, wobei Barros nur einc Schulterprellung, Capirossi aber Brüche des dritten und vierten Mittelhandknochens links davongetragen hatte. Erst war von einem Startverzicht die Rede, dann stellte sich Loris aber doch mit einem Eisbeutel an die Startaufstellung und biß heroisch die Zähne zusammen. „Im Clinica Mobile habe ich zu Dr. Claudio Costa gesagt: Claudio, ich liebe

Regen in Assen: Schöne Aussichten trotz trübem Wetter

diese Strecke, bitte laß dir etwas einfallen! Daraufhin hat er mir schmerzstillende Spritzen verpaßt, dank welcher ich im ersten Teil sogar in Führung gehen konnte. Nur der zweite Teil des Rennens war aus verschiedenen Gründen schwierig - auch, weil man mir nochmals Schmerzmittel unter die Haut gejagt hat und ich nur wenig Gefühl in der linken Hand hatte!"

Trotzdem feierte das Team ein perfektes Happy-End, das auch den sonst so abgebrühten Teamchef Sito Pons zum Jubeln brachte. „Heute morgen um 10.30 Uhr war unser Tag rabenschwarz. Loris hatte die linke Hand gebrochen, Alex die Schulter geprellt, und beide Motorräder waren zerstört. Doch das Team hat perfekt gearbeitet - und beide Piloten haben bewiesen, dass sie echte Siegfahrer sind!"

Ähnlich dachten auch die 92000 Fans an der Strecke über ihren Helden Jürgen van den Goorbergh. Der „Fliegende Holländer" hatte sich mit seiner unterlegenen Zweizylinder-Honda an 13. Stelle

qualifiziert, machte aber das Beste aus den widrigen Bedingungen, überholte Tady Okada und Norick Abe und feierte stolz den neunten Platz.

Auch von Handbruch nicht zu stoppen: Rossi (46) und Biaggi (4) hatten gegen Capirossi (65) keine Chance

6
UNICOM STARKER

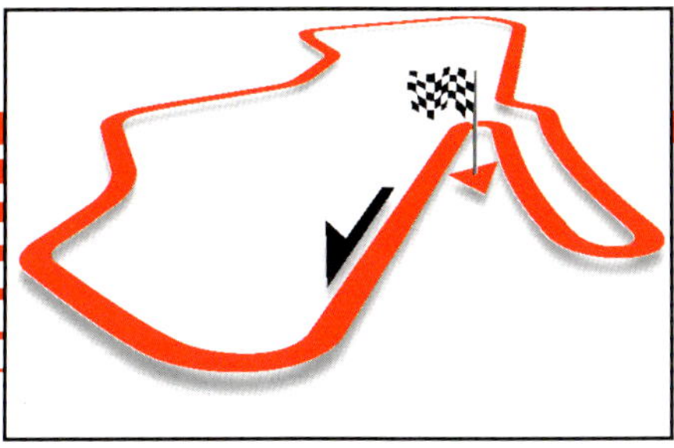

9. 7. 2000: GP England in Donington Park

Regen bringt Segen

Als es im 250er Rennen zu regnen anfing, startete Ralf Waldmann eine Aufholjagd, wie sie die Welt noch nicht gesehen hatte – und ließ sein Pech in der Gischt zurück.

Ralf Waldmann steckte die jüngsten Rückschläge mit Gelassenheit weg. »So ist der Rennsport eben. In dieser Beziehung habe ich seit 1997 jede Menge dazugelernt«, erinnerte er an jene Saison, in der er den Titel knapp und unglücklich an Max Biaggi verloren hatte. »Heute kann ich schlechte Dinge besser verarbeiten und gehe auf jeder Rennstrecke mit dem gleichen Ehrgeiz zur Sache. Davon habe ich eher zuviel, wie meine Stürze in Le Mans, Mugello und Barcelona zeigen«, kratzte er sich am Kopf.

Auch die falschen Reifen von Assen, in vielen Medien als peinlicher Mißgriff eingestuft, hatten ihm keine schlaflosen Nächte bereitet. »Wir haben diese Entscheidung alle zusammen getroffen«, nahm er sein Team in Schutz. »Wäre es gut gegangen, so wären wir die großen Helden gewesen. So haben wir halt in den Asphalt reingebissen«, hakte er das Thema ab.

Es hatte auch nichts mit Mangel an Motivation zu tun, daß er sich im Training für den England-Grand Prix nur als Sechster für die zweite Startreihe qualifizierte. »Wir sind bei der Fahrwerksabstimmung in die falsche Richtung gegangen und haben die Gabel zu weich abgestimmt. Das hat mich in den langsamen Kurven aufgehalten«, erklärte er.

Am Ende kam es freilich gar nicht auf das ausgefeilteste Set-Up an – sondern wie schon in den Rennen zuvor, wer die Launen des Wetters am besten einschätzen konnte. Scheinte am ersten Trainingstag noch die Sonne, so herrschte am Samstag trübes Wolkenwetter mit gelegentlichen Nieselschauern. Am Renntag wurden die Piloten dann mit jenen Bedingungen konfrontiert, die sie am meisten fürchteten: Den ganzen Tag über drohte der Himmel, seine Schleusen zu öffnen, nur wann genau die Wolkenbrüche niederprasseln würden, vermochte keiner vorauszusagen.

Held statt Versager: Diesmal war Ralf Waldmanns Reifenwahl goldrichtig

Das kurze Comeback des Entfant terrible: Anthony Gobert war zu breit und schwer für die Modenas

250 ccm: Wimmers Wetterbericht

Die Strecke war naß, als die 250er Klasse zur Besichtigungsrunde ausrückte. Das erlaubte es der Rennleitung, den Lauf als »Wet Race« auszurufen, bei dem es später keinerlei Unterbrechung mehr geben würde. Weil der Himmel sich an manchen Stellen etwas aufzuhellen schien, entschieden sich die schnellsten Piloten für Intermediate-Hinterreifen, Olivier Jacque auf der Pole Position ebenso wie Shinya Nakano, Tohru Ukawa, Marco Melandri und Daijiro Katoh. Auch Waldis Teamkollege Klaus Nöhles setzte auf diesen Kompromiß und erreichte damit nach einigen Zwischenfällen den 16. Schluß-

Zeitstrafe statt Triumph: Roberto Rolfo (44) hatte es etwas zu eilig

rang. »Das Ergebnis hätte viel besser sein können, wenn ich nicht so viel Mist gebaut hätte. Ich könnte mich in den Hintern beißen!« zog er mit sich selbst ins Gericht. »Ich bin richtig gut mitgekommen, hatte aber Patzer drin und war ein paarmal in der Wiese. Einmal bin ich sogar umgefallen.«

Ralf Waldmann, in Assen noch einer Teamentscheidung zum Opfer gefallen, setzte sich im letzten Moment vor dem Start auf seine Ersatzmaschine, die mit voll profilierten, weichen Regenreifen und einer weichen Federung ganz auf die nächste kalte Dusche abgestimmt war. »Glaub´ mir: Das ist die richtige Entscheidung«, flüsterte Ex-GP-Pilot Martin Wimmer, der am Lenker des BMW-Pace-Motorrads Pfützen im unteren Streckenteil sowie die nächste aufziehende Wolkenfront ausgemacht hatte.

Zunächst freilich ließ der Regen auf sich warten. Während Olivier Jacque ab der dritten Runde davon brauste und die Vorteile seiner harten Intermediates auf der allmählich griffiger werdender Piste voll ausschöpfte, schien Waldi mit seinen viel zu weichen Rillenreifen die nächste, verheerende Niederlage einzufahren. Gleich in der ersten Kurve in einen Rempler verwickelt, fiel er auf zunehmend trockener Piste immer weiter zurück. »Die ersten zehn Runden habe ich gedacht: Auweia, was sagst du jetzt nur, wenn du reinkommst. Jetzt bist du der Volldepp«, schilderte er später.

Doch dann, als er abgeschlagen an 21. Stelle herumkurvte, die Überrundung drohte und sein Team sich in der Box schon enttäuscht ans Einpacken machte,

Ausritt in die Wiese – und die Schlußattacke auf Olivier Jacque: Ralf Waldmann sorgte für Dramatik

Einige Patzer – und ein Ausrutscher: Klaus Nöhles (26) zog mit sich selbst ins Gericht

kam die Wende. Schon beim ersten, feinen Nieselschleier war Waldi schlagartig schneller, als es dann richtig schüttete, war der Regenspezialist in seinem Element. Runde für Runde machte er bis zu zwölf Sekunden gut, war sechs Runden vor Schluß Siebter und eine Runde später Fünfter. Auch einen Ausritt durchs nasse Gras in der Schikane balancierte er gekonnt aus und machte weiter Druck. In der letzten Runde hatte er nur noch Olivier Jacque vor sich, ließ die letzten sieben Sekunden aber auch noch zusammenschrumpfen – kein Regisseur hätte besser inszenieren können, wie Waldi vor der allerletzten Spitzkehre am Heck des Franzosen auftauchte, spitz in dessen runde Kurvenlinie stieß und ihm auf dem Weg zum Zielstrich noch den sichergeglaubten Sieg entriß. »Ein Wahnsinn«, entfuhr es Cheftechniker Sepp Schlögl mit wieder erwachtem Interesse für den Boxenmonitor. »Jetzt bin ich schon 30 Jahre dabei, doch so etwas habe ich überhaupt noch nicht erlebt! Also unwahrscheinlich! So ein Rennen noch zu gewinnen – wir haben es voll abgeschrieben gehabt mittendrin!«

Deshalb wurde Waldi auch nicht per Boxentafel mit Jacques Führung und dem eigenen Rückstand von bis zu 1.20 Minuten behelligt. »Ich wußte nicht, wie weit ich hinten war. Ich wusste auch nicht, dass der Jacque Erster war. Ich dachte nur: Jeden, den du überholst, bedeutet einen Platz«, erklärte Waldi, wie es zum wohl grandiosesten Triumph seiner Karriere kam. »Die Intermediate-Reifen in Assen waren ein Riesenfehler. Dort mußte ich tatenlos mit ansehen, wie sie mich zweimal überrundet haben. Da sieht man mal, wie eng Held und Versager im Rennsport beieinander liegen. Heute bin ich der Held – denn heute ist

»Mittlerweile mag ich ihn ja«: Waldi und sein früherer Erzrivale Olivier Jacque feiern fröhlich

Valentino Rossi und seine Honda: Aufsteigen und sich wohl fühlen

alles wunderbar für uns ausgegangen«, rieb er sich die Hände.

Jacque zeigte sich als guter Verlierer und spritzte Waldi auf dem Podium gründlich mit Champagner ab, sparte aber auch nicht mit Kritik an den Verhältnissen. »Das war ein hartes und gefährliches Rennen«, beschwerte sich der WM-Leader. »Als es in Strömen zu regnen begann, dachte ich: Wir müssen verrückt sein, diesen Job auszuüben! Bei diesem Wetter mit geschnittenen Slicks zu fahren, war wie Russisches Roulett. Ich hatte keinerlei Grip, stand ständig quer und mußte überall früher hochschalten. Waldmann kam mit unglaublichem Tempo von hinten an und hatte dank seiner Regenreifen tonnenweise Traktion. Aber ich freue mich für ihn«, lächelte Jacque attack.

Eine alte, von einem vermeintlich unfairen Angriff des Franzosen stammende Fehde zwischen den beiden war längst einer friedlichen Kameradschaft gewichen. »Mittlerweile mag ich ihn ja«, verriet Waldi über Jacque. »Als ich ihn vor mir sah, war ich meiner Sache keineswegs völlig sicher. Deshalb wäre ich auch mit Platz zwei zufrieden gewesen.«

Waldi mußte sich den Jubel weniger mit Jacque als mit dem Engländer Jason Vincent teilen. Der Privatfahrer bugsierte seine Honda die meiste Zeit über an dritter Stelle durch die Gischt und brachte am Ende einen starken fünften Platz ins Ziel. Neben Waldmann mußte er im Endspurt auch den zweiten großen Außenseiter Naoki Matsudo vorbeilassen. Der Yamaha-Privatfahrer huschte in Waldmanns Schlepptau an Assen-Sieger Tohru Ukawa vorbei auf Platz drei.

Ganz besonders eilig hatte es Alex Hofmanns Vertreter Roberto Rolfo: Der Italiener war zunächst souverän in Führung, mußte dann aber eine Stop and Go-Strafe wegen Frühstarts absitzen und gab im Regen wegen seiner harten Intermediates endgültig auf.

Husarenstück vor eigenem Publikum: Jeremy McWilliams widmete seinen Erfolg Joey Dunlop

Kenny Roberts, Sieger Valentino Rossi:
Die Zweizylinder kriegen uns nie

500 ccm: Rossis erster Sieg

Auch das Halbliter-Rennen wurde als Wet Race ausgerufen, und die meisten der Stars setzten auf profilierte Regenreifen mit einer mittel harten Gummimischung, die auch bei abtrocknender Piste noch genügend Reserven bot.

Nur Assen-Sieger Alex Barros pokerte mit weichen Reifen und verlor. Aus der Pole Position perfekt gestartet und bis zur zehnten Runde in Führung, wurde er auf dem immer griffiger werdenden Asphalt unbarmherzig durchs Feld bis auf den 14. Platz zurück gereicht.

Sein Teamkollege Loris Capirossi hatte sich dagegen für eine härtere Abstimmung entschieden und lag goldrichtig. Zunächst nur an zwölfter und 13. Stelle, arbeitete sich der Mugello-Sieger auf abtrocknender Piste konsequent durchs Feld nach vorn und holte den vierten Platz. Der Erfolg war vor allem ein Sieg über den Schmerz: Die in Assen gebrochene linke Hand war so entzündet, daß Capirossi trotz eines gepolsterten Handgriffs am Lenker nach dem ersten Training das Handtuch werfen und aufgeben wollte. Durch gutes Zureden von Dr. Claudio Costa versuchte er es weiter, doch erst eine andere medizinische Strategie fürs Rennen brachte den gewünschten Erfolg: Capirossi stützte sein Handgelenk mit einem halbfesten Scotch Cast-Spezialverband, mit dem einst auch schon Kevin Schwantz nach einem Handbruch gewonnen hatte.

Freilich es gab noch drei weitere große Helden, die sich 23 Sekunden vor Capirossi erbittert um den Sieg stritten. Einer davon war Lokalmatador Jeremy McWilliams auf der Zweizylinder-Aprilia. Während sein Teamkollege Tetsuya Harada frühzeitig mit verbrannter Kupplung ausrollte, machte der Ire immer energischer Druck und bewies, daß die leichtgewichtige Zweizylinder-Maschine bei schwierigen Streckenverhältnissen gegen die schweren Vierzylinder-Boliden durchaus ihre Vorteile hatte. Zunächst Fünfter und Sechster, ergriff er nach 19 von 30 Runden erstmals die Führung. »Valentino Rossi hatte mich ein paar Runden vorher vom zweiten Platz verdrängt, doch ich muß ihm dankbar sein, weil mir nur deshalb klar wurde, wieviel Grip die Strecke hatte. Daraufhin habe ich angegriffen und wenig später auch den führenden Kenny Roberts erwischt«, berichtete McWilliams, der sich bei einem Trainingssturz zwei kleine Knochen im linken Fuß gebrochen hatte. »Einmal in Führung, wollte ich meine Verfolger abschütteln und auf zwei Sekunden davonziehen. Doch das ist mir nicht gelungen. Ich verlor die Konzentration und habe vor allem in der letzten Runde Fehler gemacht.« Trotzdem war auch der dritte Platz ein phantastisches Resultat, für das er von seinen britischen Fans begeistert gefeiert wurde. »Ich widme diesen Erfolg Jocy

Kampf gegen den Schmerz:
Loris Capirossi wurde Vierter

HONDA
HONDA
HONDA
BREIL
BREIL
46
46
agv

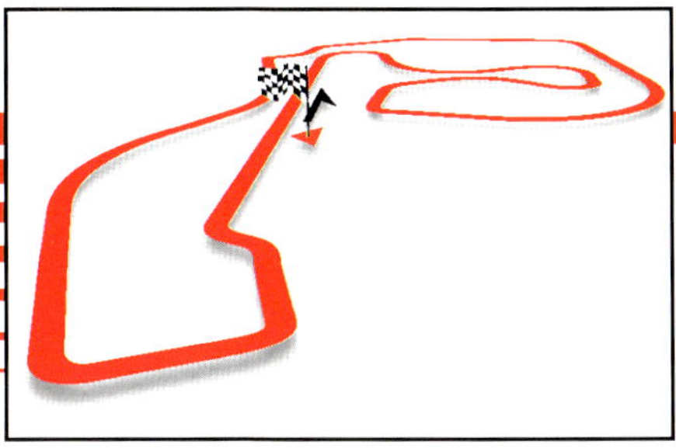

23. 7. 2000: GP Deutschland / Sachsenring

Fiebern fürs Fenomeno

Valentino Rossi steckte eine schwere Erkältung weg und die Sachsenring-Zuschauer mit seinem Jagdfieber an. Auch 250 ccm-Nachwuchsstar Klaus Nöhles probte den Aufstand – und feierte sein bisher bestes Rennen.

Das Rahmenprogramm beim Sachsenring-Grand Prix konnte sich sehen lassen. Am Donnerstag nachmittag hatten die Stars Gelegenheit, eine Runde mit Gespann- und Truck-Rennfahrer Markus Bösiger zu drehen. Loris Capirossi, Norick Abe, Valentino Rossi und Nobby Ueda, die sich selbst hinters Lenkrad setzten, waren begeistert von dem brachialen Schub aus 1400 PS und brachten die Antriebsräder schon beim Losfahren in der Boxengasse zum Qualmen.

Am Donnerstag abend kickte ein Deutsches All Star-Team verschiedener Weltmeister und Olympiasieger in einem Benefiz-Fußballspiel gegen eine Auswahl von Motorradstars und gewann mit 4:3 Toren. Nicht weniger als 5000 begeisterte zahlende Zuschauer hinterließen einen Gewinn von 50000 Mark für die »Riders for Health«-Initiative.

Am Samstag abend stieg dann der BMW-Boxer-Cup, bei dem illustre Altstars wie Peter Öttl, Jürgen Fuchs, Jorge Martínez und Randy Mamola nochmals Grand Prix-Luft schnupperten und mit Viertakt-Spezialisten wie Helmut Dähne und Stepháne Mertens um die Wette fuhren. Am Sonntag durften die Grünschnäbel des ADAC-Junior-Cups vor großer Kulisse antreten, außerdem stieg ein glänzend besetztes internationales Gespannrennen.

Durch nichts zu erschüttern: Valentino Rossis Sturz im Abschlußtraining

Nur MZ fehlte. Daß das Halbliterteam nicht am Start war und das geplante Comeback auf 2001 verschoben wurde, konnten die Fans noch verstehen. Doch daß die Organisatioren des ADAC Sachsen den MZ-Cup aus dem Programm fallen ließen und somit nichts und niemand von dem Zschopauer Traditionswerk beim Heimspiel zu sehen war, sorgte für Entrüstung auf allen Ebenen. MZ-Geschäftsführer Petr-Karel Korous, im letzten Jahr nicht nur mit Rennmotorrädern, sondern auch mit jeder Menge Fahrerlagerrummel und 1000 bezahlten Tribünenkarten vertreten, war sauer, weil der zunächst versprochene MZ-Cup ohne jede Rücksprache gestrichen wurde und eine schriftliche Nachfrage beim ADAC Sachsen unbeantwortet blieb. Daß ausgerechnet die lokale Industrie ausgesperrt wurde, war auch für Landesvater Biedenkopf unfaßbar, weil er die Ausbauten des Sachsenrings gerade zugunsten der Wirtschaft mit über 60 Millionen Mark alimentierte. Deshalb sagte „König Kurt« den ursprünglich zugesagten Besuch am Sachsenring auch wieder ab und schickte Staatsministerin Christine Weber, um Ralf Waldmann am Startplatz die Hand zu schütteln.

Zielscheibe der Kritik war Uwe Klein, Leiter der Sportabteilung des ADAC Sachsen und Promoter der Veranstaltung, der sich darauf zurückzog, für weitere Rahmenveranstaltungen sei im Zeitplan kein Platz gewesen. Am vergnüglichen BMW-Cup führte laut Vertrag mit der Dorna kein Weg vorbei. Doch ob der

Die Altstars schnuppern Grand Prix-Luft: Beim BMW-Boxer-Cup wurde fröhlich gefeiert

Kenny Roberts fährt zur Pole Position, Luca Cadalora schlägt Funken: Schmerzhaftes Grand Prix-Comeback

ADAC-Junior-Cup oder die Gespannklasse unbedingt zuungunsten des MZ-Cups ins Programm mußten, wurde nie genau überprüft. »Den Junior-Cup zu platzieren, gehört zu unserem Konzept. Doch die genaue Programmauswahl ist Sache der Sachsen«, zog sich ADAC-Präsident Tomzcyk diplomatisch aus der Affäre.

Statt dem MZ-Team war immerhin Luca Cadalora da, der auf MZ-Weber im Vorjahr einen Startplatz in der ersten Reihe erbeutet hatte, wenig Monate später aber wegen Motivationsmangel aus dem Team hinaus komplimentiert worden war. Im Frühjahr 2000 für kurze Zeit Testfahrer bei Ducati, hatte er nach dem Mugello-Grand Prix auch die neue Dreizylinder-Modenas Probe gefahren, um den Technikern ein paar verläßliche Tips für die Weiterentwicklung zu geben.

Nach Anthony Goberts enttäuschender Vorstellung in England wurde Cadalora von Teambesitzer Kenny Roberts nun für ein Grand Prix-Comeback angeheuert. Trotz der vielen Kurven und des niedrigen Durchschnittstempos am Sachsenring fuhr freilich auch der italienische Superstar am Erfolg vorbei: Im ersten Training 13., fiel er am zweiten Tag auf Startplatz 16 zurück. Statt des großen Durchbruchs erlebte er im Abschlußtraining einen epischen Sturz beim Herausbeschleunigen aus der Schikane und erlitt solche Prellungen, daß er am Sonntag kaum laufen konnte. Erstaunlicherweise biß er im Rennen die Zähne zusammen und brachte die Distanz als Vorletzter hinter sich.

Ein anderes Sturzopfer war Carlos Checa, der sich beklagte, das Fahrwerk seiner Yamaha sei zu steif, vermittle zu wenig Gefühl fürs Vorderrad und beantworte jeden Fehler mit abrupten Gegenreaktionen – Charakteristika, die eher mit Checas radikaler Fahrweise als mit Unzulänglichkeiten seines Motorrads zu tun hatten. Sein Crash am Samstagmorgen war derart furchterregend, daß er zur

Tavullia ist überall: Rossi sorgte für die große Show – und wurde von den Fans stürmisch gefeiert

Beobachtung ins Hospital von Chemnitz gebracht wurde und aufs Abschlußtraining verzichten mußte. An solche Eskapaden gewöhnt, trat der beinharte Spanier am Sonntag trotzdem zum Rennen an und wurde Neunter, was ihn nicht davon abhielt, harte Manöverkritik zu üben. »Für Suzuki war der Umstieg von Showa zu Öhlins letztes Jahr der Schlüssel zum Erfolg, aber nur, weil Warren Willing genau wußte, was für Teile er brauchte. Wir verwenden auch Öhlins-Federelemente, doch am Set-Up hin- und herzudrehen, reicht nicht aus. Die Impulse müssen vom Werk kommen«, forderte er.

Max Biaggi, der seine Mißerfolge seit Saisonbeginn als lückenlose Pechsträhne herunterbeten konnte, blies trotz des akzeptablen dritten Trainingsrangs und Platz vier im Rennen ins gleiche Horn – und gab sich gleichzeitig redlich Mühe, die Glanzleistungen seines Erzfeindes in ein schaleres Licht zu stellen. »Rossi scheffelt Podestplätze, weil er ganz klar das beste Team zur Verfügung hat. Wenn ich mir seine Erfolgskurve so anschaue, frage ich mich, ob Mick Doohan wirklich so gut war – oder ob er seine fünf Titel nur wegen dieses Teams gewann«, teilte er mal wieder Seitenhiebe aus.

Dabei standen Rossis außergewöhnliche Fähigkeiten außer Frage. Am Donnerstagabend legte er sich mit einer schweren Erkältung ins Bett und verbrachte eine schlaflose Nacht, bei der er bis zu 40 Grad Fieber hatte. »Ich habe die Madonna gesehen und dachte, ich müsse sterben«, schilderte er. Um sechs Uhr früh rief er Dr. Claudio Costa an, der ihn mit ein paar Infusionen ins Leben zurückholte. Rossi war im freien Training schon wieder Zweiter, am Nachmittag eroberte er sogar die vorläufige Pole Position. »Unser Set-Up von Donington hat auch hier perfekt funktioniert. Natürlich ist mein Sieg auch eine psychologische Hilfe. Vielleicht fahre ich nicht unbedingt besser deshalb, doch ich fühle mich sicherer und selbstbewußter«, meinte er.

Blieb nur noch die richtige Reifenwahl. »Auf dieser Strecke haben wir brachiale Slides, die Lauffläche des Hinterreifens ist im Nu weggeraspelt«, erklärte Rossi und ließ fürs Abschlußtraining deshalb eine härtere Mischung aufziehen. Ausgangs einer engen Rechtskurve hatte er damit einen Highsider, bei dem er meterhoch durch die Luft gewirbelt wurde, schwer auf den Rücken aufschlug und benommen von der Piste torkelte. »Ich wollte mich nur in Sicherheit bringen und eine Weile ausruhen. Statt dessen haben mich die Sanitäter wie einen schlachtreifen Gockel auf eine Liege gedrückt«, empörte er sich später. Unter tosendem Beifall richtete sich Rossi noch am Streckenrand wieder auf und sprintete zu seiner Ersatzmaschine. Daß er mit dem gleichen Reifentyp gleich nochmals einen gefährlichen Rutscher hatte, nahm ihm für den Rest des Trainings seine Angriffslust. Rossi rutschte deshalb hinter Roberts, Barros, Biaggi, Capirossi und Zweizylinder-Pilot Jürgen van den Goorbergh auf Platz sechs zurück.

500 ccm: Crivillés Krisensitzung

Am Renntag war es wärmer und sonniger, und Cheftechniker Jerry Burgess überzeugte seinen Star, wieder nach diesem harten Reifentyp zu greifen – er war der einzige, der die 31 Runden-Distanz überstehen würde. »Ich malte mir aus, daß ich einen guten Start haben würde und den Reifen dann zwei Runden lang vorsichtig einfahren könnte, ohne allzu viel an Boden zu verlieren«, erklärte Rossi später.

Star und Sternchen: Kenny Roberts mit Superstock-EM-Pilotin Katja Poensgen

Doch der Start des jungen Italieners wurde zum Desaster. Zu früh ließ er die Kupplung kommen und ruckelte vorwärts, als die Ampel noch auf rot stand. Flugs griff er wieder in die Bremse – just in dem Moment, als das Licht endlich auf grün umsprang. Fast als Allerletzter ging er in die erste Kurve und war nach einer Runde immer noch an 16. Stelle. »Glücklicherweise hatte ich ein Set-Up, das mir besonders hartes Bremsen erlaubte. Denn die Bremszonen haben sich schon im Training als die einzigen Stellen herausgestellt, wo man überholen konnte«, verriet Rossi.

Und so wirbelte er durchs Feld, daß nicht nur seinen Konkurrenten, sondern auch den Zuschauern, die seine Jagd live und auf mehreren Riesenbildschirmen verfolgen konnten, die Spucke wegblieb. Schon nach neun Runden war er Sechster, hielt sich dann lange mit Max Biaggi auf, fand in Runde 23 aber endlich den Weg vorbei und blies zur Jagd auf die Spitze. Fünf Runden vor Schluß hatte er auch Roberts, Capirossi und Alex Barros überwältigt und lag in Führung. »Ich dachte, nun wären alle meine Probleme gelöst. Doch Barros und Roberts blieben hartnäckig«, wunderte er sich. »Als Barros konterte, war ich überzeugt, ihn wieder zu erwischen. Leider bin ich ihm in einer Rechtskurve in der letzten Runde im fünften Gang zu nahe gekommen und wich auf eine ungünstigere Linie aus, um nicht in sein Heck zu krachen. Deshalb war ich in der entscheidenden Bremszone nicht nahe genug, um ihn nochmals anzugreifen!«

Doch auch der zweite Platz war wie ein Sieg. Nicht nur seine Fankurve, sondern das gesamte Publikum begleitete Rossi mit tosendem Applaus auf seiner Ehrenrunde, für den er sich mit Burn-Outs an verschiedenen Stellen der Strecke bedankte. Tavullia war überall an diesem Nachmittag.

Auch die Aussprache half nichts: Alex Crivillé fuhr abermals hinterher – und stürzte

Marlboro
Q8 Oils
MICHELIN
YAMAHA
4

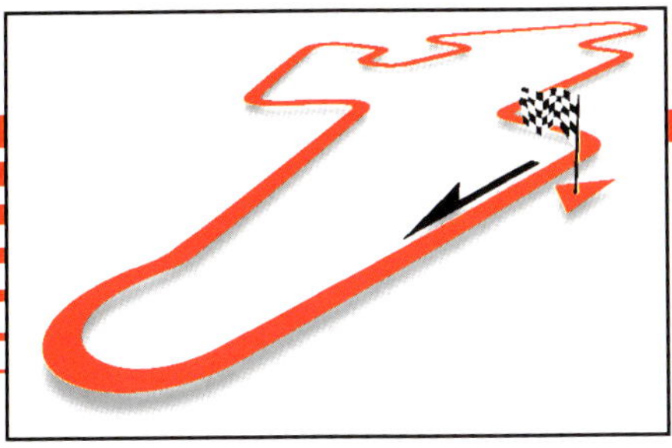

20.8.2000: GP Tschechien in Brünn

Der Faktor Max

Mit seinem außergewöhnlichen Gefühl für langgezogene Kurven fuhr Brünn-Spezialist Max Biaggi zum ersten Sieg der Saison. Bei den 250ern ging die Parade der Yamaha-Silberpfeile weiter

Youichi Ui, Olivier Jacque, Norick Abe, Carlos Checa, Jürgen vd. Goorbergh und Jeremy McWilliams frönten am Donnerstag vor dem Brünn-Grand Prix dem Golfspiel, und auch sonst herrschte nach der nahezu vierwöchigen Pause seit dem Auftritt am Sachsenring noch verbreitet Urlaubstimmung. Nur der Franzose Regis Laconi fühlte sich nicht besonders wohl: Er hatte sich beim Tauchen in Sardinien eine Ohreninfektion zugezogen und vertrug den Lärm der kreischenden Zweitakter schlecht.

Auch Valentino Rossi hatte sich am Strand vergnügt und war so wenig auf die nächste Reise eingestellt, daß er seinen Reisepaß zuhause liegen ließ. Kurz vor der tschechischen Grenze bemerkte er seinen Fehler, worauf er einem mitgereisten Freund aus Tavullia das Steuer anvertraute und sich im Kleiderschrank seines Wohnmobils versteckte, bis die Zollstation hinter ihnen lag. Um das Glück bei der Ausreise nicht ein zweites Mal strapazieren zu müssen, alarmierte Rossi seinen später anreisenden Vater Graziano, das Dokument doch bitte mitzubringen.

Waren Rossi und Superbike-Star Colin Edwards bei den Acht Stunden von Suzuka wegen Stürzen vorzeitig ausgeschieden, so kamen Tohru Ukawa und Daijiro Katoh mit dem frischen Triumph des vor allem für die japanischen Werke prestigeträchtigen Langstreckenklassikers in Brünn an. Während sich Ukawa schwor, nun auch in der 250er WM auf Angriff zu schalten und den Rückstand auf WM-Leader Olivier Jacque zu verkürzen, hatte sein Teamkollege Anthony West die Rennpause genutzt, um seine vielfältigen Blessuren auszuheilen.

Der sechste Sieg in Brünn: Max Biaggi

Auch Alex Hofmann war nach der langen Zwangspause seit dem Mugello-Grand Prix froh, wieder dabei zu sein. »Noch fehlt mir Kraft im rechten Bein, außerdem drückt der lange Nagel im Schienbein immer von innen gegen die Haut, wenn ich das Knie abwinkle. Wenn es geht, will ich ihn schon zu Weihnachten rausziehen lassen«, erklärte der 20jährige Aprilia-Pilot. »Für mich ist das Rennen morgen nur ein Training, um wieder in Schwung zu kommen. Bei den restlichen Grand Prix will ich dann noch ein paar anständige Ergebnisse vorlegen.«

Dazu fühlte sich auch Halbliter-Weltmeister Alex Crivillé inspiriert. »Wir waren auf Anhieb vorne dabei, und das ist das Wichtigste«, meinte er nach seinem fünften Trainingsplatz. »Ich bin happy, habe Selbstvertrauen fürs Rennen und Spaß am Fahren«, fügte er hinzu. Kein Wunder: Repsol-Honda hatte das spanische Idol trotz seiner mageren Resultate gleich nach dem Sachsenring-GP mit einem neuen Einjahres-Vertrag beglückt und damit einen Schlußstrich unter alle Gerüchte über einen möglichen Transfer zu Suzuki gezogen, der vor allem wegen der dreisten Gagenforderung von 20 Millionen Dollar für drei Jahre in die Schlagzeilen geraten war.

Garry McCoy einigte sich mit seinem Red Bull-Yamaha-Team auf zwei weitere Jahre und stieß zur Feier des Tages als Dritter in die erste Reihe vor. »Hochsommerhitze und eine dreckige Strecke - die Bedingungen sind ähnlich wie in Südafrika«, rieb er sich in Erinnerung an seinen Sensationssieg die Hände. »Wir hatten

Kein Kuß für Kenny: Capirossi schloß Frieden – und verletzte sich schon wieder

weniger als vier Minuten Zeit für einen Reifenwechsel und eine fliegende Runde. Es hat ganz knapp gereicht – doch mehr als eine schnelle Runde ist mit den superweichen Qualifiers ohnehin nicht drin!«

Moderne Zeiten: Aprilia-Halblitermotor mit zahnriemengetriebener Einspritzpumpe

Loris Capirossi stellte seine Emerson-Honda sogar auf Startplatz zwei, war aber dennoch niedergeschlagen. Denn kaum hatte er sich vom Bruch der linken Hand in Mugello erholt, brach er sich bei einem Sturz im freien Samstagstraining nun den zweiten Mittelhandknochen auf der rechten Seite und trug dicke Eisbeutel spazieren. »Das Team arbeitet wie ein Uhrwerk, das Motorrad läuft wie geschmiert – und nun das schon wieder«, raufte sich der Italiener die Haare, der erst am Donnerstag den Rückschlag vom Sachsenring verdaut und sich mit seinem Gegner Kenny Roberts verbrüdert hatte. »Wir haben uns ausgesprochen, dann habe ich ihn in den Arm genommen – nur geküßt habe ich ihn nicht«, schmunzelte Capirossi.

Bereitete er sich auf ein weiteres schmerzhaftes Rennen vor, so lief bei Max Biaggi nach zahlreichen Rückschlägen endlich einmal alles nach Plan. »Das ist wie Sauerstoff für mein Team«, atmete der Yamaha-Star schon nach der vorläufigen Trainingsbestzeit tief durch.

Noch hofften die Gegner, Biaggis Bestzeit sei nur der Versuch psychologischer Einschüchterung, weil er in jenem Freitagstraining nur eine schnelle Risikorunde zustande gebracht hatte. Zwei Rennen zuvor, in England, hatte er den zusätzlichen Sidegrip neuer 16,5 Zoll-Vorderreifen entdeckt, sich damit gleichzeitig aber auch ein lästiges Vorderradrattern eingehandelt. »Wenn das so bleibt, kann ich wirklich nur ein, zwei Runden schnell fahren«, räumte er am Freitagabend ein. »Doch das Motorrad hat früher nie geratert, also muß das auch jetzt aus der Welt zu schaffen sein«, forderte er von seinen Mechanikern.

Tatsächlich lag seine Maschine am Samstag besser, so daß er seine Bestzeit nicht nur mit Qualifiers, sondern auch mit Rennreifen bestätigen konnte. Die Gegner bereiteten sich auf die bevorstehende Niederlage vor.

Wieder kein Sieg: Alex Crivillé (1) kam hinter Sete Gibernau (5) ins Ziel

500 ccm: Rossis Eintrittskarte

Und im Rennen trumpfte Max Biaggi denn auch so auf, wie man es nach seiner monatelangen Durststrecke irgendwann erwartet hatte. Schon in der ersten Runde bremste er sich mit schlingernden Reifen an Loris Capirossi vorbei in Führung, baute seinen Vorsprung dann unspektakulär, auf wie mit dem Zirkel gezogenen Linien auf über neun Sekunden aus und ließ seine Verfolger erst in der letzten Runde wieder etwas näher herankommen, als er seinen Triumph bereits mit etlichen fröhlichen Wheelies feierte. Nur auf eine Wiederholung seines riskanten Stunts von 1998, bei dem er nach seinem Sieg auf Honda fast hintübergekippt wäre, verzichtete er.

Die Demonstration seiner Fähigkeiten auf der komplizierten Brünn-Piste war auch so gelungen. »Diesen Sieg habe ich ersehnt wie nichts anderes auf dieser Welt. Es war ein Sonnentag nach einem langen, unendlich langen Unwetter«, zeigte er sich poetisch. »Ich habe dieses Jahr Fehler gemacht, das gebe ich zu, doch ich habe sie gemacht, weil ich gewinnen wollte, und um zu gewinnen, muß man Risiken eingehen. Auch heute habe ich viel riskiert, doch es ist alles gut ausgegangen. So sind nun mal die Rennen – hinter jedem Fehler wartet ein Engel!«

Anders als auf vielen modernen Stop and Go-Kursen, wo es hauptsächlich auf mutiges Spätbremsen und ebenso brachiales Beschleunigen ankam, bestand die 5,4 Kilometer lange Strecke aus schnellen, kompliziert miteinander verwobenen Kurvenkombinationen, die die Fahrer auch noch mit einem imponierenden bergauf, bergab durch die böhmischen Hügel auf die Probe stellten. Tempo in die langen Kurvenradien mitzunehmen und mit möglichst viel Schwung wieder herauszukommen, machte das besondere Können von Max Biaggi aus. Mit der Kunst, das Gas weich zu- und wieder aufzurollen und sein Motorrad durch die ganze Phase einer Kurvenfahrt am Limit zu bewegen, holte er in Brünn bis 1998 fünf Siege hintereinander, vier bei den 250ern und nach dem Umstieg in die Halbliterklasse postwendend den nächsten. Erst der Markenwechsel von Honda zu Yamaha brachte 1999 eine kleine Zäsur mit dem vierten Platz.

Doch jetzt war er wieder obenauf. »Ich bin ruhiger geworden. Ich bin zufrieden mit dem, was ich habe und erreicht habe, und schaue der Zukunft mit weniger Ungeduld als früher entgegen. Dafür arbeite ich noch härter, noch zielstrebiger für den Erfolg. Tag und Nacht habe ich mich in den letzten Wochen auf dieses

In Partylaune – aber nicht in Rennform: Alex Barros verspielte seine Titelchancen

Sieger Max Biaggi: Hinter jedem Fehler steht ein Engel

Rennen vorbereitet und meinen Kopf zermartert, was wir anstellen können, um wieder vorne zu sein«, tönte Biaggi.

Viel umgebaut wurde an dem Motorrad freilich nicht – Teammitglieder flüsterten, der Erfolg sei einzig und allein auf eine andere, positivere Einstellung des Superstars zurückzuführen. »Das Entwicklungstempo könnte schneller sein. Doch die Yamaha ist gewiß kein schlechtes Motorrad«, drückte es Biaggi aus.

Das bestätigte auch Garry McCoy. Kühn driftete der Australier auf den dritten Platz und schrieb die vorangegangenen Niederlagen dem launischen Wetter und der begrenzten Auswahl an verschiedenen Gummimischungen für sein bevorzugtes 16,5 Zoll-Hinterrad zu. »Erst jetzt haben wir allmählich all die Varianten, die wir brauchen«, klärte McCoy auf, warum er acht Rennen lang das Podest verpaßt hatte. »Unser Ziel bleibt, weniger zu driften und dafür mehr Vortrieb zu erzielen.«

Das Weniger an Drifts blieb relativ. Denn der hinterherfahrende Rossi freute sich so an McCoys spektakulären Slides, daß er erklärte, das Zuschauen sei eigentlich eine bezahlte Eintrittskarte wert.

Rechtzeitig vor Schluß setzte sich Rossi freilich an die zweite Stelle, beamte sich damit auch in der WM an den zweiten Platz und schürte die schlimmsten Alpträume von Kenny Roberts, der Titel könne ihm vielleicht doch noch durch die Lappen gehen. »Ohne die nötige Power verhungern wir auf Strecken wie Brünn«, stimmte Roberts sein altes Klagelied an.

Mit dem vierten Platz war der Suzuki-Star noch relativ gut bedient. Denn Loris Capirossi fiel wegen der Schmerzen in seiner Hand auf Platz fünf zurück und war nach dem Rennen so erledigt, daß er in der Box ohnmächtig wurde. Alex Crivillé hatte einen Sieg angepeilt, mußte sich wegen einem schlecht laufenden Motor aber mit Platz sieben hinter Sete Gibernau abfinden. Während Sachsenring-Sieger Alex Barros über den mageren elften Startplatz und seinen Sturz im Rennen jammerte, wunderte sich sein Trainer Rodolfo Hernandez über die Einstellung seines Schützlings, der nach monatelangem eisernen Training den August für rauschende Parties zuhause in Sao Paulo mißbraucht hatte.

Verheerend verlief das Wochenende auch für Biaggis Teamkollegen Carlos Checa: Der Spanier baute zwei Trainingsstürze, rutschte auf den unrühmlichen 15. Startplatz und wurde im Rennen Elfter. Dabei lag er deutlich hinter dem neuntplatzierten Jeremy McWilliams, dessen Aprilia erstmals in einem Rennen mit elektronischer Benzineinspritzung ausgerüstet war. Bis auf das ungewohnte Startverhalten hatte McWilliams über Leistung und Fahrbarkeit der Maschine nur Gutes zu berichten. »Mein Motorrad war so kräftig wie die Suzuki«, meinte er befriedigt. »Der theoretische Vorteile der Einspritzung ist, daß der Motor stets mit dem richtigen Gemisch versorgt werden kann. Der praktische Nachteil sind die vielen Parameter, die es bei dem System zu berücksichtigen gilt«, ließ Renndirektor Jan Witteveen wissen.

Rossi (46) über McCoy (24): Die Aussicht war eine Eintrittskarte wert

Der Störenfried: Tohru Ukawa (4) mischte sich zwischen die Silberpfeile

Konnte Yamaha den Titel in der Halbliterklasse trotz des Biaggi-Erfolges abhaken, so wurde die Weltmeisterschaft der 250er immer mehr zur Parade der französischen Chesterfield-Silberpfeile. »Shinya Nakano und Olivier Jacque sind nicht nur zwei Topfahrer, auch ihre Motorräder sind mittlerweile richtig gut. Die Yamahas vertragen hohen Kurvenspeed, gehen oben raus aber trotzdem wie meine Aprilia«, staunte Ralf Waldmann schon nach dem Training, bei dem er hinter Jacque und Nakano Platz drei belegt hatte.

250 ccm: Hofmanns sachtes Comeback

Das bestätigte sich im Rennen. Nakano schnappte sich sofort die Führung, wurde für eine Weile von Tohru Ukawa abgelöst, setzte sich ab Halbzeit aber endgültig durch und holte mit knapp vier Sekunden Vorsprung den vierten Sieg der Saison. »Ich hatte vorne einen weicheren Reifen als die anderen. Das hat sich ausgezahlt«, meinte der Sieger listig.

Sachsenring-Sieger Jacque mußte es diesmal etwas ruhiger angehen lassen und gab sich hinter Nakano und Tohru Ukawa mit dem dritten Platz zufrieden. »Ich hatte einen etwas härteren Vorderreifen als Shinya drauf, und der hat trotz der hohen Asphalttemperaturen nie richtig Grip aufgebaut«, erläuterte er. »Statt dessen untersteuerte das Motorrad in den Kurven. Das wegrubbelnde Vorderrad hat den Reifen schnell ruiniert.«

Neben Ukawa machte auch Marco Melandri das Rennen spannend und erbeutete in Jacques Windschatten den vierten Platz. Ralf Waldmann steckte im Kampf um die Podestplätze dagegen frühzeitig zurück. »Ich hatte einen guten Start und war schon ziemlich nah dran an der Spitzengruppe. Dann habe ich zwei, drei Fehlerchen gemacht und wollte wieder mit Gewalt den Anschluß schaffen – bis ich wieder zwei Fehler machte. Bevor ich meine Reifen endgültig massakrierte, bin ich dann lieber mein eigenes Tempo weiter gefahren«, schilderte er seinen Weg zum fünften Platz. Wenigstens blieben ihm diesmal unliebsame Zwischenfälle erspart. »Endlich mal ein ganz normales Rennen«, fügte er hinzu.

Das konnte man von den anderen beiden deutschen Aprilia-Piloten nicht behaupten. Waldis Teamkollege Klaus Nöhles würgte sein Motorrad am Start ab und wurde nach einer furiosen Aufholjagd als Neunter gefeiert. »Fürs Rennen haben wir die hintere Dämpfung so modifiziert,

In Jacques Windschatten zu Platz vier: Marco Melandri

agv
GAULOISES
Red Bull
24
Red Bull
Red Bull
GAULOISES
MICHELIN
YRT

3.9.2000: Grand Prix Portugal in Estoril

Im Auge des Sturms

Garry McCoy stürmte im Starkwind von Portugal zu seinem zweiten Saisonsieg. Im Team von Alex Crivillé entlud sich dagegen ein heftiges Gewitter.

Alex Crivillés Vertragsverlängerung nach dem Deutschland-Grand Prix war eigentlich ein Zeichen, die verpatzte Saison und die Fehler beider Seiten zu begraben und dem Weltmeister trotz der niederschmetternden Ergebnisse das Vertrauen auszusprechen.

Umso schockierter war das Repsol-Honda-Team über Artikel in der spanischen Presse, in denen Crivillés Cheftechniker Gilles Bigot nach dem siebten Platz in Brünn mit vermeintlich gnadenloser Offenheit aus der Schule plauderte. »Alex muß sich in aller Ruhe hinsetzen und sich eine Menge Fragen stellen, für die er momentan keine Antworten hat. Er hat ein mentales Problem und sollte zu einem Psychologen gehen, der ihm hilft und Wege aus seiner Krise anbieten kann«, wurde der Belgier zitiert. »Alex hat die Saison vermasselt. Man kann die Weltmeisterschaft verlieren, aber nicht auf diese Weise. Wenigstens sollte er regelmäßig vorne mitkämpfen. Alex hat mir und den Offiziellen von Honda in Deutschland erklärt, sein Problem stamme von dem Druck, in einem Land wie Spanien die Nummer eins zu sein. Doch er wußte vorher, daß dieser Druck da war. Trotzdem hat er sich im Winter in dem ganzen Rummel und Glamour wegen seines Titelgewinns verloren. Die Entschuldigung zählt für uns nicht, denn ein Profi läßt seine Probleme an der Tür zur Box. Er nicht – er steigt mit ihnen aufs Motorrad!«

Der gesamte, weitgehend unrühmliche Saisonverlauf, von Crivillés spätem Eintreffen, seinem Zorn und dem folgenden Zusammenbruch bei den Vorsaisontests in Australien bis hin zu den vielen Trainings und Rennen, bei denen er wie in Trance vom Motorrad stieg, ohne überhaupt eine vernünftige Aussage zu Set-Up und Fahrverhalten machen zu können, wurden nochmals aufgetischt. »Das Umfeld von Alex hilft ihm, mehr Geld zu verdienen, doch wenn er in die Box kommt, muß er die Millionen vergessen und dem Team sein Maximum geben. Physisch ist er in Ordnung, und er kann auch in dieser Saison immer noch Rennen gewinnen – wenn er will. Er kann auch im nächsten Jahr wieder Weltmeister werden. Doch dafür muß er seine Probleme lösen, und das ist seine Angelegenheit. Dabei kann ich ihm nicht helfen – wir haben uns sehr distanziert!«

Als Crivillé die Schlagzeilen las, stellte er Bigot sofort telefonisch zu Rede. Unglücklicherweise hatte Bigot auch das magere Ergebnis von Brünn spontan mit aufs Konto seines Piloten geschrieben. Weil anhand des Data Recording am späteren Sonntagnachmittag von Brünn aber doch ein Problem mit der Vergasereinstellung und damit Crivillés Version von mangelnder Motorleistung nachgewiesen werden konnte, stand Bigot als Verleumder da, der die ganze Schuld am Mißerfolg von der Technik auf den Fahrer umschichten wollte.

Donnerwetter im Team: Alex Crivillé, Cheftechniker Gilles Bigot

Sturmvögel: Garry McCoy fährt Sete Gibernau davon

Gebt mir zwei Zylinder mehr: Der Fliegende Holländer segelte im Training auf Platz drei

Heiligtümer sind in Südeuropa unantastbar, und daß Bigot im Grundsatz völlig recht hatte, war in den Medien nur zwischen den Zeilen heraus zu lesen. Was nirgends stand, war, daß es sich um ein vertrauliches Gespräch und kein offizielles Interview gehandelt hatte. Daß Bigot dem betreffenden Journalisten die Probleme des Weltmeisterteams so offen auseinandergesetzt hatte, war eine Unvorsichtigkeit, für die er nun ins Kreuzfeuer geriet.

Nur beim Torteschneiden kein Problem: Loris Capirossi wurde beim GP-Jubiläum von Handschmerzen geplagt

Gelöst wurde das Problem durch Verdrängung. Crivillé erklärte, er habe dringendere Aufgaben als zu polemisieren und wolle sich auf seine Arbeit konzentrieren. In einem dürren, offiziellen Statement von Honda hieß es, Interna seien nach außen gelangt, und man werde dafür Sorge tragen, daß das in Zukunft nicht mehr passiere. Die Box war damit für Journalisten geschlossen, die Medien waren wie üblich an allem schuld.

Dürr blieb auch, was Honda bei einer groß angekündigten Pressekonferenz über den Aufbruch in die Viertakt-Zukunft zu sagen hatte. Yasuo Ikenoya, Präsident der Honda Racing Corporation HRC, kündigte zwar an, die Entscheidung über das technische Konzept des Viertaktrenners werde noch in diesem Jahr getroffen und ein erster Prototyp im Januar 2001 vorgestellt. Auf Zylinderzahl, Motorkonfiguration und Kolbenform der neuen Maschine wollte er sich allerdings nicht festlegen. »Unser Ziel ist es, die Kosten zu begrenzen, denn wenn wir den Motorradsport mit dem gleichen Aufwand betreiben würden wie die Formel 1, würde das Fahrerlager finanziell nicht überleben. Exotische Materialien wie Beryllium werden wir also sicher nicht einsetzen. Und falls wir Ovalkolben verwenden, entscheiden wir uns sicher für weniger als fünf oder sechs Zylindern«, waren die einzigen Details, die er sich zu dem neuen Projekt abringen ließ. Eine dramatische Kostenexplosion vermeiden zu wollen, stand freilich in krassem Widerspruch zu dem in technischer Hinsicht vollkommen freien Regelwerk, auf das Honda als Besitzer verschiedener Patente für die Ovalkolben-Technologie gepocht hatte.

Wer neben Crivillé, Valentino Rossi und 250er Aufsteiger Tohru Ukawa im Jahr 2001 auf den drei verbleibenden Zweitakt-NSR 500 sitzen würde, war auch noch nicht endgültig klar. Einer der Kandidaten neben Loris Capirossi und Alex Barros war Jürgen van den Goorbergh, der auf der klassischen, mit vielen Kurven und einer besonders engen Schikane gespickten Estoril-Strecke zu großer Form auflief und seine käufliche Zweizylindermaschine auf den dritten Startplatz prügelte. »Gebt mir zwei Zylinder mehr, und ich bin überall vorn«, meinte der Fliegende Holländer keck, der die Vierzylinder-MZ-Weber im letzten Jahr immerhin zweimal auf die Pole Position gestellt hatte.

500 ccm: Angriff des Fliegenden Holländers

Im dichten Verkehr des Rennens zahlte er jenem nervtötenden Zweizylinder-Ef-

Hauptsache vor Biaggi (4): Valentino Rossi (46) fand sich mit der Niederlage gegen Roberts ab

fekt Tribut, bei dem die fliegengewichtigen Maschinen auf der Geraden von den schweren Vierzylindern überholt wurden, die Vorteile in den Kurven aber nicht voll ausspielen konnten, weil ihnen dort immer wieder von den gerade vorbeigebrausten V4-Maschinen der Weg versperrt wurde. Goorbergh landete auf Rang acht, ließ die an sechster und siebter Stelle fahrenden Vierzylinder-Piloten Crivillé und Okada dabei aber keineswegs ohne Gegenwehr ziehen – beim Zieleinlauf klebte Goorbergh immer noch im Windschatten der beiden Repsol-Hondas.

Entsprechend unzufrieden waren Crivillé und Okada mit der Ausbeute. »Jemand hat mich in der ersten Runde von der Strecke gerempelt. Ich verlor eine Menge Zeit«, beschwerte sich Crivillé und tröstete sich, seine Rundenzeiten hätten bei einem besseren Start gereicht, ums Podest mitzukämpfen. Okada berichtete, er habe fast einen Frühstart verursacht und sei im Moment des Grünlichts wieder in die Bremsen gestiegen. »Danach mußte auch ich mich von ganz hinten vorarbeiten«, schilderte er. »Vor allem Goorbergh war nur mit großer Mühe dingfest zu machen – die Strecke taugt den V4-Maschinen nicht, es ist schwer, die ganze Kraft auszuspielen.«

Sete Gibernau bekam das besonders deutlich zu spüren: Inspiriert von einem neuen Zweijahres-Vertrag mit MoviStar Suzuki führte der bei Honda in Ungnade gefallene Spanier das Rennen zunächst an und war Dritter, als er einen spektakulären Sturz baute. »Ich war der Einzige da vorne mit einem 17 Zoll-Hinterreifen. Das hat mich eine halbe Sekunde pro Runde gekostet. Ich bin überall nur gerutscht«, entschuldigte er sich.

Valentino Rossi hatte Gibernau zum Zeitpunkt des Sturzes längst überholt und war als Dritter einmal mehr der beste Honda-Pilot – um volle zehn Plätze weiter vorn als Loris Capirossi, der zwar seinen 150. Grand Prix-Start feierte, wegen Schmerzen in seiner verletzten Hand aber nur 13. wurde. »Wir haben ein Kaninchen aus dem Hut gezaubert«, meinte Rossi beglückt. »Nach unseren Problemen im Training und mit dem zwölften Startplatz hatte ich schon das Schlimmste befürchtet. Daß wir in letzter Minute noch das richtige Setting gefunden haben, ist Magie«, lobte er Cheftechniker Jerry Burgess und seine Mechaniker, die dank ihrer jahrelangen Erfahrung mit Mick Doohan stets wieder aus technischen Sackgassen heraus fanden. »Trotzdem war es keine gute Strecke für die Honda-Piloten. Im Kampf gegen die Yamaha-Fahrer habe ich gemerkt, daß ich an einigen Punkten der Strecke Zeit verlor. Bei der Jagd auf Gibernau habe ich

Plansoll erfüllt: Kenny Roberts sammelte abermals sichere Punkte

Champagnerdusche: Auch Garry McCoys Jubel war stürmisch

gesehen, daß er an genau den gleichen Stellen Probleme hat«, verriet Rossi.

Deshalb war er auch nicht sonderlich enttäuscht darüber, daß Kenny Roberts vor ihm als Zweiter durchs Ziel fuhr und seinen Vorsprung in der Weltmeisterschaft wieder etwas ausbauen konnte. »Die Vize-WM ist auch ganz schön. Mir geht's gar nicht darum, Roberts zu schlagen«, winkte der 20jährige ab.

Die Begeisterung, Biaggi überholt zu haben, überwog bei weitem. »Ich habe Max nach seinem Sieg in Brünn auf die Schulter geklopft. Vor lauter Angst, er müsse mir die Hand schütteln, stieg er voll in die Bremsen. Wenig später hat er mich mit der Flagge in der Hand überholt und keines Blickes gewürdigt. Ich zog aber mit seiner Maschine gleich und bot ihm nochmals die Hand. Weil er wußte, daß die Fernsehkameras auf ihn gerichtet waren, blieb ihm dann gar nichts mehr anderes übrig, als sie zu ergreifen«, spottete Rossi über seinen Erzfeind, den er sich auf seiner Boxentafel nur mit drei Kreuzen anzeigen ließ.

Statt seinen Sieg in Brünn mit dem nächsten Erfolg zu bestätigen, lief Biaggi mit einer halben Sekunde Rückstand auf Rossi zähneknirschend als Vierter ein. »Im Warm-Up hatten wir Probleme mit der Vergaserabstimmung, deshalb mußten wir fürs Rennen umrüsten. In den ersten Runden war ich vorsichtig, weil ich nicht genau wußte, wie sich die Änderungen auswirken würden«, hatte der Römer sofort eine Entschuldigung parat. »Als Gibernau stürzte, mußte ich das Gas zurückdrehen und ausweichen – ich habe ihn um höchstens 20 Zentimeter verpaßt!«

Garry McCoy und der zweitplatzierte Kenny Roberts waren zu diesem Zeitpunkt schon aus der Schußlinie. Der Australier hatte seine Red Bull-Yamaha bereits auf seine erste Pole Position gestellt und ergriff auch im Rennen früh das Kommando, brachte das Heck seiner Maschine diesmal aber vor allem durch Spätbremsmanöver zum Tanzen. Beim Beschleunigen aus der Kurve ging McCoy indes vergleichsweise sachte vor. »Wenn dich beim Sliden von innen eine Sturmbö packt, kann's gefährlich werden. Doch so heftig wie heute wird der Wind wohl selten blasen«, beruhigte er die Fans, die schon Sorge hatten, er habe seinen spektakulären Fahrstil umgestellt.

Kenny Roberts blieb auch so auf Distanz. In Brünn hatten beide Suzuki-Werksmotoren von McCoy aufgeschleuderten Dreck angesaugt und Leistung verloren, worauf die Einlaßsysteme mit Luftfiltern ausgestattet wurden. Mehr PS brachte das nicht, weshalb Roberts nach dem zweiten Platz seine Forderung nach einem neuen Motor wiederholte. »Wir haben erreicht, was wir erreichten wollten und unseren WM-Vorsprung zementiert«, erklärte der Amerikaner. »Nur zu einem Sieg hat's nicht gereicht. Ich habe alles versucht, an Garry dranzubleiben, verlor aber zuviel auf der langen Zielgeraden. Deshalb bin ich mit Platz zwei zufrieden!«

250 ccm: Nakanos Abflug

Manche Stars der 250er Klasse hätten sich im Kampf um den Sieg wohl ähnliche Zurückhaltung auferlegen sollen. So war Ralf Waldmann zwar als bester Aprilia-Pilot an fünfter Stelle qualifiziert, gab im Kampf mit Anthony West um Platz sechs aber schon in der dritten Runde zu viel Gas und ging zu Boden.

Nach dem sechsten Rennsturz der Saison war Waldi zunächst so geknickt, daß er jeden Kommentar verweigerte. Sein Teamchef Dieter Stappert nahm ihm diese Arbeit ab. »Waldi ist unheimlich enttäuscht, denn auch ihm ist klar, daß er das Rennen heute hätte gewinnen können oder schlimmstenfalls Zweiter wer-

Einsamer Rekord: Marco Melandri wurde zum jüngsten 250er Piloten auf dem Podest

Unliebsame Überraschung: Tohru Ukawas Honda wird für Shinya Nakano zur Abschußrampe

den. Denn die Yamaha waren gar nicht so schnell wie vermutet«, erläuterte der Österreicher. »Sein Start war sehr gut, er ist dann in der ersten Kurve ein bißchen eingezwickt worden und hat drei, vier Plätze verloren, ist in der zweiten Runde dann gleich eine super-schnelle Runde gefahren und war hinter dem Anthony West, der ihm schon einige Male heuer den Anschluß nach vorne hin gekostet hat. Er wollte so schnell wie möglich vorbei, ist innen reingestochen, hat Gas gegeben und dabei halt a bisserl zu viel Gas erwischt und einen Highsider fabriziert ausgangs einer relativ langsamen Kurve. Ihm ist bis auf ein paar Hautabschürfungen nix passiert, aber natürlich ist er sauer, weil er genau weiß, daß das wieder einmal eine Chance gewesen wäre, aufs Podium zu fahren. Es klebt ihm irgendwie das Pech an den Fingern!«

Trotzdem war Waldmanns Sturz noch gar nichts zu dem spektakulären Unfall, der sich eine Runde später ereignete. Daijiro Katoh hatte den besten Start erwischt, wurde dann aber von seinem Honda-Markengefährten Tohru Ukawa überrumpelt. In Runde vier war allerdings wieder Katoh vorn, worauf Ukawa zu hektisch versuchte, seinen kleinen Fehler auszubügeln. Ausgangs der engen Korkenzieher-Schikane gab er zuviel Gas und stürzte. Die direkt hinterher fahrenden Jacque und Melandri konnten noch knapp an der umhertrudelnden Maschine vorbeizirkeln, doch Shinya Nakano erblickte das Hindernis zu spät und stieg von Ukawas Maschine auf wie von einer Abschußrampe.

Nach dem unverschuldeten Sturz blieb Nakano verdächtig lange lieben, kam aber mit einer Hüftprellung davon. »Ich hatte keine Chance, es gab nichts, was ich tun konnte«, schilderte Nakano später. »Ich war genau hinter Jacque und sah Ukawas Motorrad erst, als ich bereits durch die Luft flog. Ein wirklicher Jammer, denn ich war von Beginn an besonders vorsichtig. Der Wind war so stark, daß ich jeden Fehler vermeiden wollte!«

Auch der Unfallverursacher war nicht gerade begeistert. »Ich hatte einen guten Start und ging an Katoh-san vorbei in Führung, verpaßte dann aber beim Schalten einen Gang und mußte ihn wieder vorbei lassen. Bei meinem Sturz drehte ich das Gas zu abrupt auf, worauf das Hinterrad ausbrach. Der Torpedostoß von Nakano-san legte mein Bike endgültig still – es war zu beschädigt, um weiter zu fahren«, berichtete er.

Katoh war nach diesem Desaster un-

Platz elf für Alex Hofmann: Nur der Wind war Wahnsinn

BREIL
Arai
SUZUKI
Telefonica
MoviStar
MOTUL
NGK
MICHELIN
HONDA

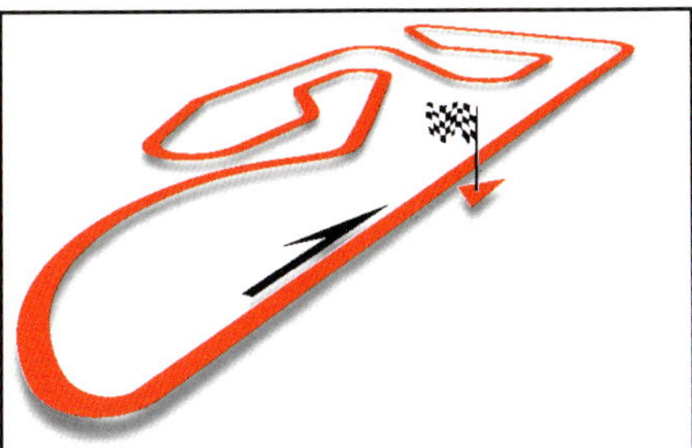

17. 9. 2000: Grand Prix von Valencia

Olympisches Feuer

Während in Sydney um die ersten Medaillen gekämpft wurde, mischte der Australier Garry McCoy das alte Europa auf. Valentino Rossi spielte für seine letzte Chance auf die Goldmedaille um alles oder nichts.

Der Grand Prix der Comunitat Valenciana war das letzte europäische Rennen der Saison. Vor dem Trip nach Übersee hatten die Teams und Fahrer nochmals Gelegenheit, den Luxus ihrer Motorhomes und Hospitality-Zelte zu genießen, und an den lauen Abenden des schönen spanischen Spätsommers hing der Duft von Barbecues in der Luft, die in fröhlicher Runde zum Abschied aus Europa gebrutzelt wurden.

Am Samstagmorgen wich der Duft einem scharf riechenden braunen Dunst, und bis zum späten Vormittag zeugten Ascheflöckchen von einem Feuer, das in nur wenigen Kilometern Entfernung ausgebrochen war. Mehrmals zogen Löschflugzeuge im Tiefflug über die Ricardo Tormo-Rennstrecke hinweg, und unter dem unheimlichen, tabakfarbenen Licht herrschte eine merkwürdige Anspannung im Fahrerlager, die mindestens genauso zur allgemeinen Stimmungslage paßte wie die abendlichen Parties.

Denn in den kleinen, feinen Büros der großen Sattelauflieger wurde kräftig um Jobs und Geld gefeilscht. Vor allem bei den großen Yamaha-Teams war noch einiges in Bewegung: Antena 3-Teamchef Luis d´Antin gab die Verpflichtung des andalusischen Honda-Privatfahrers Jose-Luis Cardoso als neuen Teamkollegen von Norick Abe bekannt. Red Bull-Teammanager Peter Clifford machte sich Gedanken, ob er den seit seinem Vorjahressieg in Valencia erfolglosen Regis Laconi entlassen und durch den Briten Neil Hodgson, womöglich gar das flamboyante japanische Superbike-As Noriyuki Haga, ersetzen solle. Beim französischen Tech 3-Team mit Shinya Nakano und Olivier Jacque ging es weniger um die Besetzung als ums Geld: Noch war unklar, ob die Werksmaschinen fürs nächste Jahr in den Farben von Chesterfield, Marlboro oder Gauloises lackiert werden würden.

Sicherheitshalber verkündete Marlboro bereits anderweitige Sparmaßnahmen und kündigte Ralf Waldmann und dem Racing Factory-Team von Alex Hofmann die Unterstützung. »So was muß man wegstecken. Ich bin in keinster Weise deprimiert. Ich habe mich für eine super Unterstützung zu bedanken und führe jetzt schon viel versprechende Verhandlungen für die nächste Saison«, reagierte Racing Factory-Manager Dieter Theis. Statt den Gürtel enger zu schnallen, plante er sogar, den Rennbetrieb zu vergrößern und den Italiener Roberto Rolfo ins Team zu integrieren, der Hofmann nach seinem Beinbruch in Mugello vertreten hatte.

Ralf Waldmann begann dagegen, von einem möglichen Rücktritt zu reden.

Um alles oder nichts: Valentino Rossi steckt im Kampf mit Roberts den ersten Rutscher weg

Ralf Waldmann, Eltern Erich und Adelheid: Die jungen Fahrer sind billiger

Kein Erfolg beim Heimspiel: Emilio Alzamoras (1) Start gegen Ui und Locatelli

Aprilia und Teammanager Dieter Stappert hatten schon vor der Marlboro-Hiobsbotschaft auf empfindliche, für Waldi unannehmbare Gehaltskürzungen bestanden. »Dabei war mein Jahr gar nicht so schlecht. Ich habe als Einziger Siege für Aprilia geholt. Im Nassen war ich sogar der Allererste, der je auf dem Ding gewonnen hat. Das erfüllt mich mit Stolz«, erklärte Waldi. »Trotzdem fallen die Türen zu für mich. Die neuen Fahrer sind halt nicht so teuer. Doch ich fahre nicht für das Geld, für das ich fahren könnte.«

Für den Fall des Rücktritts standen Tourenwagenrennen auf dem Programm. Und eine Beratertätigkeit bei MZ, wo Geschäftsführer Petr-Karel Korous mit einem im Werk entwickelten Rahmen, japanischen V4-Motoren und zwei Fahrern ein Grand Prix-Comeback plante. »Ich finde es toll und unterstütze es, daß jemand fest an diesen Sport glaubt und ein deutsches Werk Druck macht, daß was vorwärts geht«, ergriff Waldi Partei.

Im Fahrerlager von Valencia öffnete sich noch eine ganz andere Tür: Der Belgier Olivier Liegois, Chef des Benetton Playlife-Teams mit Ambitionen für einen Aufstieg in die 250er Klasse, schlug in einem Treffen mit der Honda Racing Corporation Ralf Waldmann als Fahrer einer Honda NSR 250 vor. In guter Erinnerung an die Jahre 1996 und 1997, in denen Waldi die 250er WM nur denkbar knapp an Max Biaggi verloren hatte, waren die Honda-Manager sofort Feuer und Flamme.

Für Andy Leuthe, der den Coup einfädelte, bedeuteten Honda, Liegois und Waldi die ideale Kombination schlechthin. »Waldi ist das Synonym für Motorradsport in Deutschland. Ohne Nakano, Jacque und Ukawa wäre er auf einer Honda klarer WM-Favorit und ein super Werbeträger. Ständige Fernsehpräsenz wäre garantiert«, lautete seine Vision.

Nach dem okay von Honda machte sich Leuthe sofort auf Sponsorsuche. Der einstige Grand Prix-Weltenbummler, der 1999 das Italjet-Werksteam aus dem Boden gestampft hatte und beim Mugello-Grand Prix 2000 über Cheftechniker Jörg Möller gestolpert war, hatte die Auseinandersetzungen mit seinem alten Rennstall schnell verdaut: Schon kurz nach der Trennung von Italjet preschte er beim deutschen Peugeot Motocycles-Geschäftsführer Erhard Just mit einem neuen, in Zusammenarbeit mit der Kenny Roberts Group angedachten 125 ccm-Projekt vor, gleichzeitig wurde er Manager von Olivier Liegois. »Der ist wie so ein Stehaufmännchen. Wenn der sich in was festbeißt, läßt er nicht mehr locker«, anerkannte Ralf Waldmann.

Neben Waldi war freilich auch noch Emilio Alzamora ein heißer Kandidat für die Honda NSR 250. Der 125 ccm-Champion plante, den kräftig sprudelnden Strom an MoviStar-Peseten in ein anderes Team, etwa den Gresini-Rennstall von Daijiro Katoh, umzuleiten und bei seinem 250er Aufstieg den derzeitigen Teamchef, den 13fachen Weltmeister Angel Nieto, auszubremsen.

125 ccm: Psychologische Kriegsführung

Für diesen Plan hätte er seine Erfolgsbilanz gern mit dem zweiten Heimsieg nach dem Jerez-Triumph im Mai garniert und seine minimalen Chancen auf die Verteidigung seines Titels offen gehalten, blieb aber auf einem mageren fünften Platz sitzen. »Ich bin enttäuscht. Meine Pläne

Selbstvertrauen bis zur Selbstverliebtheit: Sieger Roberto Locatelli

sind nicht aufgegangen. Ich habe das Podium verpaßt, außerdem ist meine Situation in der WM-Tabelle ziemlich aussichtslos geworden«, meinte er ohne Umschweife. »Rein mathematisch betrachtet, habe ich natürlich noch Chancen, doch ich bin Realist und muß akzeptieren, daß mir Locatelli und Ui davongezogen sind und gleich alle beide Fehler machen müssen, wenn wir noch eine Chance haben wollen. Ich bin heute schlecht gestartet und habe in den ersten Runden den Kontakt zur Spitzengruppe eingebüßt. Danach habe ich mit Todesverachtung gekämpft, um wieder heran zu kommen, doch mein Hinterreifen hat mir nicht viel Freude gemacht – mehr, als bei den Rundenzeiten mit den Top-Leuten gleich zu ziehen, war nicht drin!«

Doch auch das WM-Duell zwischen Roberto Locatelli und Youichi Ui begann, in eine Richtung zu kippen. Der schlaue kleine Teufel übte sich schon in den Trainingstagen in psychologischer Kriegsführung und ließ keine Gelegenheit aus, seinem Gegner zu vermitteln, wie stark er sich fühle. »Ui kommt mir ein bißchen müde vor. Ich bin dagegen fit wie ein Turnschuh«, erzählte er. »Ich treibe mich ständig mit Max Biaggi beim Mountain Bike-Fahren in den Bergen herum, und obwohl wir dabei nicht viel miteinander reden, habe ich doch eine Menge an wertvollen Dingen von ihm gelernt, die ich an der Rennstrecke nutzen kann. Max hat so viele Rennen gewonnen, daß ich mir seine Ratschläge gerne anhöre. Denn wir kämpfen um diesen Titel auch auf psychologischer Ebene!«

Und auf dieser Ebene versuchte Locatelli, sich Ui gegenüber ständig als kleines Energiebündel des Lächelns, nimmermüder Präsenz und ständiger Frage- und Antwortspiele zu präsentieren, während Ui seinen Gegner und die fragestellende Öffentlichkeit mit stoischem Gesichtsausdruck und zu schmalen Schlitzen zusammengekniffenen Augen ertrug. »Ui muß denken, daß er es mit einem Gegner zu tun hat, der sich nicht versteckt. Ich möchte in Australien Ferien machen, am liebsten schon während des Rennens. Das bedeutet, den Titel in Japan gewinnen zu müssen – dann kann ich entspannt in Australien Olympia-Souvenirs einkaufen gehen!« spielte er auf die Olympischen Spiele an, die am Valencia-Wochenende mit einer grandiosen Eröffnungsfeier in Sydney begonnen hatten.

Mit dieser Einstellung ging er ins Rennen und münzte seine Trainingsbest-

Nur Jubel statt Champagner: Pablo Nieto verzichtete für Ui aufs Podest

Traumstart schlechthin: Ralf Waldmann (6) genießt die Führung vor Nakano (56)

zeit ohne sichtbare Mühe in den vierten Saisonsieg um. »Weltmeister Alzamora war für 110000 Zuschauer der große Favorit, vor allem wegen seiner gefürchteten Spätbremsmanöver. Ein angenehmes Gefühl, daß ich ihn bereits in der ersten Runde ausgebremst habe«, lächelte Locatelli selbstbewußt. »Ich bin nicht gut vom Start weggekommen, doch die ersten Überholmanöver sind mir leicht gefallen, auch wenn es dann immer schwieriger wurde. Vor allem Azuma, der in der WM nichts zu verlieren hat, war ein schwer zu verdauender Brocken. Doch ich habe bewiesen, daß Locatelli nicht einen Quadratsschädel, sondern einen runden Kopf hat, und daß ich nicht nur stumpf WM-Punkte hochrechne, sondern mit Ui auch bei der Anzahl der Siege gleichziehen möchte«, fügte er hinzu.

Noch hatte der kleine Japaner einen Sieg mehr auf dem Konto als Locatelli, doch in Valencia gab er eine schlechte Figur ab. Nicht nur, daß er Locatelli nicht das Wasser reichen konnte, fiel er wegen eines falschen Hinterreifens – die Dunlop-Techniker hatten versehentlich einen Reifen vom Vorjahr aufgezogen – hinter Masao Azuma zurück und hätte um ein Haar sogar das Podest verpaßt. Denn sein aufsässiger Derbi-Teamkollege Pablo Nieto tanzte ihm immer wieder vor der Nase herum und ließ sich am Ende nur wegen einer entsprechenden Stallorder hinter Ui zurückfallen. »Ich bin schlecht gestartet und habe danach viel riskiert – wenn ich noch mehr Gas gegeben hätte, wäre ich gestürzt«, erklärte Ui.

Die deutschen Piloten Steve Jenkner und Reinhard Stolz beklagten ebenfalls schlechte Starts. Die Ränge 16 und 23 blieben die magere Ausbeute.

250 ccm: Waldis Blitzstart

Den Traumstart schlechthin erwischte dagegen Ralf Waldmann. In der Hoffnung, der Renndirektor würde so flugs von »rot« auf »grün« umschalten wie bei den 125ern, fuhr Waldi nach Gefühl aus der zweiten Reihe los, hatte beim offiziellen Startsignal schon alle Mann überholt und führte das Rennen für wenige, freudige Augenblicke souverän an.

Nach Absitzen seiner zehnsekündigen Stop and Go-Strafe wegen Frühstarts wurde er noch 13., ließ sich nach der Rückkehr zur Box aber keinerlei Enttäuschung anmerken. »Das war der beste Start, den ich je mit der Aprilia gemacht habe!« brüllte er begeistert und war nur wegen des langen Boxenstops leicht ungehalten. »Zehn Sekunden – da verlierst du eine Ewigkeit. Wenigstens bin ich Formel 1-mäßig eingebogen und auf einem Rad bremsend an der Ampel angekommen.«

Als Waldi eingangs der fünften Runde wieder auf die Piste einschwenkte, war sein Teamkollege Klaus Nöhles längst vorbeigezogen – der Star des Teams kurvte an 25. Stelle, der Nachwuchspilot auf Platz 20 herum. Zu Rennmitte trafen sich die beiden dann wieder, in Runde 14 ging Waldmann an Nöhles vorbei auf den 16. Rang und stellte immerhin die Rangordnung im Team wieder her.

Daß noch eine gewaltige fahrerische Lücke zwischen den beiden klaffte, zeigte sich in Runde 20: Nöhles bezahlte die aussichtslosen Versuche, mit Waldi Schritt zu halten, mit einem Sturz. »Als Waldi kam, habe ich versucht, mich fest zu beißen«, gab er zu. »Ich konnte zum Schluß auch gleich schnell fahren und die Lücke einigermaßen halten, ohne weiter zurück zu fallen. Ohne Vorwarnung hat's mir dann das Vorderrad weggehauen!«

Auch Alex Hofmann mußte ohne Punkte vom letzten Europa-GP nach Hause zurückreisen. Ein gebrochenes Zahn-

Schon wieder aufs Podest: Küßchen für Marco Melandri

rad für den dritten Gang legte im Abschlußtraining seine einzige Rennmaschine still, so daß er in die sechste Startreihe abrutschte. Gleich in der zweiten Rennrunde erlebte er dann eine Feindberührung, machte einen weiten Bogen und verlor nochmals vier, fünf Plätze. »Danach ging es besser, ich überholte zehn oder elf Gegner und fuhr ganz gut, wenn man bedenkt, daß ich immer noch nicht hundertprozentig fit bin«, erklärte er. »Von den Rundenzeiten her hätte ich mit den Top Ten mithalten können, kam aber wegen meines großen Rückstands nicht mehr über den 18. Platz hinaus!«

Bester Aprilia-Pilot war am Ende wieder Marco Melandri, der wie in Portugal auf Rang drei brauste und dabei zur allgemeinen Begeisterung im Aprilia-Lager an Tohru Ukawa vorbeizog. »Ich habe ihn schon am Anfang des Rennens angegriffen, doch er klebte hartnäckig an meinem Hinterrad. Deshalb ließ ich ihn wieder vorbei, um seine Linien zu beobachten. Drei Runden vor Schluß habe ich es dann ein zweites Mal versucht und ihm bis ins Ziel erfolgreich alle Türen zugeschlagen«, freute sich der Teenager über sein Husarenstück. »Ein grandioser Kampf«, stellte auch Ukawa fest. »Melandri hat mich erwischt, weil ich mich eingangs der zweiten Kurve verschaltet habe. Danach wollte ich ihn wieder ausbremsen, doch er hat sich breit gemacht und alle Lücken versperrt!«

Daß die Silberpfeile von Yamaha nicht zu besiegen waren, sahen beide frühzeitig ein. Shinya Nakano und Olivier Jacque fuhren in einer Liga für sich um die Wette, nur daß diesmal wieder der Japaner die Nase vorn hatte. Ohne nach dem Horror-Sturz von Portugal Nerven zu zeigen, fegte er nach drei Runden an Jacque vorbei an die Spitze und baute seine Führung bis ins Ziel auf satte vier Sekunden aus. »In meiner Position gibt es nur eins: Rennen gewinnen«, erklärte Nakano seine Angriffslust. »Außerdem wollte ich beweisen, daß ich den Estoril-Unfall verdaut habe. Jetzt bin ich 22 Punkte hinter Jacque. Eine riesige Differenz. Doch es sind noch 75 Punkte zu vergeben – alles ist möglich«, rechnete er vor.

Platz sechs: Nach Waldis Zeitstrafe war Franco Battaini war zweitbester Aprilia-Pilot

Jacque nahm seinen zweiten Platz mit Gelassenheit. »Ich will immer gewinnen, doch heute war Shinya zu schnell. Außerdem machte mein Teammanager vor dem Rennen ein sehr besorgtes Gesicht. Deshalb entschloß ich mich, meinen Kopf zu benutzen und sichere Punkte heim zu bringen!«

500 ccm: Kein Glück für Crivillé

Daran war Valentino Rossi an diesem Tag nicht interessiert. Hatte er sich in Portugal bereits mit der Vorentscheidung in der Weltmeisterschaft abgefunden, so flammte beim letzten Lauf vor europäischem Publikum der Ehrgeiz in ihm auf, den Spieß vielleicht doch nochmals umzudrehen.

Eigentlich war sein WM-Rivale Kenny Roberts schon besiegt, als Rossi vier Runden vor dem Abwinken schwungvoll von seiner Nastro Azzurro-Honda stürzte. »Zuerst war ich beleidigt. Doch die Fans haben mir derart applaudiert, daß ich Helm und Handschuhe in die Ränge schleuderte, was ich sonst niemals tue«, schilderte der Italiener. »Kenny zu überholen, war meine einzige Chance, den Titelkampf noch offen zu halten. Hinter ihm zu bleiben, hätte auch keinen Unterschied gemacht«, hakte er seinen Übereifer ab.

Bereits zu Rennmitte hatte Valentino nach einem Angriff auf Roberts das Schicksal mit einem Vorderradrutscher

Olivier Jacque: Rücksicht auf den besorgten Teammanager

Angriff um jeden Preis: Valentino Rossi

herausgefordert. Das rechte Knie und Ellbogen am Boden, das linke Bein wie einen dürren Ast über die Sitzbank in den blauen spanischen Himmel gespreizt, hatte er sich irgendwie heil aus jener Rechtskehre gestohlen. »Fahrkönnen war das nicht. Mein einziger Verdienst war, daß ich weiterhin den Lenker festgehalten habe. Irgendwie hat sich die Kiste wieder beruhigt«, gab er später zu.

Genau das gab dem im Rennen zweitplatzierten und in der WM damit endgültig uneinholbaren Kenny Roberts Gelegenheit, das alte Klagelied von der Überlegenheit der Konkurrenz anzustimmen. »Die Honda-Fahrer stellen in der Kurve die unmöglichsten Dinge an, doch das Motorrad verzeiht nahezu alles. Wir können die Suzuki nicht so abstimmen – denn am Kurvenausgang fehlt die nötige Leistung, uns aus dem Schlamassel herauszuziehen«, dozierte der Beinahe-Champion. »Kenny hat mehr als recht«, pflichtete der drittplatzierte Yamaha-Star Max Biaggi diensteifrig bei und war froh, daß ihm jemand die dringend nötige Munition gegen seinen Erzfeind geliefert hatte.

Der war nach seiner knappen, aber hochdramatischen Niederlage anderer Ansicht. »Ich kann natürlich nicht für den Fahrer sprechen. Doch aus meiner Perspektive sind die Yamaha und die Suzuki Raketen«, schilderte Rossi.

So schlecht war vor allem die Yamaha nicht, wenn man damit so aufdrehen konnte wie Garry McCoy. Nach seinem Portugal-Sieg schlug er in Valencia gleich noch einmal zu, nahm am Anfang noch klug auf seine Reifen Rücksicht, ging in Runde vier an dem düpierten Max Biaggi vorbei in Führung und fuhr in der zweiten Halbzeit dann auf satte fünf Sekunden davon. »Was soll ich viel erzählen?« nahm McCoy seinen Triumph auf die leichte Schulter. »Wir wollten unsere Leistung von Estoril wiederholen, und genau das haben wir getan. Als ich an Max vorbei war, habe ich nur noch versucht, keine Fehler zu machen. Das einzig Enttäuschende ist, daß uns der Durchhänger zu Saisonmitte aus

Nur im ersten Training stark: Vorjahressieger Regis Laconi

Am liebsten noch drei Siege: Garry McCoy war unschlagbar

dem Titelkampf geworfen hat. Jetzt ist mein Ziel eben, die letzten drei Rennen auch noch zu gewinnen – und im nächsten Jahr ernsthaft um den Titel anzugreifen«, steckte er sich hohe Ziele.

Doch so hoch sie auch waren, sie schienen erreichbar. »Vor einem Jahr hat Garry hier seinen ersten Podestplatz auf einer 500er erzielt. Jetzt, 16 Rennen später, landet er einen überzeugenden Sieg. Wir dürfen noch mehr erwarten«, zog Cheftechniker Hamish Jamieson Bilanz. »Es zahlt sich aus, daß wir von Anfang an auf 16,5 Zoll-Felgen gesetzt haben und diesen Weg konsequent weiter gegangen sind. Seit wir genügend Reifenmischungen zur Auswahl haben, funktioniert das Motorrad überall. Die Änderungen am Set-Up, die wir seit Saisonbeginn gemacht haben, sind so minimal, daß sie keiner Erwähnung wert sind. Die Yamaha ist es eben ein sehr gutes Motorrad«, erläuterte er und fügte hinzu, Teams wie das des abermals geschlagenen Carlos Checa bauten das Motorrad viel zu oft um, anstatt ihrem Fahrer durch Konstanz Vertrauen einzuimpfen.

Was Jamieson am meisten überraschte, war, wie brav die meisten anderen Fahrer angesichts der relativ langsamen Rundenzeiten hinter Roberts blieben und auf Angriffe verzichteten. »Sieht er von hinten so hübsch aus, oder wie ist das zu erklären?« höhnte er über jene Piloten, die Roberts den Durchmarsch zum Titel fast kampflos überließen. Damit waren zum Beispiel Biaggi und der fünftplatzierte Barros gemeint.

Nicht gemeint war Vorjahressieger Regis Laconi, der am ersten Tag noch die Bestzeit erzielt hatte, dann aber auf Startplatz zehn zurückgefallen war und sich im Rennen inbrünstig auf Rang sechs zurückkämpfte. Auch nicht Roberts´ Teamkollege Nobuatsu Aoki, der als Vierter an seinem persönlichen Limit fuhr. Und vor allem nicht Alex Crivillé: Der noch amtierende Champion war zwar nur als Elfter qualifiziert, legte aber schon im Warm Up am Sonntag vormittag deutlich bessere Rundenzeiten vor. Mit entschlossenem Siegeswillen arbeitete er sich im Rennen von Platz acht an die vierte Stelle vor, stürzte aber in der sechsten Runde übers Vorderrad.

Dritter im Training, Sturz im Rennen: Loris Capirossi

Team Telefonica MoviStar
SUZUKI
www.suzuki-racing.com
MOTUL

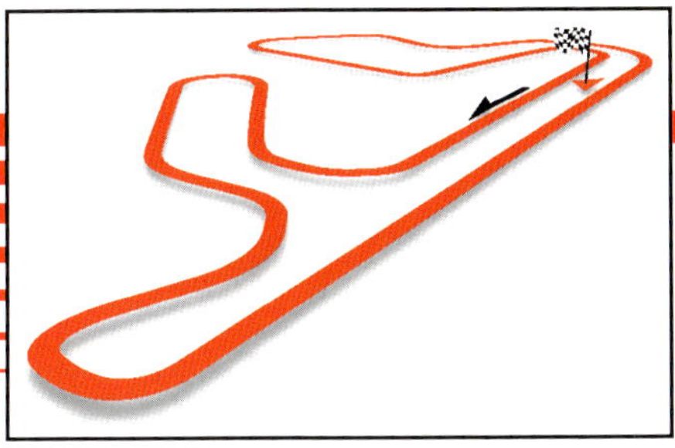

7.10.2000: Rio Grand Prix in Jacarepagua

King Kenny II.

Mit dem Minimum im Halbliter-Rennen erreichte Kenny Roberts junior das Maximum seiner Karriere – und wurde 20 Jahre nach dem letzten Titel seines Vaters zu King Kenny II. gekrönt.

Nach 15 Minuten des ersten freien Halblitertrainings begann es zu nieseln, und der einzige Fahrer, der sich bei den widrigen Bedingungen auf die glitschige, halb nasse Piste traute, war Garry McCoy. »Der kennt den Unterschied zwischen nasser und trockener Strecke sowieso nicht«, stichelte Kenny Roberts junior und verbrachte den Rest des Trainings in der Box, wo er mit seinen Mechanikern Witze riß und sich als entspannter, strahlender Held präsentierte.

Natürlich war das lockere Auftreten des Beinahe-Weltmeisters Fassade, denn obwohl Kenny das Rampenlicht seit frühester Kindheit gewohnt war, lastete die Verantwortung doch schwer auf seinen Schultern. 20 Jahre nach dem letzten Titel seines Vaters Kenny Roberts senior, der die Halbliter-WM von 1978 bis 1980 dreimal hintereinander gewonnen hatte, hatte er nun die Chance, sich vorzeitig zu King Kenny dem Zweiten zu krönen. Weil die Aufgabe so einfach schien – auch bei einem Sieg von Valentino Rossi reichte ihm ein sechster Platz zum vorzeitigen Titelgewinn – ließ sein Suzuki-Team bereits kistenweise Weltmeister-T-Shirts bereitstellen. Zahlreiche Ehrengäste reisten zu dem historischen Wochenende an, neben Kenny senior war zum Beispiel auch Kenny juniors Mutter Pattie zur Stelle, die schon vor vielen Jahren ihre eigenen Wege gegangen war. Nur Kennys Bruder Kurtis, der in der Woche zuvor die amerikanische Supersport-Meisterschaft gewonnen hatte, war kurzfristig verhindert, weil alle Flüge ausgebucht waren.

Zwei alte und ein neuer Weltmeister auf Suzuki: Kenny Roberts mit Franco Uncini (1982) und Kevin Schwantz (1993)

Daß Kenny junior ins Rennfahrerleben hinein geboren wurde und die außergewöhnlichen Umstände seiner Jugend auch in eine außergewöhnliche Karriere münden mußten, war auch in Abwesenheit des nicht minder talentierten Kurtis das Thema des Wochenendes. Schon als kleines Kind, als Vater Kenny seine Titel gewann, gewöhnte sich »Little Kenny« an das Kreischen der Grand Prix-Zweitakter und den Rummel im Fahrerlager. Als sein Vater im Dorf Hickman in der Nähe des kalifornischen Modesto eine Ranch kaufte und sie zu Trainingszwecken umbaute, driftete Little Kenny mit einer ganzen Generation von Stars beim Dirt Track mit kleinen 100 ccm-Honda-Viertaktern um die Wette. Zu seinen Gegnern zählten Kenny Roberts senior, Wayne Rainey, Eddie Lawson, Randy Mamola und viele andere, und schon damals tat der kleine Kenny alles, um den Großen hinterher zu kommen. »Ich dachte an nichts anderes, als diese Kerle eines Tages zu besiegen. Bevor sie zur Ranch kamen, brachte ich jedes Mal Tage damit zu, mein Motorrad auf Vordermann zu bringen. Ich habe sogar die Radachsen poliert, um alles perfekt zu haben. Das waren Grands Prix für mich«, erzählte Kenny.

Mit 15 fuhr er die ersten Moto Cross-Läufe, ein Jahr später entschied er sich, in die Fußstapfen seines Vaters zu treten und bestritt mit Minibikes die ersten Straßenrennen. »Die Entscheidung, diesen Sport professionell zu betreiben, traf ich ganz allein. Mein Vater trieb mich nie zum Rennfahren. Er hat sogar versucht, mir die Idee auszureden. Doch als ich John Kocinski bei einem Rennen in Sears

Der Mann der Zukunft: Rossi erhielt einen exklusiven neuen Honda-Rahmen

Erbitterter Kampf um den Sieg: Garry McCoy gegen Barros und Rossi

Point beobachtete, dachte ich: Was der kann, kann ich auch – vielleicht sogar noch besser!«

Ganz so einfach wie beim »Außerirdischen« war der Weg nach oben freilich nicht. Lief seine Karriere mit zwei Jahren in der US-Meisterschaft und einer Saison in der offenen spanischen Meisterschaft noch planmäßig an, so lernte er gleich in seiner ersten 250er GP-Saison mit dem gelähmten Wayne Rainey als Teamchef 1994 die düsteren Seiten seines Sports kennen. Roberts zog sich gleich zu Jahresbeginn einen schlecht heilenden Oberarmbruch zu und konnte nur zu den letzten vier Rennen antreten.

In seiner ersten Halbliter-Saison 1996 genoß Kenny junior zwar die vielen PS, die ihm endlich Drifts wie beim Dirt Track ermöglichten, brauchte aber dann noch zwei weitere Jahre im Dreizylinder-Modenas-Team seines Vaters, bis er endlich die nötige Reife hatte, im Suzuki-Team als Siegfahrer und WM-Kandidat anzutreten. Vizeweltmeister 1999, holte er in der Saison 2000 bis dato drei Siege, fiel vor allem aber durch seine bestechende Gleichmäßigkeit auf, mit der er die Suzuki immer an die Grenze des Möglichen, nie aber darüber hinaus trieb – der unverschuldete Kolbenklemmer von Assen war sein bislang einziger Ausfall.

Doch so emotionslos und gelassen Kenny junior auch zu sein schien, trug er beim entscheidenden Rennen in Rio schwer an seiner Favoritenrolle und schaffte es nur mühsam, sich aufs Fahren zu konzentrieren. Im Training am Samstagmorgen auch noch von einem Kurbelwellenbruch aufgeschreckt, der ihm einen Fußmarsch von der letzten Kurve an die Box bescherte, qualifizierte er sich nur an siebter Stelle, worauf der Leistungsmangel seiner Suzuki auf der langen Gegengeraden als Erklärung herhalten mußte.

Hart am Limit: Alex Barros eroberte beim Heimspiel Platz zwei

500 ccm: Rossis neuer Rahmen

In Wirklichkeit war es nur Nervosität, die Kenny Roberts aufhielt. Weil er so kurz vor dem Ziel um keinen Preis einen Fehler, womöglich gar einen Knochenbruch riskieren wollte, fuhr er auch im Rennen langsam und verkrampft. Achter nach einer Runde, fiel er sogar noch weiter bis auf den zehnten Platz zurück. Und weil Valentino Rossi, der nichts zu verlieren hatte, nach schlechtem Start mutig nach vorn stürmte, von Platz sieben einen Gegner nach dem anderen weg pflückte wie erntereife Äpfel, lag für eine Weile tatsächlich die Sensation in der Luft, die WM-Feier müsse doch noch um ein Rennen verschoben werden. Denn zu Halbzeit hatte Valentino Rossi auch Garry McCoy und Lokalmatador Alex Barros überwältigt und ging in Führung, während Kenny Roberts immer noch unlustig auf dem achten Platz hinterher kurvte.

Die Gegner, die er vor sich hatte, leisteten im entscheidenden Finale freilich keinen allzu ernsthaften Widerstand. Erst fuhr Roberts an Sete Gibernau vorbei, und natürlich war sein künftiger Teamkollege schlau genug, Roberts ziehen zu lassen und die Stimmung im Team nicht durch unnötige und obendrein gefährliche Konteroffensiven im Kampf um den siebten Platz aufs Spiel zu setzen.

Danach war Roberts nur noch durch den geknickten Regis Laconi vom WM-Titel getrennt, der an diesem Wochenende die offizielle Kündigung seines Red Bull-

Start der Halbliterklasse: Kenny Roberts (2) ist in der zweiten Reihe versteckt

Yamaha-Teams erhalten und wenig später im Stadtverkehr von Rio beim Überqueren einer roten Ampel einen Totalschaden mit seinem Mietauto gebaut hatte. Fünf Runden vor Schluß faßte sich Roberts ein Herz und zirkelte an dem Franzosen vorbei, und damit wurde Wirklichkeit, was Valentino Rossi schon nach dem Abschlußtraining vorgeschlagen hatte: »Laß´ mich das Rennen gewinnen – du kriegst dafür den Titel«, hatte Rossi vergnügt vorgeschlagen.

Bei der Zieldurchfahrt entrollten seine jubelndcn Mechaniker eine Fahne mit der Aufschrift »King Kenny II.«, auf seiner Ehrenrunde legte der neue Champion einen kurzen Zwischenstopp ein, bei dem er sich die Nummer eins auf die Verkleidung kleben ließ. Auf dem Siegerpodest gab es nach der offiziellen Ehrung für Rossi, Barros und McCoy noch eine zweite Zeremonie, in der sich Vater und Sohn Roberts gegenseitig mit Champagner abduschten. »Ich bin glücklich, doch mehr als alles andere bin ich grenzenlos erleichtert«, atmete Kenny junior auf. »So lange ich zurück denken kann, wollte ich Weltmeister werden. Ich bin 27 Jahre alt, und ich fühle mich, als sei eine 27jährige Rennsaison zu Ende gegangen. Das Rennen war anstrengend. Ich versuchte, nicht zu sehr aufs Tempo zu drücken, doch ein paar aggressivere Fahrer haben mich geschnappt. Erst als ich einige Runden für mich selbst fahren konnte, habe ich ein Gefühl fürs Motorrad gekriegt und am Schluß den sechsten Platz geholt.«

Alex Barros war am besten in Schwung gekommen, hatte den zunächst führenden Tadayuki Okada nach einer Runde von der Spitze verdrängt und führte das Rennen unter tosendem Beifall von immerhin 45000 Zuschauern bis in die achte Runde an. In einem wild drängelnden Führungspulk preschte dann Garry McCoy nach vorn, bis Valentino Rossi in der 13. von 24 Runden souverän das Kommando übernahm und sich gegen alle weiteren Angriffe von Barros erfolgreich zur Wehr setzte. »Dies ist mein erster Sieg im Trockenen, und das zählt mehr als im Regen«, freute sich der Italiener. »Nach meinem Erfolg in Donington mußte ich ein paar schwierige Rennen überstehen, denn die Vorderpartie des Motorrads verhielt sich nicht wie gewünscht. Doch heute konnte ich die Maschine auch mit zunehmend verbrauchten Reifen perfekt kontrollieren!«

Einer der Gründe für das optimierte Fahrverhalten war ein neuer Rahmen für die Modellgeneration 2001, den Rossi als einziger der Honda-Piloten bereits exklusiv zur Verfügung hatte und der mit einer anderen Motorposition und einer anderen Hebelumlenkung fürs Hinterrad das Einlenkverhalten der NSR 500 verbesserte. Wie sehr Rossi im Reigen der Honda-Werkspiloten bereits das Kommando übernommen hatte und die künftige technische Entwicklung bestimmte, zeigte das Beispiel von Alex Crivillé: Der entthronte Vorjahres-Weltmeister hatte die-

Endlich die Nummer 1: Für Kenny Roberts junior ging eine 27jährige Saison zu Ende

Vollgas um jeden Preis: Jacque fuhr nach dem ersten Sturz ohne Windschutzscheibe weiter – bis zum nächsten Desaster

sen Rahmen bereits in Valencia ausprobiert, wollte sich angesichts der handfesten Krise, die er ohnehin schon durchmachte, jedoch keine zusätzlichen Unbekannten aufhalsen und beschloß, mit dem gewohnten Rahmen weiter zu machen. Auf der Strecke, auf der er ein Jahr zuvor als erster spanischer Halbliter-Champion gefeiert worden war, blieb Rang elf hinter Zweizylinder-Pilot Jürgen van den Goorbergh die magere Ausbeute. »Kurz nach dem Start bin ich mit Sete zusammengestoßen. Danach war ich hinter Nobuatsu Aoki und hatte es schwer, an der Suzuki vorbei zu kommen«, seufzte Crivillé, der sich über Kennys Auftritt mit der Nummer 1 ärgerte, weil er der Ansicht war, daß ihm diese Nummer bis zum Saisonende allein gehöre. »Unser Set-Up war nicht gut genug«, fügte er hinzu. »Die Umstellung auf 16,5 Zoll-Reifen macht uns immer noch zu schaffen.«

Alle namhaften Spitzenpiloten waren mittlerweile mit der Hinterrad-Dimension unterwegs, für die Garry McCoy zu Jahresbeginn die Pionierarbeit geleistet hatte. Doch die Michelin-Ingenieure glänzten mittlerweile nicht nur mit einer umfangreichen Auswahl an verschiedenen Mischungen für die beiden Raddurchmesser, sondern hatten für die Rio-Piste eine besondere Spezialität im Gepäck: Reifen mit zwei unterschiedlich harten Mischungen für die rechte und linke Reifenflanke, um in den unendlich scheinenden Linkskurven der Jacarepagua-Strecke auch über eine volle Renndistanz noch genügend Grip zu haben.

Einer, der solche Kurvenradien normalerweise besonders gut meisterte, hatte einen schlechten Tag: Aus der Pole Position erwischte Max Biaggi einen lausigen Start, war nach einer Runde Zehnter und kämpfte sich nur mühsam auf den fünften Platz heran. »Nach meinem schlechten Start wollte ich mich beeilen, nach vorn zu kommen, doch das Überholen fiel mir unerwartet schwer – ich konnte nicht so hart bremsen wie die andern«, meinte er enttäuscht. Teamkollege Carlos Checa stürzte zu Halbzeit übers Vorderrad, fuhr weiter und wurde noch 15.

Trotz Ausritt keine Sturzgefahr: Katoh hielt Ukawa und Melandri gekonnt in Schach

250 ccm: Jacques doppelter Sturz

Checas wie gewohnt wilde Fahrt war freilich noch gar nichts im Vergleich zu dem Drama, das sich Olivier Jacque im Rennen der 250 ccm-Klasse aufhalste. Zweimal hatte der Franzose in Jacarapegua bereits gewonnen und war fest entschlossen, seine klare WM-Führung durch einen weiteren Sieg auf seiner Lieblingsstrecke zu zementieren.

Beide Trainingstage lang versuchte er alle Tricks mit dem Set-Up, um die silberne Chesterfield-Yamaha auf den vielen Bodenwellen so komfortabel wie möglich zu machen, und schrammte im Abschlußtraining nur ganz knapp an der Pole Position vorbei. Schneller war nur noch Marco Melandri, der bei Aprilia-Renndirektor Jan Witteveen das ganze Jahr über um einen gleichmäßigeren Drehmomentverlauf nachgesucht hatte und seit den letzten Europa-Rennen ein exklusives Spezialaggregat zur Verfügung hatte, das so lammfromm hoch drehte wie eine Nähmaschine.

Im Rennen drehte Olivier Jacque den Spieß vom Start weg um und schüttelte seine Verfolger schon in der ersten Runde aus dem Windschatten. Doch als sich seine Boxencrew schon erleichtert zurück lehnen wollte und dachte, der Rest des Rennens sei eine Formsache, fehlte der Franzose plötzlich – Sturz in der dritten Runde. Abgeschlagen als Letzter tuckerte er dem davon brausenden Feld hinterher und duckte sich dabei hinter eine verschrammte Verkleidung, die nur noch wenig Windschutz aufzubieten hatte – die Scheibe war bei dem Sturz gebrochen.

Trotzdem kämpfte sich Jacque wieder unverzagt an die Meute heran und schaffte es sogar, Positionen gut zu machen und ab Mitte der Renndistanz wieder um die Punkteränge mitzuspielen. Vergebens: Jacque hatte sich schon wieder an die elfte Stelle gerobbt, als er seinen Ehrgeiz ein zweites Mal übertrieb und sein malträtiertes Motorrad abermals, und diesmal endgültig, versenkte. »Ich hatte eine neue Vordergabel, die plötzlich zu schlagen anfing«, entschuldigte er seinen ersten Fauxpas. »Ich stürzte und sprang sofort wieder auf. Doch der Lenker war verbogen, die Scheibe gebrochen, die Verkleidung hing herunter. Es war kaum zu spüren, was unter mir vor sich ging«, gab er zu Protokoll, warum er ein zweites Mal die Kontrolle verlor.

Sein Teamkollege Shinya Nakano hätte den Rückstand in der WM durch einen Sieg mit einem Schlag hinweg fegen können, hatte aber auch kein Glück. Gleich nach dem Start erlitt seine Maschine einen Kolbenklemmer und starb ab. Mit schleifender Kupplung gelang es dem Japaner zwar, den Motor wieder ins Leben zurück zu holen, doch das Podest blieb nach diesem Zwischenfall außer Reichweite – es grenzte ohnehin an ein Wunder, daß Nakano noch den vierten Platz erwirtschaftete. »Nach dem Kolbenklemmer bin ich sachte und mit Reserven gefahren, weil ich dachte, das könne nochmals passieren«, schilderte er. »Auf dem Papier sieht es so aus, als hätte ich einen gewaltigen Sprung vorwärts gemacht, doch ich bin keineswegs glücklich. Solche Probleme sind eine Riesenenttäuschung, zumal es wirklich hätte schlimm ausgehen können«, meinte er.

Während das hoch dekorierte Tech 3-Team an diesem Nachmittag geknickt wie selten durchs Fahrerlager schlich, freute sich Daijiro Katoh nach einem spannenden Dreikampf mit Tohru Ukawa und Marco Melandri über den dritten Sieg der Saison. »Natürlich ist die Weltmeisterschaft mein klares Ziel, doch ich werde mich nicht durch Punkterechnerei-

Zwei Finger an der Kupplung: Klaus Nöhles vor Julien Allemand

Sieg und Samba: Nur zum Mittanzen hatte Daijiro Katoh keine Lust

Ein Podestplatz für die Freunde in Motegi: Nach Locatellis Ausfall war Ui wieder obenauf

en verrückt machen lassen, sondern in den verbleibenden Rennen einfach mein Bestes geben. Abgerechnet wird dann zum Schluß«, meinte Katoh, der im Titelkampf plötzlich wieder in mathematischer Schlagweite war. »Es war ein tolles Rennen, und obwohl ich im Kampf gegen Tohru und Marco einmal von der Piste abgekommen bin und durchs Gras ratterte, habe ich nie daran gedacht, daß ich stürzen könnte. Ich habe mich sicher und wohl im Sattel gefühlt. Mein Motorrad ging wie eine Rakete – und die anderen hatten am Schluß die gleichen Reifenprobleme wie ich!«

Tohru Ukawa war wie immer nach knappen Niederlagen bitter enttäuscht und behauptete, Katohs Motorrad sei schneller gelaufen als das eigene. Marco Melandri, der im Endspurt ebenfalls für einige Zeit geführt hatte und dann zum dritten Mal hintereinander mit dem dritten Platz zufrieden sein mußte, bestätigte diese Version. »Zu Beginn der letzten Runde war ich vorn, doch dann haben mich die beiden aus dem Windschatten heraus geschnappt. Katohs Bike war aber auch wirklich eine Rakete, außerdem war das Fahrwerk perfekt abgestimmt – ich und Ukawa mußten uns viel mehr Mühe geben, unsere Motorräder auf Kurs zu halten!«

Ralf Waldmann hatte wenig Chance, in die Nähe der Spitzengruppe zu kommen. Durch einen schlechten Start rutschte er in der ersten Runde an die 13. Stelle ab und verbrachte die meiste Zeit des Rennens mit einem Zweikampf gegen Anthony West, der in der letzten Runde noch an Waldi vorbei an die fünfte Stelle flitzte. »Wir haben heute morgen noch die Federung umgebaut, das hat sich ausgezahlt. Trotzdem war nach meinem schlechten Start und der Aufholjagd nicht mehr drin – schon ab Halbzeit hatte ich kräftige Rutscher«, berichtete er.

Klaus Nöhles hatte vor dem Abflug nach Rio noch einen stark erfolgsbezogenen Zwei-Jahres-Vertrag unterschrieben und barst vor Tatendrang, stürzte im ersten Zeittraining aber schwer und trug schmerzhafte Rippen-, Rücken- und Beckenprellungen davon. Im Rennen hatte er wie Nakano kurz nach dem Start einen Kolbenklemmer und fuhr mit Schmerzen und zwei Fingern an der Kupplung auf Platz 17.

Noch schlimmer erging es Alex Hofmann, der die Saison eigentlich mit ein paar Glanzlichtern beenden und frische Zuversicht fürs nächste Jahr hatte tanken wollen. Der Aprilia-Privatfahrer stürzte im Warm Up am Samstagmorgen schwer, konnte sich eine Zeitlang an nichts erinnern und brach sich den Knöchel des linken Zeigefingers. Für die beiden letzten

Roberto Locatelli, Aprilia-Renndirektor Jan Witteveen: Der Joker ist vespielt

Der kleine Triumph: Sieger Sanna schnappte Ui wichtige Punkte weg

Rennen wurde wie schon nach Hofmanns Mugello-Unfall der Italiener Roberto Rolfo verpflichtet.

125 ccm: Sanna statt Locatelli

Für das Rio-Rennen gab Youichi Ui eine besonders pfiffige Losung aus. »Ich will den Titelkampf unbedingt offen halten – sonst kommen meine vielen Freunde nicht zum Grand Prix nach Motegi«, grinste der kleine Japaner vergnügt.

Zunächst freilich sah es nach einem weiteren Durchmarsch von Roberto Locatelli aus. Der kleine Teufel zauberte die siebte Pole Position der Saison aufs Parkett und ließ wieder starke Sprüche vom Stapel. »Das Wichtigste ist der WM-Titel, doch gleichzeitig ist mein Ziel, alle drei verbleibenden Rennen zu gewinnen und Aprilia auf diese Weise neben der Fahrer- auch noch die Konstrukteurs-WM zu bescheren«, kündigte er an. »Ich selbst fühle mich großartig, denn ich habe ein gutes inneres Gleichgewicht gefunden. Ich bin ruhig, wenngleich mir die Schwierigkeiten und Risiken meiner Situation durchaus bewußt sind. Doch zumindest bin ich durch nichts anderes abgelenkt und konzentriere mich voll und ganz auf meine Aufgabe!«

Vielleicht hätte Youichi Ui deshalb auch in diesem Rennen wenig zu lachen gehabt. Doch bevor es zum Schlagabtausch zwischen den beiden hätte kommen können – Ui lag in jener siebten Runde noch in Führung, Locatelli auf Platz drei – gab die Werks-Aprilia des Italieners schlagartig wegen einer gebrochenen Kurbelwelle den Geist auf und beschied dem WM-Favoriten den ersten Nuller seit seinem Sturz im Regen von Barcelona. »Wir haben immer noch acht Punkte Vorsprung. Der Schaden ist begrenzt«, reagierte Locatelli kaltblütig. »Solche Sachen können passieren, und in Mugello war es der Motor von Ui, der unerwartet stehen blieb. Es darf nur nicht noch mehr schief gehen. Wir haben unseren Joker verspielt, und ab jetzt müssen wieder Siege her!«

Ein kleiner Triumph blieb ihm und seinem Vasco Rossi-Rennstall: Teamkollege Simone Sanna sprang für Roberto Locatelli in die Bresche und nahm Ui mit dem zweiten Saisonsieg wichtige Punkte weg. »Das ganze Wochenende hatten wir schwere Reifensorgen, und ich habe im Rennen besonders darauf geachtet, den Gummi nicht zu früh zu verbrauchen. Am Schluß hatte ich noch genügend Reserven, um Azuma überholen und Giansanti mit einem waghalsigen Spätbremsmanöver austricksen zu können«, jubelte Sanna.

Ui hatte im Training genau die gleichen Reifenprobleme, setzte aber auf eine andere Taktik: Wohl wissend, daß der Grip nach der halben Distanz zur Neige gehen würde, fuhr er bis zur 14. von 21 Runden überlegen voraus, rutschte dann aber an die vierte Stelle zurück. Erst in der letzten Runde erntete er noch einen glücklichen Platz auf dem Podium, weil Mirko Giansanti den greifbar nahen Sieg in der letzten Kurve durch einen Sturz verspielte. »Ein Motorschaden bei Locatelli, dann noch Giansantis Sturz – es hätte nicht besser für uns laufen können. Denn ein Sieg war mit meinen Reifenproblemen nicht drin«, erklärte Ui.

Steve Jenkner landete nach einem im Verlauf des Rennens zusehens einsamer werdenden Kampf auf Rang 13, Reinhard Stolz kam als 18. und Letzter ins Ziel.

Kiesbett statt Karneval: Italjet-Pilot Jaroslav Hules blieb in Rio stecken

RED DEVIL
ENERGY DRINK
ACCOSSATO
DIESEL
FOR SUCCESSFUL LIVING
Netics
RIVACOLD
omi-sud
PORTE BLINDATE
NEWANDBEST.IT
DUNLOP
SPYKE
aprilia
IMT
VIDEOTEC
Beta

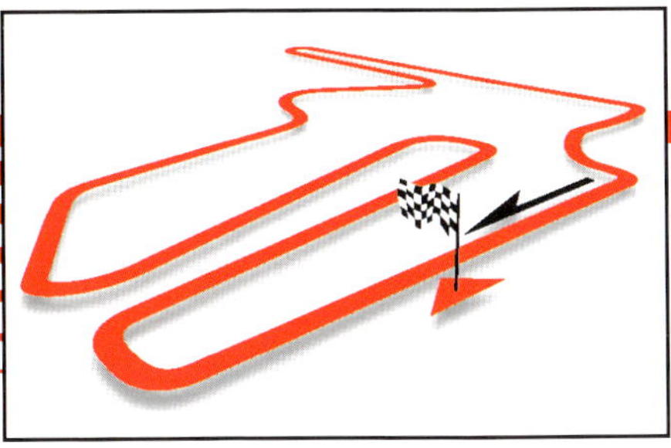

15.10.2000: Pazifik Grand Prix in Motegi

Alles beim Teufel

Derbi-Star Youichi Ui wurde beim Heimspiel in Motegi nervös und stürzte. Der kleine Teufel Roberto Locatelli zeigte die Hörner und holte sich den WM-Titel der 125 ccm-Klasse.

Von Honda anläßlich des 50jährigen Jubiläums des weltgrößten Motorradherstellers gebaut, war die Motegi-Anlage ebenso imponierend, aber vom Charakter und vom Umfeld her ganz anders als die traditionelle Suzuka-Strecke. Twin Ring genannt, weil ein Grand Prix-Kurs und ein Indy-Car-Oval ineinander verwoben waren, wurde die Retortenstrecke aus einer pittoresken Berglandschaft gestanzt, in der es sonst nichts als ein paar friedliche Dörfer, Reisfelder und Teeplantagen gab. Nicht weniger als sieben Hügel wurden für den Twin Ring mit großen Bulldozern weggeschoben, und immer noch war das Layout der Grand Prix-Strecke eine kunterbunte Berg- und Talfahrt mit zwei beleuchteten Tunneln zur Unterquerung des Indy-Ovals.

Daß die Strecke im Nirgendwo drei Autostunden nördlich von Tokyo gebaut worden war, zeigte sich neben der Hügellandschaft freilich auch noch an der dünnen Infrastruktur. Die meisten Teams und der begleitende Troß wie Fahrwerksspezialisten, Reifenleute und Journalisten nahmen einstündige An- und Abfahrten zu ihren Hotels in den nächst größeren Städten in Kauf, nur eine glückliche Elite durfte für viel Geld im viel zu kleinen Streckenhotel absteigen.

Einer der Stargäste dort war Kevin Schwantz. Nachdem das Suzuki-Team in Rio noch am Renntag ins Flugzeug zur Weiterreise nach Japan gestiegen war, wurden die Feierlichkeiten dort nachgeholt, und natürlich durfte der charismatische Texaner, schon beim Assen-Grand Prix Zaungast, dabei nicht fehlen. Die Trainingstage über von früh bis spät ausgelastet mit Interviews, zeigte sich, daß Schwantz auch im pazifischen Raum nichts von seiner Popularität eingebüßt hatte. »Kenny hat in Rio genau das Richtige getan. Warum hätte er unnötige Risiken eingehen sollen?« meinte er im Gegensatz etwa zu Barry Sheene, Weltmeister auf Suzuki 1976 und 1977, der über Roberts die Nase gerümpft und erklärt hatte, der Amerikaner habe den Titel auf nicht eben weltmeisterliche Weise nach Hause gebracht.

Schumis Schüler: Auch Locatelli schlug beim entscheidenden Rennen in Japan zu

Die Konkurrenz formierte sich mittlerweile zum Gegenschlag für die nächste Saison. Max Biaggi und Carlos Checa gaben ebenso wie das Marlboro-Yamaha-Team offiziell bekannt, die Zusammenarbeit auch 2001 fortzusetzen. »Die Yamaha ist ein Diamant. Er muß nur noch geschliffen werden«, formulierte Carlos Checa, der seinem Team mal wieder zwei Trainingsstürze bescherte und den siebten Startplatz einnahm. Teamkollege Biaggi holte zur Feier des Tages die fünfte Pole Position der Saison. Nach dem Abwinken des Abschlußtrainings brauste er mit vollem Tempo und so dicht wie möglich an dem bereits langsam am Strecken-

Tavullia ist überall: Valentino Rossi-Fans in Motegi

Der dritte Sturz des Wochenendes – und das Ende aller Titelträume: Youichi Ui am Boden zerstört

rand entlang tuckernden Valentino Rossi vorbei, um seinem Erzfeind einen Schreck einzujagen. Rossi konterte, indem er Biaggi hinterherfuhr und von hinten ein paar Mal sachte, aber gezielt das Heck der Werks-Yamaha anschubste.

Hatten die Rivalitäten in der Halbliterklasse nur noch statistischen Wert, so kam es im dramatischen WM-Duell der 125 ccm-Klasse zu immer neuen Höhepunkten. Derbi-Konstrukteur Harald Bartol war nach dem Rio-Grand Prix extra für zwei Tage in seine PS-Küche im österreichischen Straßwalchen zurückgeflogen, um seinem Schützling Youichi Ui beim Heimspiel neue Kraft aus neuen Zylindern zu liefern. »Jetzt dürfen wir nicht locker lassen«, gab er nach dem für Derbi glücklichen Verlauf des letzten Rennens die Losung aus.

Doch der Erwartungsdruck lastete schwer auf Youichi Ui, und schon im ersten Zeittraining wurde er von einem gewaltigen Highsider durch die Luft gewirbelt. »Ein schwerer Sturz«, stöhnte der kleine Japaner, als er zerfleddert, aber ansonsten unversehrt zur Box zurück kehrte. »Ich bin aber trotzdem nicht unglücklich mit dem Training, denn es ist mir leicht gefallen, die zweitschnellste Zeit zu fahren. Die Pole Position ist in Reichweite!«

Doch statt seine Zeit am Samstag zu verbessern, ging er ein zweites Mal schwer zu Boden. Während der Italiener Mirko Giansanti bei einem Sturz fünf Minuten vor Ende des Abschlußtrainings einen dreifachen Bruch des linken Knöchels erlitt, wankte Ui zwar grün und blau geschlagen, ansonsten jedoch abermals unversehrt davon. Trotzdem kamen allmählich Zweifel auf, ob er dem glücklichen Suzuka-Triumph im April einen zweiten Heimsieg würde folgen lassen.

Denn Roberto Locatelli, im ersten Training ebenfalls ausgerutscht, zeigte sich unantastbar. »Die Dinge laufen gut für uns und schlecht für die anderen«, posaunte Locatelli, nachdem er den Rest der Welt um über eine halbe Sekunde hinweg gefegt hatte.

125 ccm: Hules zu Hause

Mit einem neuen, noch stärkeren Motor von Aprilia, den er bislang nur im Training eingesetzt hatte, blieb er auch im

Tolles Fahrwerk, schwacher Motor: Steve Jenkner hatte gegen die Derbi und Aprilia keine Chance

Rennen keinen Beweis seiner Überlegenheit schuldig. Vom Start weg an der Spitze, fegte er seinen Gegnern schon in der ersten Runde auf und davon, baute seinen Vorsprung bis auf nahezu 14 Sekunden aus und sorgte nebenbei noch für einen Fabel-Rundenrekord. »Locatelli fuhr in einer Klasse für sich«, staunte Emilio Alzamora, der sich von Rang sieben an die zweite Stelle durchgeboxt hatte, gleichzeitig aber von seinem WM-Titel Abschied nehmen mußte.

Denn ab der 14. von 21 Runden war Roberto Locatelli neuer Weltmeister. Ohne Chance, auf der Fährte des Italieners zu bleiben, hatte Youichi Ui bis dahin einen verzweifelten Kampf in der Verfolgergruppe geführt. Zunächst Zweiter, fiel er sogar für drei Runden hinter seinen Landsmann Masao Azuma zurück, bevor er sich mehr durch den Mut der Verzweiflung denn durch Überlegenheit wieder an die zweite Stelle zwängte.

In einer Rechtskurve nach einem langen Bergabstück verlor er dann zum dritten Mal an jenem unglückseligen Wochenende die Kontrolle über seine Derbi und landete im Kies. Minutenlang blieb er weinend am Streckenrand sitzen und hätte sich am liebsten irgendwo in einem einsamen Reisfeld verkrochen, bevor er sich schließlich doch dazu überreden ließ, in ein Ambulanzfahrzeug zu steigen und ins Fahrerlager zurück zu kehren. »Ich bin enttäuscht, denn mein Traum von der Weltmeisterschaft ist vorzeitig geplatzt. Nachdem Locatelli schon nicht zu halten war, wollte ich wenigstens einen Podestplatz sicher stellen und die Entscheidung bis zum Finale in Australien offen halten. Betrüblicherweise bin ich statt dessen zum dritten Mal gestürzt und habe die Hoffnungen meiner selbst und des Teams im Kies begraben«, meinte er mit Grabesstimme. »Es hat weh getan, bei meinem Heim-Grand Prix mehr italienische als japanische Flaggen zu sehen!«

Teamchef Giampiero Sacchi spazierte lange und mutterseelenallein hinter den Bürocontainern des Fahrerlagers auf und ab, um mit sich selbst wieder ins Gleichgewicht zu kommen. Konstrukteur Harald Bartol gab gleichzeitig bereitwillig Auskunft über die technischen Hintergründe der Niederlage. Von seinen Trainingsstürzen verunsichert, hatte Ui das Fahrwerk ganz auf Stabilität beim harten Bremsen getrimmt, mit dem Erfolg, daß sich der sonst so flinke rote Renner nur noch mühsam auf enge Kampflinien zwingen ließ. »Es ist nicht normal, daß Youichi den anderen in der Kurve im Weg rumsteht. Sein Teamkollege Pablo Nieto hatte den Lenkkopfwinkel um ein volles Grad steiler und ist damit die drittschnellste Rennrunde gefahren«, erklärte Bartol. »Der Druck war eben doch zu stark.«

Und so kam es, daß im Lager des von der Energy Drink-Marke Red Devil unterstützten kleinen Teufels vorzeitig gefeiert wurde. »Ich bin glücklich. Nach Jahren, in denen ich, meine Familie und die meiner Verlobten Manuela viel geopfert haben, ernten wir jetzt endlich die Früchte unserer Anstrengungen. Wir sind durch schwierige Zeiten gegangen, doch ich habe durchgehalten, weil ich wußte, daß ich das Zeug zum Weltmeister hatte«, erklärte Locatelli, der von seiner Crew bei der Zieldurchfahrt mit einer hastig zusammengesteckten »Loca Camp«-Boxentafel begrüßt wurde. »Schon gestern nach dem Training wußte ich, daß ich davon fahren konnte. Als ich nach zwei Runden schon zwei Sekunden Vorsprung hatte, beschloß ich, weiter Tempo zu machen und das Feld endgültig abzuschütteln – ein Champion muß Stärke beweisen und darf sich nicht darauf beschränken, den Titel nach Hause zu bringen! Dann sah ich auf einem der Riesenbildschirme, wie ein rotes Motorrad im Kies versank. Ich war mir nicht sicher, daß es sich um Ui drehte, weil er zwei verschiedenfarbige Helme benutzt und ich nicht wußte, welchen er heute aufgesetzt hatte. Doch am Ende der nächsten Runde war mir klar, daß er am dritten Tag den

Pole Position, Rundenrekord, Sieg und WM-Titel: Locatelli hatte Grund zur Freude

Locatelli als neue Nummer eins: 2001 in die 250 ccm-Klasse?

dritten Sturz gebaut hatte – ich habe ihn offensichtlich zu stark unter Druck gesetzt. Wenig später wurde mir an der Boxentafel angezeigt, ich solle mit Köpfchen fahren. Vielleicht hat meine Crew vergessen, daß Locatelli mittlerweile gelernt hat, wie er sich auf der Strecke zu benehmen hat!«

1994 hatte Locatelli als italienischer Sport-Production-Meister seinen ersten 125er Grand Prix bestritten, ging als Aprilia 250-Privatfahrer in den beiden Jahren darauf aber völlig unter. Protegiert und finanziert von der steinreichen Familie seiner Freundin, arbeitete sich Locatelli erst 1997 und 1998 auf einer Honda 125 wieder in die Top Ten vor. Mit dem Vasco Rossi-Team und der Rückkehr auf eine Aprilia 125 feierte er 1999 die ersten beiden GP-Siege, fuhr in der Saison 2000 von Anfang an vorne mit und brachte es schon vor der Titelentscheidung zu genügend Ruhm, fürs nächste Jahr eine Million Mark an Gage fordern zu können und sich mit den Größten der Welt zu messen. »Ich habe es so gemacht wie Michael Schumacher in der Formel 1 – und beim entscheidenden Rennen in Japan einen kühlen Kopf und Stärke bewiesen«, schmunzelte der 27jährige und steckte sich für die Zukunft bereits die nächsten Ziele. »Australien wird kein Urlaub für mich, denn ich möchte Aprilia auch gern die Konstrukteurs-WM bescheren. Und im nächsten Jahr möchte ich mit meinem Vasco Rossi-Team in die 250er WM aufsteigen!«

Während sein Teamkollege Simone Sanna als Dritter den nächsten Podestplatz abräumte, genoß Steve Jenkner seine Fahrt auf Platz 14. »In der ersten Runde wurde ich eingeklemmt, doch ansonsten war das Rennen von meiner Seite her fehlerfrei. Meine Mechaniker haben mir ein gutes Motorrad hingestellt, vor allem das Fahrwerk war toll, und ich konnte beim Bremsen und Einbiegen phantastisch auf jeden gewünschten Punkt hin zielen«, berichtete er. »Doch es fehlt einfach an Beschleunigung. Cheftechniker Konrad Hefele hat den Motor so gut wie möglich eingestellt, trotzdem hatte ich beim Beschleunigen aus den Ecken gegen die Derbi und Aprilia in meiner Nähe überhaupt keine Chance!«

Während Reinhard Stolz ebenfalls über mangelnde Leistung klagte und nach dem 22. Platz einräumte, er sei zudem schlecht gefahren, glänzte Italjet-Pilot Jaroslav Hules durch Abwesenheit. Italjet-Besitzer Leopoldo Tartarini und sein Sohn Alessandro hatten ihm schon vor Wochen einen neuen Vertrag versprochen, wenn er sich nur von seinem Manager Andy Leuthe trenne und die für Brünn geplanten Testfahrten mit der Dreizylinder-Modenas absage. Hules erfüllte brav alle Bedingungen, sollte dann aber plötzlich 250000 Mark an Sponsorgeld für die nächste Saison mitbringen. Darauf warf er das Handtuch und reiste nach Hause. In Motegi wurde er von dem Schweizer Marco Tresoldi ersetzt, der das Motorrad mit mäßigem Talent auf den letzten Platz steuerte. Leon Haslam fiel mit Motorschaden aus.

250 ccm: Der weinende WM-Favorit

Olivier Jacque wollte die Scharte vom Rio-Grand Prix auswetzen und mit einem Sieg in Motegi wieder für klare Verhältnisse im Titelkampf der 250 ccm-Klasse sorgen, traf aber auf unerwartet erbitterten Widerstand. »Wir haben Schwierigkeiten mit dem Set-Up«, gab er nach dem

Immer neue Rundenrekorde: Katoh und Nakano im Kampf um den Sieg

Zu stark auf der Bremse: Ralf Waldmann ließ Anthony West ziehen

neunten Platz im ersten Training zu. »Rio und Motegi sind von den Kurvengeschwindigkeiten und von den Temperaturen her völlig unterschiedliche Strecken, und wir müssen uns erst umstellen. Vor allem mit dem harten, präzisen Anbremsen habe ich Schwierigkeiten.«

Im Abschlußtraining steigerte er sich auf Platz fünf, war aber trotzdem enttäuscht, weil er am Ende einer großartigen Serie von neun Starts aus der ersten Reihe hintereinander angelangt war. »Meine Boxensignale waren konfus. Ich dachte, ich sei Dritter und drehte voller Freude über die erste Startreihe das Gas zurück. In Wirklichkeit waren noch drei Minuten zu fahren!« schilderte Jacque. »Ich versuchte mein Glück zwar nochmals, aber es herrschte viel Verkehr, außerdem wurden gelbe Flaggen geschwenkt. Am Ende war es zu spät. Doch wenigstens haben wir das Set-Up hingekriegt, und hier gibt es eine Menge an Überholmöglichkeiten. Ich stehe hinter Daijiro Katoh und werde ihm einfach hinterher fahren!«

So einfach war das dann freilich doch nicht. Während der Japaner mit einem seiner gefürchteten Blitzstarts auf und davon zischte, steckte Jacque auf dem fünften Platz fest. In der achten Runde machte er Tohru Ukawa dingfest und eroberte Platz vier, fand aber kein Rezept gegen den glänzend aufgelegten Marco Melandri, der sich mit dem vierten Podestplatz hintereinander durchsetzte. »Ich tat, was ich konnte«, seufzte Jacque im Ziel. »Ich versuchte, die Lücke zu Melandri zu schließen, aber ihm so nahe zu kommen, daß es für einen Überholversuch gereicht hätte, hätte törichte Risiken bedeutet. Mein Job heute war, sicher ins Ziel zu kommen und dafür zu sorgen, daß der Titel in Australien entschieden wird. Ich war in den Kurven schneller als Melandri, doch er hatte einen Vorteil auf den Geraden, und selbst wenn ich ihn angegriffen hätte, hätte er mich am Schluß bestimmt wieder erwischt!«

Jacques ehemals so stolzer WM-Vorsprung war auf nur noch zwei Punkte geschmolzen, und damit stand den beiden Chesterfield-Piloten ein echtes Finale ins Haus, bei dem derjenige als Weltmeister gefeiert werden würde, der in Phillip Island zuerst über die Ziellinie flitzte.

Doch von Begeisterung war Jacques Teamkollegen Shinya Nakano nach dem zweiten Platz in seinem Heimspiel nicht das Geringste anzumerken. Statt zu jubeln, ließ er den Kopf auf den Tank sinken und weinte bitterlich, denn ein Sieg vor seinem Publikum hätte ihm mehr be-

Sturz in der ersten Kurve: Klaus Nöhles riß Roberto Rolfo mit ins Verderben

Vom Start weg in Führung: Kenny Roberts stopfte seinen Kritikern das Maul

deutet als alles andere. »Schon letztes Jahr hat mich Katoh hier bei einem nationalen Rennen auf genau die gleiche knappe Weise abgeledert. Ich hätte es ihm gerne heimgezahlt und habe wirklich alles versucht. Doch es war nichts zu machen«, meinte Nakano, der auf der allerletzten Rille hinter der Honda her gefahren und nur um sieben Zehntelsekunden hinter Katoh ins Ziel gekommen war, wobei er in der allerletzten Runde mit vermeintlich verbrauchten Reifen auch noch einen neuen Rundenrekord aufstellte.

Doch auch Suzuka-Sieger Katoh zog auf seinem Weg zum zweiten Heimsieg alle Register. »An einem bestimmten Punkt habe ich gesehen, daß meine Zeit besser war als der alte Rundenrekord, doch gleich darauf ist Nakano noch schneller gefahren«, schilderte Katoh. »Ich hatte einen guten Start und wollte diesen Sieg um jeden Preis. Ich habe versucht, abzuhauen, doch Nakano ist hartnäckig geblieben. Meine Boxencrew hat mich Runde für Runde über den Abstand auf dem Laufenden gehalten, trotzdem habe ich mich kurz vor Schluß umgedreht, um mich nochmals zu überzeugen, daß er mir nicht mehr gefährlich werden konnte. Ich bin begeistert, und, ganz ehrlich, ich verschwende keinen Gedanken an die Weltmeisterschaft – das Einzige, was mich beschäftigt, ist, nun auch das letzte Rennen in Australien zu gewinnen!«

Tohru Ukawa blieben nach dem fünften Platz nicht einmal mehr theoretische Chancen, das Ruder im Titelkampf noch zu seinen Gunsten herum zu reißen. »Ein schlechtes Rennen«, zog er Bilanz. »Es war meine Schuld, denn ich hatte kein perfektes Set-Up. Wie im Training hatte ich am Kurvenausgang zu viel Wheelspin und zu viele Rutscher, deshalb konnte ich meinen frühen dritten Platz nicht verteidigen. Ich konnte nicht einmal an Jacque dran bleiben, als er mich überholte.«

Sein Teamkollege Anthony West freute sich dagegen über den sechsten Platz, den er gegen Ralf Waldmann ertrotzt hatte. »Der ist schon brutal stark auf der Bremse, das muß man sagen. Am Schluß habe ich ihn ziehen lassen«, zollte Waldi dem jungen Australier Respekt. »Was die Japaner an der Spitze angestellt haben, war für mich völlig unbegreiflich. Da muß man den Hut vor ziehen!«

Nicht besonders schnell, aber besonders schnell zu Ende war die Fahrt von Teamkollege Klaus Nöhles: Sturz in der ersten Kurve, bei dem er auch Racing Factory-Ersatzfahrer Roberto Rolfo umnietete.

Doch auch dabei gab es noch ein kleines Glück im Unglück. »Ich bin heilfroh, daß es sich nicht um Alex Hofmann selbst gehandelt hat«, entfuhr es Nöhles´ Teammanager Dieter Stappert.

500 ccm: Die Parade des Weltmeisters

Das Rennen der Halbliterklasse wurde zur Parade des neuen Weltmeisters. Ohne den Druck, Punkte hochrechnen und auf den WM-Stand Rücksicht nehmen zu müssen, glühte Kenny Roberts vom Start weg auf und davon und gewann nach einer fehlerlosen, überlegenen Fahrt mit über sechs Sekunden Vorsprung. »Die Weltmeisterschaft unter Dach und Fach zu bringen, war von enormer Wichtigkeit, und es wäre nicht besonders schlau gewesen, diesen Traum in Rio weg zu werfen. Der sechste Platz dort reichte aus, und das bedeutete, daß ich hierher kommen und wieder richtig Rennen fahren konnte. Ich wußte schon nach dem Training, wie gut unser Motorrad war. Ich hatte jede Menge Spaß!« schilderte Roberts.

»Großartig, zu sehen, was ein Welt-

Ausfall statt Podium für Garry McCoy: Der Kies zerstörte die hintere Bremse

Keine Chance für Max Biaggi: Valentino Rossi hielt seinen Erzfeind in Schach

meister erreichen kann, wenn er entspannt ist. Das stopft unseren Kritikern das Maul«, rieb sich Teammanager Garry Taylor die Hände. »Das Rennen heute beweist: Kenny hätte dieses Jahr viel mehr Grands Prix gewinnen können, wenn er nicht auf die Punkte Rücksicht genommen hätte«, meinte Kevin Schwantz.

Das Suzuki-Team war hellauf begeistert, und die Konkurenz war stehend k.o. »Mir ist der Kenny von Rio lieber. Denn mit dem Kenny von Motegi wird´s für mich in Zukunft schwer werden, irgend etwas zu gewinnen«, kratzte sich Valentino Rossi am rasierten Kopf.

Immerhin blieb Rossi wieder einmal dic Genugtuung, Max Biaggi geschlagen zu haben. Der Honda-Star ließ seinem Erzfeind zu Halbzeit des Rennens den Vortritt, quetschte sich in der letzten Runde freilich wieder vorbei auf den zweiten Platz und machte sich in den letzten Kurven so breit es nur irgend ging.

Auch die Schlußattacke beim Anbremsen bergab, wo Biaggi alle Register zog und sogar einen Gang mehr als sonst zurück schaltete, um mit ratterndem Hinterrad Tempo abzubauen, konterte Rossi mit Gelassenheit – und freute sich über den zweiten Platz mehr als Locatelli zuvor über den WM-Titel. »Wenn ich je Weltmeister werden will, muß ich endlich das Starten lernen«, übte er sich dennoch in Selbstkritik. »Als ich nach langer Aufholjagd Platz zwei erreichte, war Roberts längst über alle Berge. Dafür hing Biaggi in meinem Windschatten. Zehn Runden lang versuchte ich alles, um ihn abzuschütteln, er blieb aber hartnäckig. Deshalb ließ ich ihn vorbei, um mir eine Taktik für die letzte Runde zu überlegen. Er hatte Vorteile in engen Kurven, ich war schneller im flüssigen Teil der Strecke, doch unterm Strich waren wir beide gleich schnell. Ich habe ihn deshalb schon eingangs der letzten Runde ausgebremst und versucht, alle Türen hinter mir zu schließen. Am Ende der letzten Geraden hat er mich nochmals auf der Bremse erwischt, verpaßte dann aber die Ideallinie!«

Max Biaggi zeigte sich als guter Verlierer und erklärte grinsend, er habe jede Menge Spaß gehabt und wenigstens alles versucht. Sein Teamkollege Carlos Checa feierte seinen 28.Geburtstag mit einer ähnlich aufregenden Fahrt auf den vierten Platz, nachdem er am Start wegen einer rutschenden Kupplung weit zurückgefallen war. »Ich bin älter und weiser geworden«, grinste der Sturzkönig nach seiner glücklichen Zielankunft.

Direkt hinter ihm huschte Norick Abe an der Zielflagge vorbei. Natürlich hätte der Suzuka-Sieger gern den zweiten Heimsieg erobert, kämpfte in den ersten zehn Runden aber mit Handlingproblemen wegen seinem vollen Benzintank. Zwei Runden vor Schluß zwängte er sich wenigstens noch am entthronten Weltmeister Alex Crivillé vorbei auf Rang fünf.

Älter und weiser: Carlos Checa

56
YAMAHA
PlayStation
BP
SHARK

29.10.2000: GP Australien in Phillip Island

Das As im Ärmel

Beim großen Duell mit seinem Teamkollegen Shinya Nakano spielte Olivier Jacque im allerletzten Moment eine Trumpfkarte – und verwandelte die Zitterpartie seines Tech 3-Teams in ein französisches Traumfinale.

Nachdem Valentino Rossi schon in den Rennen zuvor ein modifiziertes Fahrwerk eingesetzt hatte, zündete Honda für das Saisonfinale in Phillip Island die nächste Stufe und ließ zwei komplett neue Maschinen nach Australien einfliegen. Alex Crivillés Modell war unlackiert, weil der entthronte Weltmeister die neue Generation der seit 1994 praktisch unveränderten NSR 500 erst bei den Tests in den Tagen nach dem Grand Prix ausprobieren wollte. Rossis Maschine schimmerte dagegen bereits in leuchtendem Gelb, denn der italienische Superstar brannte darauf, sein neues Spielzeug schon bei den freien Grand Prix-Trainings einzusetzen.

Äußerlich war die neue NSR 500 an ihrem breiteren, kantigeren Heck und dem zentralen Lufteinlaß unter der Startnummer zu erkennen. Nicht mehr über schmale Lufthutzen an den Verkleidungsseiten, sondern über dieses angriffslustig wirkende Haifischmaul schnappte die Airbox nach Frischluft, war aber mehr ein stilistischer Gag als eine technische Notwendigkeit. Denn im Prinzip blieben die Motoren unangetastet - nach dem Irrweg der Saison 2000, in der sich Honda mit einer allzu spitzen Leistungscharakteristik vertan hatte, suchte man nun lieber mit neuen Fahrwerksideen nach zusätzlichen Sekundenbruchteilen.

Mit verdeckten Karten: Olivier Jacque blieb bis zur letzten Kurve hinter Shinya Nakano versteckt

Rossi mochte die neue Maschine auf Anhieb, rüstete im Abschlußtraining dann aber doch lieber auf das alte Modell um. Von den ausgiebigen Tests zu Jahresbeginn hatte sein Team nämlich alle nötigen Abstimmungsdaten zur Verfügung, während sich mit dem neuen Modell so gut wie nichts hatte ausprobieren lassen.

Wie so oft in dieser Saison war das Wetter der Grund. Statt mit Frühlingstemperaturen wurden die Piloten am ersten Trainingstag mit ungemütlich kühlem, wechselhaftem Wetter und gelegentlichen Nieselschauern begrüßt. Vor allem aber waren es heftige, von der Tasmanischen See heranblasende Windböen, die das Fahren zu einem für die Abstimmung nutzlosen Risiko werden ließen. »Wir sollten uns statt den Motorrädern Yamaha-Yachten besorgen und Spinnaker aufziehen«, schlug Yamaha-Teammanager Geoff Crust vor, dessen Piloten Max Biaggi und Carlos Checa wie alle anderen Stars um etwa zwei Sekunden unter dem Rundenrekord blieben und trotzdem mehrfach in Sturzgefahr gerieten. »Vor allem die erste Kurve ist eine Mutprobe. Du kommst mit vollem Speed im sechsten Gang an, und manchmal ist der Wind so stark, daß du nicht einbiegen kannst. Einmal mußte ich deshalb bei Tempo 200 das Hinterrad blockieren und wie beim Speedway driften, um die Kurve noch zu erwischen", schilderte Carlos Checa. „Trotzdem haben wir keinen Grund zur Sorge, denn mein Cheftechniker Mike Webb und unser Renningenieur Mike Sinclair haben jede Menge Winderfahrung - sie sind beide begeisterte Windsurfer!"

Garry McCoy wurde in jener Kurve von einer besonders heftigen Bö ausgehebelt und ging mit Tempo 210 zu Boden,

Haifischmaul und breite Heckflosse: Valentino Rossi testete bereits die Honda der Zukunft

schwang sich aber unverzagt auf die Ersatzmaschine und gab weiter Gas. „Ich bin noch leichter als viele andere meiner Kollegen, deshalb macht mir der Wind besonders zu schaffen«, entschuldigte er sich für den Zwischenfall. Nach seiner jüngsten, erst durch den Ausritt in Mote-

Haga statt Laconi: Den Red Bull-Piloten plagten Zukunftsängste

gi unterbrochenen Erfolgsserie war der Lokalmatador natürlich der große Held beim Heimspiel, auf dem alle Hoffnungen des Publikums ruhten und der von den Medien umschwärmt wurde wie Weltmeister Kenny Roberts.

Teamchef Peter Clifford steckte derweil irgendwo in den Bürocontainern des improvisierten Fahrerlagers bei entscheidenden Verhandlungen. Yamaha hatte sich endgültig dafür entschieden, aus der Superbike-WM auszusteigen und wollte seinen Star Noriyuki Haga in der Halbliter-WM unterbringen, suchte aber gleichzeitig nach einer weichen Landung für das italienische Belgarda-Team und dessen Teamchef Davide Brivio, die dem Yamaha-Werk bislang treue Dienste geleistet hatten. Denn daß Haga den möglichen Superbike-WM-Titel in der Saison 2000 verpaßte, lag weder an der technischen Vorbereitung noch an den Fahrkünsten des Sensationstalents: Eine unabsichtliche Dopingsünde – ein japanischer Arzt hatte ihm Ephedrin verschrieben - kostete Haga einen Laufsieg und eine Sperre für zwei weitere Läufe.

Das Hin und Her um den Dopingfall mit Verurteilung, Berufung und einem erneuten Urteil, hatten Hagas wilden, begeisternden Fahrstil aus den Schlagzeilen gedrängt. Doch am Ende des Phillip Island-Wochenendes war alle Politik Vergangenheit: Haga, der bei den Superbike-Fans die gleichen Adrenalinschübe auslöste wie Garry McCoy beim Grand Prix-Publikum, wurde als neuer Teamkollege von McCoy offiziell bestätigt, ein neues All-Star-Team mit den spektakulärsten Piloten der Gegenwart war geboren.

Hagas Vorgänger Regis Laconi bäumte sich nochmals gegen das Schicksal auf und fuhr im Abschlußtraining in die erste Startreihe, hatte aber dennoch wenig Hoffnung auf einen Neuanfang in einem der etablierten Teams. »Ich habe an alle Türen geklopft. Doch meine Chancen sind gering. Denn ich bin Sportler, kein Geschäftsmann«, erklärte er am Samstagnachmittag. Der Grund: Der australische Shell Advance-Teammanager Jeff Hardwick, der fürs nächste Jahr bereits eine Honda NSR 500 reserviert hatte, aber weder das nötige Budget noch einen Spitzenfahrer vorweisen konnte, hatte Laconi den Job angeboten – wenn er denn zwei Millionen Dollar an Mitgift auftreiben könne.

Doch Gauloises als größter französischer Geldgeber hatte ganz andere Interessen: Mittlerweile hatte man mit dem Angebot von Phillip Morris für die Halbliter-Aufsteiger Olivier Jacque und Shinya Nakano gleichgezogen, worauf sich Tech 3-Teamchef Hervé Poncharal in der einmaligen Situation befand, sich die Sponsoren aussuchen zu können.

Daß die Zukunft längst gesichert war, wurde auch zu Poncharals entscheidendem Argument beim Versuch, die bis zum Zerreißen angespannten Nerven seiner beiden Fahrer zu beruhigen. Nicht wer der beiden den Titel holen würde, sondern auf welche Weise, war seine schlimmste Sorge, und dabei dachte er mit Schaudern an das WM-Finale zwischen den Aprilia-Stars Tetsuya Harada und Loris Capirossi in Argentinien 1998, bei dem der Italiener seinen japanischen Teamkollegen abgeschossen und sich einen Feind fürs Leben geschaffen hatte. »Ich verstehe, daß ihr beide voll angreifen müßt,weil sich keiner von euch nachsagen lassen will, im entscheidenden Moment zu wenig riskiert zu haben«, nahm sich Poncharal die WM-Rivalen zur Brust. »Doch ihr müßt auch an die Zukunft denken. Unser Budget in der Halbliterklasse

Wer gewinnt? Nakano und Jacque waren trotz allem Streß für jeden Schabernack zu haben

Start zum großen Finale: So dicht waren Nakano und Jacque auch beim Zieleinlauf beieinander

ist unabhängig vom Resultat dieses Rennens für volle zwei Jahre abgesichert. Unser einziges Risiko ist, daß etwas zwischen euch passiert, was die Zusammenarbeit unmöglich macht. Deshalb: Bleibt fair«, beschwor er Nakano und Jacque.

Doch diese Ermahnungen waren eigentlich gar nicht nötig. Über zwei gemeinsame Jahre hinweg waren zwei völlig unterschiedliche Charaktere zu einer Zweckgemeinschaft zusammengewachsen, bei der sich die beiden mit japanischer Höflichkeit und der Ritterlichkeit von Samurai-Kämpfern begegneten. Daß Nakano Siege, beinharte Zweikämpfe und unschlagbar schnelle Rundenzeiten vorlegen, mit seiner Freundlichkeit abseits der Rennstrecke aber gleichzeitig auch alle Herzen erobern konnte, hatte seinen französischen Teamkollegen so beeindruckt, daß sich auch der ursprünglich ungehobelte Jacque um die Umgangsformen eines Gentleman zu bemühen begann. Trotz ihres Lampenfiebers blieben die beiden auch in Australien stets für alle ansprechbar und machten geduldig jeden Schabernack – etwa ein Armdrücken für die Fotografen – mit.

Die Rivalität wurde voll und ganz über den Wettkampf ausgetragen, und was Shinya Nakano an fahrerischer Finesse in die Waagschale werfen konnte, glich Olivier Jacque durch seinen Kampfgeist aus. Es kam nicht von ungefähr, daß der Franzose am stürmischen ersten Trainingstag die größten Segel aufzog und der Risiken zum Hohn eine klare Bestzeit vorlegte. Am Samstag, als sich der Wind gelegt hatte und es bei trockenem Wetter mehr auf Feingefühl und Feinabstimmung ankam als auf den Mut zum Risiko, konterte Nakano mit einer ebenso klaren Pole Position, bei der er Jacque um fast eine halbe Sekunde hinter sich ließ. Die Wetten standen auf den Japaner, weil er besser fuhr und im Gegensatz zu dem sturzgefährdeten Jacque bislang noch keine Blößen gezeigt hatte.

250 ccm: Um 14 Tausendstel

Auch im Rennen sah es zunächst ganz danach aus, als habe Nakano die Situation im Griff. Vom Start weg diktierte er das Tempo und führte unangefochten, während sich Jacque mit dem dritten verbliebenen WM-Kandidaten Daijiro Katoh um den zweiten Platz stritt.

In der dritten Runde hatte Jacque den japanischen Honda-Star allerdings abgeschüttelt und die Lücke zu Nakano wieder geschlossen. Zu zweit schwirrten die Silberpfeile nun auf und davon, wobei Jacque im Windschatten Nakanos versteckt blieb und seinem Teamkollegen die Führungsarbeit überließ.

Bis zur letzten Runde blieb das so, und vielleicht dachte Nakano an seine eigene Niederlage gegen Katoh in Motegi und baute darauf, daß Jacque ihn nicht mehr würde einholen können. Doch die beiden Rennen waren nicht miteinander zu vergleichen: In Japan hatte der führende Katoh mehr Motorleistung zur Verfügung, und bis zum Zielstrich ging es nicht lange genug geradeaus, als daß sich Nakano noch im Windschatten hätte heransaugen können.

Diesmal war es ein Duell gleichwertiger Maschinen, und schon im letzten schnellen Linksknick zielten die Piloten mit Tempo 170 auf die Kerbs, um dann mit Vollgas auf die Zielgerade hinaus zu beschleunigen. Diese Kurve optimal zu erwischen, war nicht nur eine Frage besonderer Präzision, sondern auch eines besonders großen Herzens, und Jacque wußte, daß er dort schneller war und sich seinen Rivalen für den Endspurt zum Zielstrich zurecht legen konnte.

Genau so geschah es. Nach einigen Schein-Attacken in der letzten Runde, bei denen sich Nakano in Sicherheit wiegen konnte, saugte sich Jacque in diesem Linksknick nahe genug an den Japaner heran, scherte auf der Zielgeraden im letzten Moment aus dem Windschatten aus, zog mit Nakano gleich - und hatte die Nase vorn.

16 Grands Prix währte die Saison, 25 Runden und fast 40 Minuten das Rennen. 14 Tausendstel Sekunden oder drei Viertel einer Motorradlänge machten am

Dritter im Rennen (vor Ralf Waldmann), Dritter in der WM: Daijiro Katoh

Schluß den Unterschied. Während Olivier Jacque mit der Weltmeisterfahne aufrecht in den Fußrasten stehend an den 40000 Zuschauern in Phillip Island vorbei flanierte, kauerte Shinya Nakano in einer Ecke des Parc fermé und ließ seinen Tränen freien Lauf. Als Jacque nach seiner langen Ehrenrunde endlich im Zielbereich eintraf, riß sich Nakano mit japanischem Stolz zusammen, sprang auf, um seinem Teamkollegen zu gratulieren, und bewies sich auch auf dem Siegerpodest und bei den anschließenden Fototerminen als guter Verlierer.

Natürlich war sein freundliches Lächeln nur eine Fassade. »Ich wußte, daß OJ das ganze Rennen über in meinem Windschatten klebte. Als er mir auf der Zielgeraden näher rückte, konnte ich sogar seinen Motor hören. Doch es gab nichts, was ich tun konnte«, meinte der Verlierer fassungslos.

Beobachter Valentino Rossi war anderer Ansicht. »Nakano sollte sich den eigenen Kopf abreißen. Er hat den Titel verspielt«, wunderte sich der Italiener, der schon zwei WM-Titel auf seinem Konto hatte und wußte, worauf es ankam. »Das entscheidende Rennen ist keine Frage der besseren Rundenzeiten, sondern eine Frage der Psychologie und der besseren Nerven. Du kannst nicht einfach Vollgas geben und hoffen, daß du am Zielstrich immer noch die Nase vorn hast. Nakano hätte sich hinter Jacque zurück fallen lassen und ihn von hinten beobachten sollen. Statt dessen marschierte er wie ein Opferlamm zur Schlachtbank!«

Nakano mochte der schnellere Fahrer sein, doch Jacque war es gelungen, im entscheidenden Moment ein As aus dem Ärmel zu zaubern und seinen Kollegen mit Kreativität und Kaltschnäuzigkeit über den Tisch zu ziehen. »Ich hatte wirklich Lampenfieber, und ich wußte, daß sich auch das Team furchtbare Sorgen machte. Das Letzte, was ich tun wollte, war, in Shinya rein zu donnern und Katoh den Titel auf dem Silbertablett zu servieren. Deshalb habe ich in jeder Kurve extra runde Linien gewählt und damit jedes Risiko vermieden, Shinya zu berühren«, schilderte Jacque. »Doch ich wußte, daß ich im letzten Streckenteil Vorteile hatte und habe bis zu letzten Runde mit verdeckten Karten gespielt. Erst beim Endspurt zum Zielstrich habe ich versucht, Shinya zu überholen. Ich konnte es selbst nicht glauben, als mein Vorderrad an seiner Maschine vorbei wanderte. Sicher war ich erst, als mir einer unserer Mechaniker die Flagge in die Hand drückte!«

Dieter Theis: Hoffen auf die Zukunft

In den Stunden danach fiel Jacque mit seligem Lächeln jedem um den Hals, der ihm über den Weg lief, und von Händedruck zu Händedruck glätteten sich auch die tiefen Sorgenfalten im Gesicht von Hervé Poncharal. »Die letzte Runde hat mir am meisten Angst eingejagt – ich fürchtete, meine Fahrer würden alles riskieren und alles aufs Spiel setzen«, seufzte er. »Doch ich muß OJ danken, daß er sich als echter Sportsmann gezeigt und von seinem zweiten Platz aus keinerlei Dummheiten gemacht hat.«

Trotz aller Freude über den ersten französischen Weltmeister seit Christian Sarron 1984 »muß ich mich heute abend vor allem um Shinya kümmern«, sorgte sich Poncharal über seinen zweiten Fahrer. Während im Chesterfield Yamaha Tech 3 Team gefeiert und der zweitplatzierte Shinya Nakano getröstet wurde, stieg im Aprilia Germany-Team das letzte Abendmahl mit Ralf Waldmann, der neben der 250 ccm-WM 2000 auch seinen Job bei Aprilia verloren hatte. »Ich wünschte, alles würde auch in Zukunft so weiter gehen«, sagte Waldi in der wehmütigen Abschiedsstimmung in die Runde.

Mit seiner Saisonbilanz von zwei überlegenen Siegen, zahlreichen fantastischen Aufholjagden und einer nur ganz knappen Niederlage gegen Daijiro Katoh im Kampf um den dritten Platz in Phillip Island war der 34jährige Rennveteran

Vive la France: Olivier Jacque war der erste französische Weltmeister seit Christian Sarron 1984

freilich noch viel zu schlagkräftig, um seinen Helm an den Nagel zu hängen. Die Rettungsversuche für Waldis Karriere liefen hinter den Kulissen deshalb auf Hochtouren weiter: Neben dem belgischen Honda-Team von Olivier Liegois mit seinem deutschen Manager Andy Leuthe versuchte mittlerweile auch der Bochumer Dieter Theis, Manager des Aprilia Racing Factory-Teams mit dem verletzten Alex Hofmann und seinem italienischen Vertreter Roberto Rolfo, Waldmann neue Türen aufzustoßen. »Wenn Waldi verliert,verliert der deutsche Motorradsport«, gab Theis die Losung aus und verhandelte stundenlang mit Aprilia-Renndirektor Jan Witteveen, unter welchen Voraussetzungen Waldi im Racing Factory Team unterzubringen sei. Für den Notfall hatte Witteveen freilich noch eine Alternative parat: Er bot Waldmann an, in der Superbike-WM auf einer Aprilia RSV 1000 als Teamkollege von Troy Corser an den Start zu gehen.

Waldis Teamkollege Klaus Nöhles hatte den letzten Grand Prix derweil als Zuschauer in der Box verbracht: Bei einem Trainingssturz erlitt er einen Riß im Wadenbein, und weil er ohnehin schon durch eine Infektion angeschlagen war und keine realistische Chance hatte, seinen zwölften WM-Rang zu verbessern, verzichtete er auf den Start.

500 ccm: Italiener unter sich

Zu den Zaungästen des Suzuki-Halbliterteams zählte Kenny juniors kleiner Bruder Kurtis Roberts, der die amerikanische Supersport-Meisterschaft für Honda gewonnen hatte und im Jahr 2001 auf Honda-Superbikes um die AMA-Championship antrat. »Erv Kanemoto hat versucht, mit mir als Fahrer im nächsten Jahr in die Grands Prix zurückkehren. Doch er hat das nötige Budget nicht auftreiben können«, verriet Kurtis, der sein Debüt in der GP 1-Klasse deshalb auf 2002 avisierte.

Als kleinen Vorgeschmack erlebte er ein Rennen live, das für den Ausgang der WM zwar keine allzu große Bedeutung mehr hatte, an Spannung und Action

Halloween beim Halbliterstart: Eurosport-Kommentator Randy Mamola, Valentino Rossi

aber trotzdem nicht zu überbieten war.

Zunächst führte Regis Laconi. Zusammen mit den Emerson-Honda-Piloten Loris Capirossi und Alex Barros diktierte der Franzose bis nach Halbzeit das Tempo und hätte noch neun Runden durchhalten müssen, um seiner Suche nach einem Job mit einem Podestplatz Nachdruck zu verleihen. Beim Anbremsen von Honda-Corner, einer Haarnadelkurve, bei der die Piloten von Tempo 260 auf Tempo 70 herunter bremsen müssen, fuhr er dann jedoch geradeaus und mußte sich nach dem Einfädeln mit dem elften Platz begnügen. »Ich hatte die Situation vom Start weg unter Kontrolle. Ich konnte jedes Überholmanöver anderer Fahrer an nahezu jeder Stelle der Strecke kontern«, schilderte der Franzose den Tränen nahe. »In dieser Spitzkehre habe ich dann versehentlich Loris Capirossi berührt und mußte von der Piste. Es ist schwer, dieses Resultat zu schlucken – denn ich hätte gewinnen können!«

In der Anfangsphase hatte Teamkollege Garry McCoy alles versucht, an Laconi vorbeizukommen und erlebte dabei einen Highsider, bei dem er fast die Kontrolle über seine Yamaha verlor, beide Beine hoch in der Luft hatte und seine Verkleidung zerbrach. Später im Rennen von einem zunehmend rutschenden Hinterreifen aufgehalten, mußte sich der Volksheld mit dem fünften Platz hinter Alex Barros begnügen. »Natürlich hätte ich vor meinem Publikum gerne gewonnen, doch selbst mit Verzweiflungsaktionen wäre ich am Ende nicht mehr in die Nähe der Spitzengruppe gekommen«, berichtete McCoy. »Ich brauchte zu lange, um an Jeremy McWilliams vorbei zu kommen. In den Kurven war er enorm schnell!«

Im Abschlußtraining hatte der Ire zum Abschluß des kostspieligen Zweizylinder-Experiments – Aprilia zog sich nach sieben Jahren und dem Verlust vieler, bis auf gelegentliche Achtungserfolge nutzlos verpulverter Dollarmillionen aus der Halbliterklasse zurück und kündigte gleichzeitig ein Comeback 2002 mit einem Viertakt-Prototypen an – die Pole Position erbeutet, konnte seine Leistungen im Rennen aber nicht bestätigen. »Die Gabel ratterte. Außerdem haben wir wegen des schlechten Wetters im Training nicht genügend Runden drehen können, um den besten Reifen zu finden«, erklärte McWilliams, der von Jan Witteveen das Angebot hatte, für ein Jahr zu den 250ern zurück zu kehren und dann wieder in der Königsklasse anzutreten. »Wie gewohnt wurde ich auch am Start verschluckt. Mir gelang es trotzdem, bis auf den vierten Platz vorzufahren, doch dann war der Hinterreifen endgültig aufgerieben. Ich bin sehr enttäuscht!«

Kenny Roberts nahm seinen siebten Platz hingegen mit Gelassenheit – das Problem, daß er allein zwar gute Rundenzeiten vorlegen konnte, im dichten Pulk abseits der Ideallinie aber nicht genügend Motorleistung hatte, um mit den Konkurrenzfabrikaten mitzuhalten, war schließlich allen bei Suzuki hinlänglich bekannt. Weil er sich im Getümmel kurz vor Schluß vor der Spitzkehre auch noch verbremste, kam es zu einem ganz und gar italienischen Podium – während Carlos Checa gleich zweimal stürzte, hatte sich Max Biaggi vom achten Platz an die Spitze durchgearbeitet und holte den Sieg vor Loris Capirossi und Valentino Rossi,was Max den dritten WM-Rang und Yamaha die Markenweltmeisterschaft bescherte. »Ein richtiges Rennen – aufregend und offen von Anfang bis Schluß«, rieb er sich die Hände und gewann die auf die Zielgerade strömenden Fans für sich, indem er Handschuhe und Stiefel in die Menge schleuderte.

Vor lauter Begeisterung reichte er sogar seinem Erzfeind Valentino Rossi die Hand. »Ich hätte gerne nochmals attackiert – doch mir war nicht klar, daß wir schon auf der letzten Runde waren«, kratzte sich der drittplatzierte Honda-Star den Kopf. »Auch war mein Motorrad heute beim Anbremsen leider nicht stabil genug. Das hat meine Aufgabe schwierig gemacht. Doch insgesamt kann ich mit dem Verlauf der Saison mehr als zufrieden sein!«

Händedruck unter Feinden: Max Biaggi, Valentino Rossi

Happy-End für Max Biaggi: Sieg im Rennen, Platz drei in der WM - und der Marken-Titel für Yamaha

125 ccm: Waterloo für Aprilia

Das galt auch für Weltmeister Roberto Locatelli in der 125 ccm-Klasse, der seinen Sturz zum Abschluß schnell verschmerzte. »Ein Glück, daß ich den Titel schon gewonnen habe. So etwas kann nun mal passieren, wenn man voll attackiert. Das einzige, was mich ärgert, ist, daß wir die Marken-WM verspielt haben«, meinte der italienische Blondschopf.

Denn neben Locatelli, der im Training mit seiner neunten Pole Position der Saison aufgetrumpft hatte, hatte auch Teamkollege Simone Sanna Pech. Fast die Hälfte der 23-Runden-Distanz hatte der Nachwuchsmann im Vasco Rossi-Team das Rennen dominiert, wurde dann aber von Lucio Cecchinello angegriffen – und kollidierte wenig später mit der umhertrudelnden Honda seines Landsmanns, weil Sturzkönig Cecchinello seinen Ehrgeiz mal wieder übertrieben hatte. Sanna mußte danach noch froh sein, die Aprilia auf dem zehnten Platz über die Linie zu retten.

Nach dem Zwischenfall übernahm der Franzose Arnaud Vincent das Kommando und hoffte schon, eine trostlose Saison ebenso erfolgreich abschließen zu können, wie er sie mit dem Auftaktsieg in Südafrika begonnen hatte. Sechs Runden vor Schluß rollte Vincent freilich mit dem gleichen Defekt aus, der ihn schon im Abschlußtraining aufgehalten hatte: Die Zündkerze ging kaputt.

Weil der Trainingsdritte Gianluigi Scalvini schon in der dritten Runde gestürzt war, war das Aufgebot an schnellen Aprilia-Piloten endgültig aufgerieben. Tatenlos mußten die Italiener mitansehen, wie Masao Azuma an Youichi Ui vorbei in Führung ging, sich selbst den ersten und einzigen Saisonsieg und Honda die Marken-WM bescherte. »Mein erster Sieg seit Donington 1999«, frischte Azuma die Erinnerung seiner Fans auf. »Heute ist es mir gelungen, von Anfang bis Ende in der Spitzengruppe mitzukämpfen und das Optimum aus mir und meiner Maschine herauszuholen. Ich bin überglücklich – und könnte schon morgen zur nächsten Saison antreten«; strahlte der Japaner.

Auch Vizeweltmeister Youichi Ui, der seine Derbi zum 14.Mal hintereinander in die erste Startreihe bugsiert hatte, hatte keine Chance. »Unser Motor war heute nicht kräftig genug, deshalb muß ich mit dem zweiten Platz zufrieden sein«, meinte der kleine Japaner, der mit blond gefärbten Haaren zum Saisonfinale erschienen war und neugierige Fragesteller aufklärte, er habe Locatellis Mähne oft genug von hinten aus dem Helm flattern se-

Gianluigi Scalvini stürzt - und Aprilia verpaßt die Marken-WM

Blondschopf Youichi Ui, Sohn Yohei: Am Montag zu den Pinguinen

hen und die Farbe schätzen und lieben gelernt. »In der letzten Runde war ich einmal kurz vorn, habe mich dann aber verbremst. Es hätte keinen Unterschied gemacht: Azuma wäre auf der nächsten Geraden ohnehin wieder an mir vorbei gebraust«, meinte Ui. »Im übrigen wollte ich auf keinen Fall stürzen und keinerlei Verletzungsgefahr eingehen, weil ich am Montagabend mit meiner Familie die Pinguine anschauen will, wie sie bei Einbruch der Dunkelheit aus dem Pazifik watscheln!«

Während Reinhard Stolz als 16. knapp die Punkte verpaßte und aus sportlichen wie finanziellen Gründen um die Zukunft bangte, freute sich Steve Jenkner über einen versöhnlichen siebten Platz. Bis zum Zielstrich duellierte er sich dabei mit dem Italiener Alex de Angelis und verpaßte Rang sechs um gerade mal zwei Tausendstel Sekunden. »Wegen des Windes hatten wir etwas zu kurz übersetzt, deshalb stand auf der Zielgeraden immer die Drehzahl an«, berichtete Jenkner. »Doch abgesehen davon war mein Motorrad perfekt!«

Zu den Glücklichen des Saisonfinales zählte auch Azumas Teamkollege Stefano Bianco. Der Vertreter des verletzten Mirko Giansanti, am ersten Trainingstag gerade mal 15 Jahre alt geworden, freute sich über die Qualifikation fürs Rennen ebenso königlich wie über die Tatsache, daß er die Renndistanz sturzfrei hinter sich gebracht hatte. Am Start unterlief Bianco freilich ein besonders amüsanter Fauxpas: Der aufgeregte WM-Debütant verwechselte seinen GP-Renner mit einer Straßenmaschine – und versuchte, im fünften Gang los zu fahren.

Weltmeister-Parada 2000: Olivier Jacque, Kenny Roberts, Roberto Locatelli

Chronik der Motorrad-Weltmeisterschaft

Klasse 500 cm3

1949	Leslie Graham	AJS
1950	Umberto Masetti	Gilera
1951	Geoff Duke	Norton
1952	Umberto Mesette	Gilera
1953	Geoff Duke	Gilera
1954	Geoff Duke	Gilera
1955	Geoff Duke	Gilera
1956	John Surtees	MV Agusta
1957	Libero Liberati	Gilera
1958	John Surtees	MV Agusta
1959	John Surtees	MV Agusta
1960	John Surtees	MV Agusta
1961	Gary Hocking	MV Agusta
1962	Mike Hailwood	MV Agusta
1963	Mike Hailwood	MV Agusta
1964	Mike Hailwood	MV Agusta
1965	Mike Hailwood	MV Agusta
1966	Giacomo Agostini	MV Agusta
1967	Giacomo Agostini	MV Agusta
1968	Giacomo Agostini	MV Agusta
1969	Giacomo Agostini	MV Agusta
1970	Giacomo Agostini	MV Agusta
1971	Giacomo Agostini	MV Agusta
1972	Giacomo Agostini	MV Agusta
1973	Phil Read	MV Agusta
1974	Phil Read	MV Agusta
1975	Giacomo Agostini	Yamaha
1976	Barry Sheene	Suzuki
1977	Barry Sheene	Suzuki
1978	Kenny Roberts	Yamaha
1979	Kenny Roberts	Yamaha
1980	Kenny Roberts	Yamaha
1981	Marco Lucchinelli	Suzuki
1982	Franco Uncini	Suzuki
1983	Freddie Spencer	Honda
1984	Eddie Lawson	Yamaha
1985	Freddie Spencer	Honda
1986	Eddie Lawson	Yamaha
1987	Wayne Gradner	Honda
1988	Eddie Lawson	Honda
1989	Eddie Lawson	Honda
1990	Wayne Rainey	Yamaha
1991	Wayne Rainey	Yamaha
1992	Wayne Rainey	Yamaha
1993	Kevin Schwantz	Suzuki
1994	Michael Doohan	Honda
1995	Michael Doohan	Honda
1996	Michael Doohan	Honda
1997	Michael Doohan	Honda
1998	Michael Doohan	Honda
1999	Alex Crivillé	Honda
2000	Kenny Roberts jr.	Suzuki

Klasse 80 cm³

1984	Stefan Dörflinger	Zündapp
1985	Stefan Dörflinger	Zündapp
1986	Jorge Martinez	Derbi
1987	Jorge Martinez	Derbi
1988	Jorge Martinez	Derbi
1989	Manuel Herreros	Derbi

Supersport

1999	Stephane Chambon	Suzuki
2000	Jörg Teuchert	Yamaha

Grand Prix-Kalender 2001

8. April	Suzuka/J
22. April	Welkom/SA
6. Mai	Jerez de la Frontera/E
20. Mai	Le Mans/F
3. Juni	Mugello/I
17. Juni	Montmeló/E
30. Juni	Assen/NL
8. Juli	Donington Park/GB
22. Juli	Sachsenring/D
26. August	Brünn/CZ
9. September	Estoril/P
23. September	Valencia/E
7. Oktober	Twin Ring Motegi/J
14. Oktober	Phillip Island/AUS
21. Oktober	Sepang/MAL
4. November	Rio de Janeiro/BRA

Klasse 250 cm³

1949	Bruno Ruffo	Moto Guzzi
1950	Dario Ambrosini	Benelli
1951	Bruno Ruffo	Moto Guzzi
1952	Enrico Lorenzetti	Moto Guzzi
1953	Werner Haas	NSU
1954	Werner Haas	NSU
1955	H.-P. Müller	NSU
1956	Carlo Ubbiali	MV Agusta
1957	Cecil Sandford	Mondial
1958	Tarquinio Provini	MV Agusta
1959	Carlo Ubbiali	MV Agusta
1960	Carlo Ubbiali	MV Agusta
1961	Mike Hailwood	Honda
1962	Jim Redmann	Honda
1963	Jim Redmann	Honda
1964	Phil Read	Yamaha
1965	Phil Read	Yamaha
1966	Mike Hailwood	Honda
1967	Mike Hailwood	Honda
1968	Phil Read	Yamaha
1969	Kel Carruthers	Benelli
1970	Rod Gould	Yamaha
1971	Phil Read	Yamaha
1972	Jarno Saarinen	Yamaha
1973	Dieter Braun	Yamaha
1974	Walter Villa	Harl.-Dav.
1975	Walter Villa	Harl.-Dav.
1976	Walter Villa	Harl.-Dav.
1977	Mario Lega	Morbidelli
1978	Kork Ballington	Kawasaki
1979	Kork Ballington	Kawasaki
1980	Anton Mang	Kawasaki
1981	Anton Mang	Kawasaki
1982	J.-L. Tournadre	Yamaha
1983	Carlos Lavado	Yamaha
1984	Christian Sarron	Yamaha
1985	Freddie Spencer	Honda
1986	Carlos Lavado	Yamaha
1987	Anton Mang	Honda
1988	Sito Pons	Honda
1989	Sito Pons	Honda
1990	John Kocinski	Yamaha
1991	Luca Cadalora	Honda
1992	Luca Cadalora	Honda
1993	Tetsuya Harada	Yamaha
1994	Massimiliano Biaggi	Aprilia
1995	Massimiliano Biaggi	Aprilia
1996	Massimiliano Biaggi	Aprilia
1997	Massimiliano Biaggi	Honda
1998	Loris Capirossi	Aprilia
1999	Valentino Rossi	Aprilia
2000	Olivier Jacque	Yamaha

Klasse 350 cm³

1949	Freddy Frith	Velocette
1950	Bob Forster	Velocette
1951	Geoff Duke	Norton
1952	Geoff Duke	Norton
1953	Fergus Anderson	Moto Guzzi
1954	Fergus Anderson	Moto Guzzi
1955	Bill Lomas	Moto Guzzi
1956	Bill Lomas	Moto Guzzi
1957	Keith Campbell	Moto Guzzi
1958	John Surtees	MV Agusta
1959	John Surtees	MV Agusta
1960	John Surtees	MV Agusta
1961	Gary Hocking	MV Agusta
1962	Jim Redmann	Honda
1963	Jim Redmann	Honda
1964	Jim Redmann	Honda
1965	Jim Redmann	Honda
1966	Mike Hailwood	Honda
1967	Mike Hailwood	Honda
1968	Giacomo Agostini	MV Agusta
1969	Giacomo Agostini	MV Agusta
1970	Giacomo Agostini	MV Agusta
1971	Giacomo Agostini	MV Agusta
1972	Giacomo Agostini	MV Agusta
1973	Giacomo Agostini	MV Agusta
1974	Giacomo Agostini	Yamaha
1975	Jonny Cecotto	Yamaha
1976	Walter Villa	Harl.-Dav.
1977	Takazumi Katayama	Yamaha
1978	Kork Ballington	Kawasaki
1979	Kork Ballington	Kawasaki
1980	Jon Ekerold	Yamaha
1981	Anton Mang	Kawasaki
1982	Anton Mang	Kawasaki

Klasse 125 cm³

1949	Nello Pagani	Mondial
1950	Bruno Ruffo	Mondial
1951	Carlo Ubbiali	Mondial
1952	Cecil Sandford	MV Agusta
1953	Werner Haas	NSU
1954	Ruppert Hollaus	NSU
1955	Carlo Ubbiali	MV Agusta
1956	Carlo Ubbiali	MV Agusta
1957	Tarquinio Provini	Mondial
1958	Carlo Ubbiali	MV Agusta
1959	Carlo Ubbiali	MV Agusta
1960	Carlo Ubbiali	MV Agusta
1961	Tom Phillis	Honda
1962	Luigi Taveri	Honda
1963	Hugh Anderson	Suzuki
1964	Luigi Taveri	Honda
1965	Hugh Anderson	Suzuki
1966	Luigi Taveri	Honda
1967	Bill Ivy	Yamaha
1968	Phil Read	Yamaha
1969	Dave Simmonds	Kawasaki
1970	Dieter Braun	Suzuki
1971	Angel Nieto	Derbi
1972	Angel Nieto	Derbi
1973	Kent Andersson	Yamaha
1974	Kent Andersson	Yamaha
1975	Pier-Paolo Pileri	Morbidelli
1976	Pier-Paolo Pileri	Morbidelli
1977	Pier-Paolo Pileri	Morbidelli
1978	Eugenio Lazzarini	MBA
1979	Angel NIeto	Minarelli
1980	Pier-Paolo Pileri	MBA
1981	Angel Nieto	Minarelli
1982	Angel Nieto	Garelli
1983	Angel Nieto	Garelli
1984	Angel Nieto	Garelli
1985	Fausto Gresini	Garelli
1986	Luca Cadalora	Garelli
1987	Fausto Gresini	Garelli
1988	Jorge Martinez	Derbi
1989	Alex Crivillé	JJ Cobas
1990	Loris Capirossi	Honda
1991	Loris Capirossi	Honda
1992	Alessandro Gramigni	Aprilia
1993	Dirk Raudies	Honda
1994	Kazuto Sakata	Aprilia
1995	Haruchika Aoki	Honda
1996	Haruchika Aoki	Honda
1997	Valentino Rossi	Aprilia
1998	Kazuto Sakata	Aprilia
1999	Emilio Alzamora	Honda
2000	Roberto Locatelli	Aprilia

Langstrecke

1980	Marc Fontan/Hervé Moineau	Honda
1981	Raymond Roche/Jean Lafond	Kawasaki
1982	Jean-Claude Chemarin/Jacques Cornu	Kawasaki
1983	Hervé Moineau/Robert Hubin	Kawasaki
1984	Gerard Coudray/Patrick Igoa	Honda
1985	Gerard Coudray/Patrick Igoa	Honda
1986	Patrick Igoa	Honda
1987	Hervé Moineau/B. Le Bihan	Suzuki
1988	Hervé Moineau/Thierry Crine	Suzuki
1991	Alex Vieira	Kawasaki
1992	Terry Rymer/Carl Fogarty	Kawasaki
1993	Doug Toland	Kawasaki
1994	Adrian Morillas	Kawasaki
1995	Stephane Mertens/Jean-Marc Mattioli	Honda
1996	Brian Morrison	Kawasaki
1997	Peter Goddard/Doug Polen	Suzuki
1998	Christian Lavieille/Doug Polen	Honda
1999	Terry Rymer/Jehan de Orgeix	Suzuki
2000	Peter Linden/Warwick Nowland	Suzuki

Gespanne:

1949	Oliver/Jenkinson	Norton
1950	Oliver/Dobelli	Norton
1951	Oliver/Dobelli	Norton
1952	Smith/Clements	Norton
1953	Oliver/Dibben	Norton
1954	Noll/Cron	BMW
1955	Faust/Remmert	BMW
1956	Noll/Cron	BMW
1957	Hillebrand/Grundwald	BMW
1958	Schneider/Strauss	BMW
1959	Schneider/Strauss	BMW
1960	Fath/Wohlgemut	BMW
1961	Deubel/Hörner	BMW
1962	Deubel/Hörner	BMW
1963	Deubel/Hörner	BMW
1964	Deubel/Hörner	BMW
1965	Scheidegger/Robinson	BMW
1966	Scheidegger/Robinson	BMW
1967	Enders/Engelhardt	BMW
1968	Fath/Kalauch	URS
1969	Enders/Engelhardt	BMW
1970	Enders/Engelhardt/Kalauch	BMW
1971	Owesle/Rutterford	Münch URS
1972	Enders/Engelhardt	BMW
1973	Enders/Engelhardt	BMW
1974	Enders/Engelhardt	HBM
1975	Steinhausen/Huber	König
1976	Steinhausen/Huber	Busch/König
1977	O'Dell/Holland/Arthur	Yamaha
1978	Biland/Williams	BEO
1979	B2 A Biland/Williams	SCR
	B2 B Bolzer/Meierhans	LCR
1980	Taylor/Johansson	Fowler-Yamaha
1981	Biland/Waltisperg	LCR-Yamaha
1982	Schwärzel/Huber	Yamaha
1983	Biland/Waltisperg	LCR-Yamaha
1984	Streuer/Schnieders	LCR-Yamaha
1985	Streuer/Schnieders	LCR-Yamaha
1986	Streuer/Schnieders	LCR-Yamaha
1987	Webster/Hewitt	LCR-Krauser
1988	Webster/Hewitt	LCR-Krauser
1989	Webster/Hewitt	LCR-Krauser
1990	Michel/Birchall	LCR
1991	Webster/Simmons	LCR-Krauser
1992	Biland/Waltisperg	LCR-Krauser
1993	Biland/Waltisperg	LCR-Krauser
1994	Biland/Waltisperg	LCR-Krauser
1995	Dixon/Hetherington	Windle-ADM
1996	Dixon/Hetherington	Windle-ADM
1997	Webster/James	LCR-ADM

Klasse 50 cm³:

1962	Ernst Degner	Suzuki
1963	Hugh Anderson	Suzuki
1964	Hugh Anderson	Suzuki
1965	Ralph Bryans	Honda
1966	H.-G. Anscheidt	Suzuki
1967	H.-G. Anscheidt	Suzuki
1968	H.-G. Anscheidt	Suzuki
1969	Angel Nieto	Derbi
1970	Angel Nieto	Derbi
1971	Jan de Vries	Kreidler
1972	Angel Nieto	Derbi
1973	Jan de Vries	Kreidler
1974	Henk van Kessel	Kreidler
1975	Angel Nieto	Kreidler
1976	Angel Nieto	Bultaco
1977	Angel Nieto	Bultaco
1978	RicardoTormo	Bultaco
1979	Eugenio Lazzarini	Kreidler
1980	Eugenio Lazzarini	Iprem
1981	Ricardo Tormo	Bultaco
1982	Stefan Dörflinger	Kreidler
1983	Stefan Dörflinger	Kreidler

Klasse 750 cm³:

1977	Steve Baker	Yamaha
1978	Johnny Cecotto	Yamaha
1979	Patrick Pons	Yamaha

Superbikes:

1988	Fred Merkel	Honda
1989	Fred Merkel	Honda
1990	Raymond Roche	Ducati
1991	Doug Polen	Ducati
1992	Doug Polen	Ducati
1993	Scott Russell	Kawasaki
1994	Carl Fogarty	Ducati
1995	Carl Fogarty	Ducati
1996	Troy Corser	Ducati
1997	John Kocinski	Honda
1998	Carl Fogarty	Ducati
1999	Carl Fogarty	Ducati
2000	Colin Edwards	Honda

GP Südafrika in Welkom

Termin: 19. März 2000, Wetter: trocken, Zuschauer: 22.000, Streckenlänge: 4,242 km

125 cm^3

STARTAUFSTELLUNG	
Fahrer (Nr)	Trainingszeit
1. Locatelli (4)	1'43.464
2. Ui (41)	1'43.547
3. Scalvini (8)	1'43.579
4. Giansanti (32)	1'43.610
5. Jenkner (17)	1'43.692
6. Vincent (21)	1'43.729
7. Ueda (5)	1'43.993
8. Goi (26)	1'44.010
9. Borsoi (23)	1'44.236
10. Sanna (16)	1'44.399
11. Alzamora (1)	1'44.483
12. Azuma (3)	1'44.541
13. de Puniet (12)	1'44.592
14. Nieto jr. (29)	1'44.662
15. A. de Angelis (15)	1'44.993
16. Nieto (22)	1'45.165
17. Sabbatani (11)	1'45.372
18. Cecchinello (9)	1'45.512
19. Poggiali (54)	1'45.974
20. Petrini (51)	1'46.283
21. Stolz (35)	1'46.306
22. W.de Angelis (53)	1'47.021
23. Haslam (24)	1'47.357
24. Elias (18)	1'47.692
25. Araujo (10)	1'47.953
26. Hules (39)	1'48.521

ERGEBNIS nach 24 Runden = 101,808 km			
Schnitt des Siegers: 146,879 km/h		WM-Stand	
Fahrer (Nation) Maschine	Zeit (Min)	Fahrer/Punkte	
1. Arnaud Vincent (F) Aprilia	41'35.310	Vincent	25
2. Mirko Giansanti (I) Aprilia	-1.937	Giansanti	20
3. Emilio Alzamora (E) Honda	-2.057	Alzamora	16
4. Roberto Locatelli (I) Aprilia	-2.362	Locatelli	13
5. Noboru Ueda (J) Honda	-4.566	Ueda	11
6. Steve Jenkner (D) Honda	-11.073	Jenkner	10
7. Gianluigi Scalvini (I) Aprilia	-11.187	Scalvini	9
8. Ivan Goi (I) Honda	-11.504	Goi	8
9. Masao Azuma (J) Honda	-37.723	Azuma	7
10. Gino Borsoi (I) Aprilia	-39.819	Borsoi	6
11. Lucio Cecchinello (I) Honda	-39.887	Cecchinello	5
12. Simone Sanna (I) Aprilia	-39.964	Sanna	4
13. Angel Nieto jr. (E) Honda	-40.474	Nieto jr.	3
14. Randy de Puniet (F) Aprilia	-41.118	de Puniet	2
15. Pablo Nieto (E) Derbi	-52.411	Nieto	1
16. Alex de Angelis (I) Honda	-52.639		
17. Reinhard Stolz (D) Honda	-1'22.243		
18. Adrian Araujo (E) Honda	-1'27.527		
19. William de Angelis (I) Aprilia	-1'27.811		
20. Massimiliano Sabbatani (I) Honda	-1'28.093		
21. Marco Petrini (I) Aprilia	-1'28.449		
22. Leon Haslam (GB) Italjet	-1'28.648		
23. Antonio Elias (E) Honda	-1'47.350		
Schnellste Runde: Vincent in 1'42.782 = 148,579 km/h			

AUSFÄLLE: Fahrer (Nation) Maschine (Grund)	in Runde
Manuel Poggiali (RSM) Derbi (Nichtstarter/Trainingssturz)	-
Youichi Ui (J) Derbi (Sturz)	1
Jaroslav Hules (CZ) Italjet (Motordetonationen)	5

250 cm^3

STARTAUFSTELLUNG	
Fahrer (Nr)	Trainingszeit
1. Nakano (56)	1'37.705
2. Ukawa (4)	1'37.778
3. Katoh (74)	1'37.882
4. West (14)	1'38.895
5. Jacque (19)	1'38.937
6. Battaini (21)	1'38.943
7. Waldmann (6)	1'39.091
8. Melandri (13)	1'39.324
9. Boscoscuro (37)	1'39.477
10. Debon (30)	1'39.772
11. Porto (9)	1'39.869
12. Yuzy (18)	1'39.957
13. Nöhles (26)	1'40.044
14. Robinson (77)	1'40.072
15. Hofmann (66)	1'40.193
16. Coates (15)	1'40.533
17. J. Vincent (24)	1'40.546
18. Matsudo (8)	1'40.621
19. Janssen (41)	1'40.622
20. Stigefelt (16)	1'40.760
21. Garcia (54)	1'40.790
22. Clementi (11)	1'40.880
23. Nieto (10)	1'41.266
24. Checa (42)	1'41.546
25. V. Philippe (25)	1'41.655
26. Baldinger (12)	1'41.763
27. Oliver (31)	1'41.853
28. Rolfo (44)	1'42.073

ERGEBNIS nach 26 Runden = 110,292 km			
Schnitt des Siegers: 155,457 km/h		WM-Stand	
Fahrer (Nation) Maschine	Zeit (Min)	Fahrer/Punkte	
1. Shinya Nakano (J) Yamaha	42'34.85	Nakano	25
2. Daijiro Katoh (J) Honda	-0.875	Katoh	20
3. Tohru Ukawa (J) Honda	-13.813	Ukawa	16
4. Olivier Jacque (F) Yamaha	-30.687	Jacque	13
5. Anthony West (AUS) Honda	-47.621	West	11
6. Franco Battaini (I) Aprilia	-47.705	Battaini	10
7. Ralf Waldmann (D) Aprilia	-58.221	Waldmann	9
8. Sebastian Porto (RA) Yamaha	-1'02.190	Porto	8
9. Jason Vincent (GB) Aprilia	-1'07.732	Vincent	7
10. Naoki Matsudo (J) Yamaha	-1'09.269	Matsudo	6
11. Jamie Robinson (GB) Aprilia	-1'23.219	Robinson	5
12. Alex Debon (E) Aprilia	-1'25.538	Debon	4
13. Marco Melandri (I) Aprilia	-1'29.763	Melandri	3
14. Klaus Nöhles (D) Aprilia	-1'31.878	Nöhles	2
15. Roberto Rolfo (I) TSR-Honda	-1 Runde	Rolfo	1
16. David Checa (E) TSR-Honda	-1 Runde		
17. Jarno Janssen (NL) TSR-Honda	-1 Runde		
18. Mike Baldinger (D) Yamaha	-1 Runde		
Schnellste Runde: Katoh in 1'37.440 = 156,724 km/h			

AUSFÄLLE: Fahrer (Nation) Maschine (Grund)	in Runde
Vincent Philippe (F) TSR-Honda (Nichtstarter/Grund unbekannt)	-
Adrian Coates (GB) Aprilia (Sturz)	4
Alexander Hofmann (D) Aprilia (Aufgabe/Reifenprobleme)	9
Luca Boscoscuro (I) Aprilia (Grund unbekannt)	11
David Garcia (E) Aprilia (Sturz)	13
Ivan Clementi (I) Aprilia (Aufgabe/Reifenprobleme)	15
Johan Stigefelt (S) TSR-Honda (Grund unbekannt)	18
Shahrol Yuzy (MAL) Yamaha (Grund unbekannt)	20
Lucas Oliver (E) Yamaha (Aufgabe/Reifenprobleme)	21
Alfonso Nieto (E) Yamaha (Aufgabe nach Zeitstrafe)	22

500 cm^3

STARTAUFSTELLUNG	
Fahrer (Nr)	Trainingszeit
1. Gibernau (5)	1'36.273
2. Capirossi (65)	1'36.397
3. Roberts jr. (2)	1'36.679
4. Checa (7)	1'36.711
5. Rossi (46)	1'36.832
6. Okada (8)	1'36.841
7. Crivillé (1)	1'36.970
8. McWilliams (99)	1'37.044
9. McCoy (24)	1'37.129
10. Biaggi (4)	1'37.208
11. v. d. Goorbergh (17)	1'37.323
12. Aoki (9)	1'37.330
13. Barros (10)	1'37.340
14. Harada (31)	1'37.382
15. Abe (6)	1'37.584
16. Laconi (55)	1'37.711
17. Gimbert (22)	1'39.067
18. de Gea (11)	1'39.222
19. Norval (12)	1'40.013
20. Cardoso (25)	1'40.324
21. Konishi (15)	1'40.349

ERGEBNIS nach 28 Runden = 118,776 km			
Schnitt des Siegers: 156,126 km/h		WM-Stand	
Fahrer (Nation) Maschine	Zeit (Min)	Fahrer/Punkte	
1. Garry McCoy (AUS) Yamaha	45'38.775	McCoy	25
2. Carlos Checa (E) Yamaha	-0.366	Checa	20
3. Loris Capirossi (I) Honda	-1.590	Capirossi	16
4. Alexandre Barros (BR) Honda	-9.745	Barros	13
5. Alex Crivillé (E) Honda	-10.253	Crivillé	11
6. Kenny Roberts jr. (USA) Suzuki	-15.853	Roberts jr.	10
7. Norifumi Abe (J) Yamaha	-24.228	Abe	9
8. Nobuatsu Aoki (J) Suzuki	-26.719	Aoki	8
9. Regis Laconi (F) Yamaha	-36.231	Laconi	7
10. Jürgen v. d. Goorbergh (NL) TSR-Honda	-37.613	Goorbergh	6
11. José Luis Cardoso (E) Honda	-1'04.044	Cardoso	5
12. Sebastien Gimbert (F) Honda	-1'14.912	Gimbert	4
13. Yoshiteru Konishi (J) TSR-Honda	-1'30.049	Konishi	3
14. Shane Norval (SA) Honda	-1'32.776	Norval	2
15. David de Gea (E) Modenas	-1 Runde	de Gea	1
Schnellste Runde: Rossi in 1'36.933 = 157,544 km/h			

AUSFÄLLE: Fahrer (Nation) Maschine (Grund)	in Runde
Tetsuya Harada (J) Aprilia (Aufgabe/Reifenprobleme)	3
Jeremy McWilliams (GB) Aprilia (Aufgabe/Reifenprobleme)	8
Massimiliano Biaggi (I) Yamaha (Aufgabe/Reifenprobleme)	13
Valentino Rossi (I) Honda (Sturz)	13
Sete Gibernau (E) Honda (Sturz)	21
Tadayuki Okada (J) Honda (Sturz)	22

Europa, wir kommen:
Shinya Nakano führte die japanische Übermacht in Südafrika an

GP Malaysia in Sepang

Termin: 2. April 2000, Wetter: trocken/Regen, Zuschauer: 18.000, Streckenlänge: 5,548 km

125 cm³

STARTAUFSTELLUNG	
Fahrer (Nr)	**Trainingszeit**
1. Ueda (5)	2'15.886
2. Vincent (21)	2'16.025
3. Locatelli (4)	2'16.195
4. Alzamora (1)	2'16.630
5. Ui (41)	2'16.931
6. Sabbatani (11)	2'17.003
7. Azuma (3)	2'17.131
8. Cecchinello (9)	2'17.154
9. Giansanti (32)	2'17.181
10. Sanna (16)	2'17.188
11. Goi (26)	2'17.278
12. Borsoi (23)	2'17.312
13. de Puniet (12)	2'17.418
14. Jenkner (17)	2'17.617
15. Scalvini (8)	2'17.725
16. Nieto jr. (29)	2'17.824
17. Nieto (22)	2'17.938
18. Elias (18)	2'18.317
19. A. de Angelis (15)	2'18.659
20. Stolz (35)	2'18.939
21. W.de Angelis (53)	2'19.303
22. Hules (39)	2'19.653
23. Petrini (51)	2'19.839
24. Haslam (24)	2'20.261
25. Araujo (10)	2'21.168
26. Chamsub (49)	2'21.355
27. Krisart (48)	2'22.385

ERGEBNIS nach 19 Runden = 105,412 km			
Schnitt des Siegers: 145,343 km/h		WM-Stand	
Fahrer (Nation) Maschine	**Zeit (Min)**	**Fahrer/Punkte**	
1. Roberto Locatelli (I) Aprilia	43'30.945	Locatelli	38
2. Youichi Ui (J) Derbi	-0.161	Giansanti	36
3. Mirko Giansanti (I) Aprilia	-0.163	Alzamora	29
4. Emilio Alzamora (E) Honda	-1.299	Vincent	25
5. Noboru Ueda (J) Honda	-6.246	Ueda	22
6. Gino Borsoi (I) Aprilia	-6.315	Ui	20
7. Gianluigi Scalvini (I) Aprilia	-11.098	Scalvini	18
8. Masao Azuma (J) Honda	-11.329	Jenkner	17
9. Steve Jenkner (D) Honda	-11.540	Borsoi	16
10. Ivan Goi (I) Honda	-15.917	Azuma	15
11. Pablo Nieto (E) Derbi	-23.496	Goi	14
12. Angel Nieto jr. (E) Honda	-26.226	Nieto jr.	7
13. Massimiliano Sabbatani (I) Honda	-30.126	Sanna	6
14. Simone Sanna (I) Aprilia	-34.564	Nieto	6
15. Reinhard Stolz (D) Honda	-56.991	Cecchinello	5
16. Alex de Angelis (I) Honda	-1'02.794	Sabbatani	3
17. Antonio Elias (E) Honda	-1'03.411	de Puniet	2
18. Lucio Cecchinello (I) Honda	-1'04.648	Stolz	1
19. Leon Haslam (GB) Italjet	-1'25.423		
20. Decha Krisart (THA) Yamaha	-2'14.740		
Schnellste Runde: Giansanti in 2'16.138 = 146,71 km/h			

AUSFÄLLE: Fahrer (Nation) Maschine (Grund)	in Runde
Suhathai Chamsub (THA) Honda (Sturz)	2
Randy de Puniet (F) Aprilia (Sturz)	11
Arnaud Vincent (F) Aprilia (Kolbenklemmer)	11
William de Angelis (I) Aprilia (Aufgabe/Ausritt)	12
Adrian Araujo (E) Honda (Antriebsritzel verloren)	13
Jaroslav Hules (CZ) Italjet (Aufgabe/Ausritt)	15
Marco Petrini (I) Aprilia (Aufgabe/Setup-Probleme)	15

250 cm³

STARTAUFSTELLUNG	
Fahrer (Nr)	**Trainingszeit**
1. Ukawa (4)	2'08.225
2. Katoh (74)	2'08.373
3. Waldmann (6)	2'08.573
4. Jacque (19)	2'08.727
5. Nakano (56)	2'08.821
6. Boscoscuro (37)	2'09.695
7. Battaini (21)	2'09.743
8. West (14)	2'10.232
9. Melandri (13)	2'10.396
10. Nöhles (26)	2'10.623
11. Matsudo (8)	2'10.745
12. Hofmann (66)	2'10.853
13. Coates (15)	2'11.145
14. Garcia (54)	2'11.344
15. Robinson (77)	2'11.467
16. Porto (9)	2'11.551
17. Janssen (41)	2'11.630
18. Yuzy (18)	2'11.662
19. Debon (30)	2'11.704
20. Checa (42)	2'11.752
21. Clementi (11)	2'12.096
22. Nieto (10)	2'12.303
23. Vincent (24)	2'12.359
24. Rolfo (44)	2'12.565
25. Stigefelt (16)	2'12.734
26. Baldinger (12)	2'12.796
27. Philippe (25)	2'13.654
28. Oliver (31)	2'13.909

ERGEBNIS nach 20 Runden = 110,960 km			
Schnitt des Siegers: 153,582 km/h		WM-Stand	
Fahrer (Nation) Maschine	**Zeit (Min)**	**Fahrer/Punkte**	
1. Shinya Nakano (J) Yamaha	43'20.928	Nakano	50
2. Olivier Jacque (F) Yamaha	-4.042	Katoh	36
3. Daijiro Katoh (J) Honda	-6.270	Jacque	33
4. Ralf Waldmann (D) Aprilia	-17.172	Waldmann	22
5. Marco Melandri (I) Aprilia	-41.679	West	21
6. Anthony West (AUS) Honda	-43.577	Porto	16
7. Luca Boscoscuro (I) Aprilia	-46.589	Ukawa	16
8. Sebastian Porto (RA) Yamaha	-50.730	Melandri	14
9. Alex Debon (E) Aprilia	-57.955	Battaini	13
10. Alexander Hofmann (D) Aprilia	-58.477	Debon	11
11. Naoki Matsudo (J) Yamaha	-58.659	Matsudo	11
12. Jason Vincent (GB) Aprilia	-59.380	Vincent	11
13. Franco Battaini (I) Aprilia	-1'05.180	Boscoscuro	9
14. Roberto Rolfo (I) TSR-Honda	-1'15.621	Hofmann	6
15. Johan Stigefelt (S) TSR-Honda	-1'19.994	Robinson	5
16. Jarno Janssen (NL) TSR-Honda	-1'31.080	Rolfo	3
17. Vincent Philippe (F) TSR-Honda	-1'33.083	Nöhles	2
18. Shahrol Yuzy (MAL) Yamaha	-1'45.662	Stigefelt	1
19. Mike Baldinger (D) Yamaha	-1'46.346		
Schnellste Runde: Nakano in 2'09.116 = 154,689 km/h			

AUSFÄLLE: Fahrer (Nation) Maschine (Grund)	in Runde
David Checa (E) TSR-Honda (Sturz)	1
Ivan Clementi (I) Aprilia (Sturz)	1
Klaus Nöhles (D) Aprilia (Sturz)	1
Tohru Ukawa (J) Honda (Sturz)	1
Adrian Coates (GB) Aprilia (Benzinzufuhr defekt)	5
Jamie Robinson (GB) Aprilia (Auspuff nach Kollision defekt)	8
Alfonso Nieto (E) Yamaha (Sturz)	11
David Garcia (E) Aprilia (Sturz)	13
Lucas Oliver (E) Yamaha (Aufgabe/Schmerzen im linken Knie)	14

500 cm³

STARTAUFSTELLUNG	
Fahrer (Nr)	**Trainingszeit**
1. Roberts (2)	2'06.053
2. Capirossi (65)	2'06.412
3. Biaggi (4)	2'06.788
4. Checa (7)	2'07.079
5. Abe (6)	2'07.146
6. McCoy (24)	2'07.379
7. Rossi (46)	2'07.405
8. Crivillé (1)	2'07.517
9. Barros (10)	2'07.605
10. v. d. Goorbergh (17)	2'07.753
11. Aoki (9)	2'07.806
12. Okada (8)	2'07.918
13. Laconi (55)	2'07.952
14. Gibernau (5)	2'08.064
15. McWilliams (99)	2'08.357
16. Harada (31)	2'10.147
17. Cardoso (25)	2'10.176
18. de Gea (11)	2'10.658
19. Gimbert (22)	2'11.128
20. Konishi (15)	2'11.874
21. Norval (12)	2'12.252

ERGEBNIS nach 15 Runden = 83,220 km			
Schnitt des Siegers: 156,192 km/h		WM-Stand	
Fahrer (Nation) Maschine	**Zeit (Min)**	**Fahrer/Punkte**	
1. Kenny Roberts (USA) Suzuki	31'58.102	McCoy	41
2. Carlos Checa (E) Yamaha	-1.870	Checa	40
3. Garry McCoy (AUS) Yamaha	-7.190	Roberts	35
4. Massimiliano Biaggi (I) Yamaha	-13.202	Barros	21
5. Nobuatsu Aoki (J) Suzuki	-22.214	Aoki	19
6. Tadayuki Okada (J) Honda	-22.858	Capirossi	16
7. Sete Gibernau (E) Honda	-25.081	Laconi	14
8. Alexandre Barros (BR) Honda	-25.229	Biaggi	13
9. Regis Laconi (F) Yamaha	-25.522	Goorbergh	11
10. Jeremy McWilliams (GB) Aprilia	-35.874	Crivillé	11
11. Jürgen v. d. Goorbergh (NL) TSR-Honda	-46.150	Okada	10
12. Tetsuya Harada (J) Aprilia	-46.615	Gibernau	9
13. José Luis Cardoso (E) Honda	-1'03.255	Abe	9
14. David de Gea (E) Modenas	-1'05.616	Cardoso	8
15. Sebastien Gimbert (F) Honda	-1'08.226	McWilliams	6
16. Shane Norval (SA) Honda	-1'42.190	Gimbert	5
17. Norifumi Abe (J) Yamaha	-1 Runde	Harada	4
Schnellste Runde: Roberts in 2'06.839 = 157,466 km/h			

AUSFÄLLE: Fahrer (Nation) Maschine (Grund)	in Runde
Loris Capirossi (I) Honda (Sturz)	1
Alex Crivillé (E) Honda (Sturz)	1
Yoshiteru Konishi (J) TSR-Honda (Sturz)	4
Valentino Rossi (I) Honda (Sturz)	5

Spuren im Asphalt: Nicht nur Garry McCoy, auch sein Yamaha-Teamkollege Regis Laconi driftete verwegen

GP Japan in Suzuka

Termin: 9. April 2000, Wetter: trocken, Zuschauer: 42.000, Streckenlänge: 5,864 km

125 cm³

STARTAUFSTELLUNG	
Fahrer (Nr)	Trainingszeit
1. Ui (41)	2'14.975
2. Ueda (5)	2'15.035
3. Locatelli (4)	2'15.281
4. Cecchinello (9)	2'15.600
5. Borsoi (23)	2'15.758
6. Scalvini (8)	2'16.086
7. de Puniet (12)	2'16.209
8. Fujioka (56)	2'16.498
9. Goi (26)	2'16.698
10. Vincent (21)	2'16.712
11. Nakajoh (55)	2'16.785
12. Azuma (3)	2'16.806
13. Alzamora (1)	2'16.885
14. Giansanti (32)	2'16.993
15. Sanna (16)	2'17.184
16. Nieto jr. (29)	2'17.399
17. Uezu (58)	2'17.406
18. Elias (18)	2'17.542
19. Hules (39)	2'17.661
20. Kikuchi (57)	2'17.741
21. Nieto (22)	2'17.933
22. Sabbatani (11)	2'18.069
23. Petrini (51)	2'18.261
24. A. de Angelis (15)	2'18.313
25. Haslam (24)	2'18.681
26. Sugaya (59)	2'18.757
27. W.de Angelis (53)	2'19.378
28. Jenkner (17)	2'19.441
29. Stolz (35)	2'19.635
30. Araujo (10)	2'20.658
31. Poggiali (54)	2'25.905

ERGEBNIS nach 18 Runden = 105,552 km			
Schnitt des Siegers: 154,199 km/h		WM-Stand	
Fahrer (Nation) Maschine	Zeit (Min)	Fahrer/Punkte	
1. Youichi Ui (J) Derbi	41'04.264	Ui	45
2. Noboru Ueda (J) Honda	-7.848	Ueda	42
3. Masao Azuma (J) Honda	-8.667	Alzamora	40
4. Gino Borsoi (I) Aprilia	-18.623	Locatelli	38
5. Emilio Alzamora (E) Honda	-20.881	Giansanti	36
6. Ivan Goi (I) Honda	-21.329	Vincent	33
7. Hideyuki Nakajoh (J) Honda	-22.707	Azuma	31
8. Arnaud Vincent (F) Aprilia	-22.731	Borsoi	29
9. Yuzo Fujioka (J) Honda	-22.958	Goi	24
10. Randy de Puniet (F) Aprilia	-23.261	Jenkner	20
11. Pablo Nieto (E) Derbi	-41.116	Scalvini	18
12. Marco Petrini (I) Aprilia	-41.157	Nieto	11
13. Steve Jenkner (D) Honda	-41.952	Nakajoh	9
14. Hiroyuki Kikuchi (J) Honda	-44.027	de Puniet	8
15. Katsuji Uezu (J) Yamaha	-48.081	Nieto jr.	7
16. Reinhard Stolz (D) Honda	-57.807	Fujioka	7
17. Antonio Elias (E) Honda	-58.792	Sanna	6
18. William de Angelis (I) Aprilia	-59.182	Cecchinello	5
19. Massimiliano Sabbatani (I) Honda	-59.503	Petrini	4
20. Adrian Araujo (E) Honda	-1'44.115	Sabbatani	3
Schnellste Runde: Locatelli in 2'15.406 = 155,904 km/h			

AUSFÄLLE: Fahrer (Nation) Maschine (Grund)	in Runde
Manuel Poggiali (RSM) Derbi (Nichtstarter Trainingssturz)	-
Alex de Angelis (I) Honda (Sturz)	1
Angel Nieto jr. (E) Honda (Sturz)	2
Mirko Giansanti (I) Aprilia (Kolbenklemmer)	3
Gianluigi Scalvini (I) Aprilia (Sturz nach Kolbenklemmer)	3
Leon Haslam (GB) Italjet (Sturz)	4
Lucio Cecchinello (I) Honda (Sturz)	9
Shinichi Sugaya (J) Yamaha (Grund unbekannt)	9
Jaroslav Hules (CZ) Italjet (Motorprobleme)	13
Roberto Locatelli (I) Aprilia (Sturz)	16
Simone Sanna (I) Aprilia (Sturz)	16

250 cm³

STARTAUFSTELLUNG	
Fahrer (Nr)	Trainingszeit
1. Katoh (74)	2'07.987
2. Jacque (19)	2'08.624
3. Nakano (56)	2'08.728
4. Ukawa (4)	2'08.872
5. Ohsaki (50)	2'08.915
6. Waldmann (6)	2'09.309
7. Matsudo (8)	2'09.322
8. Melandri (13)	2'09.458
9. Miyazaki (49)	2'09.800
10. Sekiguchi (32)	2'09.933
11. Battaini (21)	2'10.354
12. Porto (9)	2'10.814
13. Nakatomi (48)	2'10.869
14. West (14)	2'11.179
15. Yuzy (18)	2'11.288
16. Coates (15)	2'11.302
17. Debon (30)	2'11.338
18. Boscoscuro (37)	2'11.628
19. Stigefelt (16)	2'11.636
20. Sakai (51)	2'11.644
21. Kayo (47)	2'11.999
22. Vincent (24)	2'12.049
23. Hofmann (66)	2'12.060
24. Philippe (25)	2'12.248
25. Clementi (11)	2'12.277
26. Robinson (77)	2'12.287
27. Nieto (10)	2'12.304
28. Janssen (41)	2'12.668
29. Nöhles (26)	2'12.829
30. Checa (42)	2'13.112
31. Rolfo (44)	2'13.225
32. Garzia (54)	2'13.420
33. Baldinger (12)	2'15.106

ERGEBNIS nach 19 Runden = 111,416 km			
Schnitt des Siegers: 163,024 km/h		WM-Stand	
Fahrer (Nation) Maschine	Zeit (Min)	Fahrer/Punkte	
1. Daijiro Katoh (J) Honda	41'00.361	Nakano	66
2. Tohru Ukawa (J) Honda	-0.129	Katoh	61
3. Shinya Nakano (J) Yamaha	-0.231	Jacque	46
4. Olivier Jacque (F) Yamaha	-15.009	Ukawa	36
5. Marco Melandri (I) Aprilia	-41.325	West	30
6. Naoki Matsudo (J) Yamaha	-49.477	Melandri	25
7. Anthony West (AUS) Honda	-53.261	Waldmann	22
8. Franco Battaini (I) Aprilia	-53.627	Battaini	21
9. Osamu Miyazaki (J) Yamaha	-53.746	Matsudo	21
10. Shinichi Nakatomi (J) Honda	-59.737	Porto	19
11. Noboyuki Ohsaki (J) Yamaha	-1'00.249	Boscoscuro	13
12. Luca Boscoscuro (I) Aprilia	-1'00.344	Vincent	11
13. Sebastian Porto (RA) Yamaha	-1'04.338	Debon	11
14. Klaus Nöhles (D) Aprilia	-1'12.660	Miyazaki	7
15. Taru Sekiguchi (J) Yamaha	-1'12.899	Hofmann	6
16. Alexander Hofmann (D) Aprilia	-1'13.434	Nakatomi	6
17. Jason Vincent (GB) Aprilia	-1'14.678	Robinson	5
18. Tekkyu Kayo (J) TSR-Honda	-1'17.496	Ohsaki	5
19. Johan Stigefelt (S) TSR-Honda	-1'24.131	Nöhles	4
20. Shahrol Yuzy (MAL) Yamaha	-1'25.829	Rolfo	3
21. Daisaku Sakai (J) Honda	-1'37.117	Stigefelt	1
22. Jarno Janssen (NL) TSR-Honda	-1'45.687	Sekiguchi	1
23. Alfonso Nieto (E) Yamaha	-1'45.757		
24. David Checa (E) TSR-Honda	-2'08.832		
Schnellste Runde: Nakano in 2'08.581 = 164,18 km/h			

AUSFÄLLE: Fahrer (Nation) Maschine (Grund)	in Runde
Mike Baldinger (D) Yamaha (Nichtstarter/Trainingssturz)	-
David Garcia (E) Aprilia (Nichtstarter/Trainingssturz)	-
Vincent Philippe (F) TSR-Honda (Nichtstarter/Trainingssturz)	-
Alex Debon (E) Aprilia (Sturz)	1
Adrian Coates (GB) Aprilia (Sturz)	3
Jamie Robinson (GB) Aprilia (Motor defekt)	4
Ralf Waldmann (D) Aprilia (Sturz)	5
Ivan Clementi (I) Aprilia (Sturz)	8
Roberto Rolfo (I) TSR-Honda (kein Grip am Hinterrad)	1

500 cm³

STARTAUFSTELLUNG	
Fahrer (Nr)	Trainingszeit
1. Roberts (2)	2'06.679
2. Biaggi (4)	2'07.130
3. Ryo (19)	2'07.349
4. Gibernau (5)	2'07.677
5. McWilliams (99)	2'07.687
6. Capirossi (65)	2'07.900
7. Okada (8)	2'07.901
8. Abe (6)	2'07.965
9. Checa (7)	2'07.987
10. Crivillé (1)	2'08.082
11. McCoy (24)	2'08.104
12. Aoki (9)	2'08.242
13. Rossi (46)	2'08.404
14. Barros (10)	2'08.512
15. Laconi (55)	2'08.716
16. v. d. Goorbergh (17)	2'09.085
17. Harada (31)	2'09.419
18. Cardoso (25)	2'09.475
19. de Gea (11)	2'09.627
20. Gimbert (22)	2'09.863
21. Konishi (15)	2'11.029
22. Norval (12)	2'13.567

ERGEBNIS nach 21 Runden = 123,144 km			
Schnitt des Siegers: 163,185 km/h		WM-Stand	
Fahrer (Nation) Maschine	Zeit (Min)	Fahrer/Punkte	
1. Norifumi Abe (J) Yamaha	45'16.657	Roberts	55
2. Kenny Roberts (USA) Suzuki	-0.279	Checa	51
3. Tadayuki Okada (J) Honda	-1.912	McCoy	48
4. Nobuatsu Aoki (J) Suzuki	-2.002	Abe	34
5. Carlos Checa (E) Yamaha	-2.530	Aoki	32
6. Alex Crivillé (E) Honda	-2.678	Barros	30
7. Alexandre Barros (BR) Honda	-4.213	Okada	26
8. Jeremy McWilliams (GB) Aprilia	-4.902	Crivillé	21
9. Garry McCoy (AUS) Yamaha	-15.471	Capirossi	20
10. Akira Ryo (J) Suzuki	-15.662	Laconi	16
11. Valentino Rossi (I) Honda	-29.785	Goorbergh	14
12. Loris Capirossi (I) Honda	-42.069	McWilliams	14
13. Jürgen v. d. Goorbergh (NL) TSR-Honda	-48.774	Biaggi	13
14. Regis Laconi (F) Yamaha	-58.022	Gibernau	9
15. David de Gea (E) Modenas	-1'22.141	Cardoso	8
16. Yoshiteru Konishi (J) TSR-Honda	-1'22.247	Ryo	6
17. Sebastien Gimbert (F) Honda	-1'22.523	Gimbert	5
18. Shane Norval (SA) Honda	-1 Runde	Rossi	5
Schnellste Runde: Roberts in 2'08.304 = 164,534 km/h			

AUSFÄLLE: Fahrer (Nation) Maschine (Grund)	in Runde
José Luis Cardoso (E) Honda (Schalthebel gebrochen)	5
Tetsuya Harada (J) Aprilia (Abstimmungsprobleme)	9
Massimiliano Biaggi (I) Yamaha (Sturz)	11
Sete Gibernau (E) Honda (Sturz)	21

Aus der Traum: Mike Baldinger mußte sich wegen einem Oberschenkelhalsbruch frühzeitig aus der WM verabschieden

GP Spanien in Jerez

Termin: 30. April 2000, Wetter: bewölkt, Regen, Zuschauer: 120.000, Streckenlänge: 4,423 km

125 cm³

STARTAUFSTELLUNG	
Fahrer (Nr)	Trainingszeit
1. Locatelli (4)	1'48.260
2. Ui (41)	1'48.593
3. Alzamora (1)	1'48.681
4. Ueda (5)	1'48.697
5. Cecchinello (9)	1'48.809
6. Sanna (16)	1'48.861
7. Scalvini (8)	1'49.050
8. Giansanti (32)	1'49.087
9. Nieto (22)	1'49.180
10. Borsoi (23)	1'49.191
11. Azuma (3)	1'49.343
12. Goi (26)	1'49.576
13. de Puniet (12)	1'49.618
14. Sabbatani (11)	1'49.801
15. Poggiali (54)	1'49.900
16. Nieto jr. (29)	1'49.920
17. A. de Angelis (15)	1'50.393
18. Jenkner (17)	1'50.408
19. Elias (18)	1'50.738
20. Vincent (21)	1'50.827
21. Hules (39)	1'50.876
22. Petrini (51)	1'51.341
23. Haslam (24)	1'51.376
24. Stolz (35)	1'51.511
25. Brannetti (19)	1'51.841
26. W.de Angelis (53)	1'52.046
27. Martinez (45)	1'52.589
28. Faubel (44)	1'52.861
29. Mico (43)	1'54.254

ERGEBNIS nach 23 Runden = 101,729 km			
Schnitt des Siegers: 144,198 km/h		WM-Stand	
Fahrer (Nation) Maschine	Zeit (Min)	Fahrer/Punkte	
1. Emilio Alzamora (E) Honda	42'19.740	Alzamora	65
2. Mirko Giansanti (I) Aprilia	-1.047	Giansanti	56
3. Roberto Locatelli (I) Aprilia	-5.076	Locatelli	54
4. Masao Azuma (J) Honda	-9.661	Ueda	53
5. Noboru Ueda (J) Honda	-19.030	Ui	45
6. Lucio Cecchinello (I) Honda	-19.397	Azuma	44
7. Ivan Goi (I) Honda	-24.987	Vincent	41
8. Arnaud Vincent (F) Aprilia	-30.981	Goi	33
9. Manuel Poggiali (RSM) Derbi	-36.238	Borsoi	33
10. Steve Jenkner (D) Honda	-40.379	Jenkner	26
11. Angel Nieto jr. (E) Honda	-40.972	Scalvini	18
12. Gino Borsoi (I) Aprilia	-46.436	Cecchinello	15
13. Randy de Puniet (F) Aprilia	-46.577	Nieto jr.	12
14. Jaroslav Hules (CZ) Italjet	-1'00.404	de Puniet	11
15. Alex de Angelis (I) Honda	-1'03.953	Nieto	11
16. Antonio Elias (E) Honda	-1'06.189	Nakajoh	9
17. Leon Haslam (GB) Italjet	-1'16.185	Poggiali	7
18. William de Angelis (I) Aprilia	-1'23.049	Fujioka	7
19. Reinhard Stolz (D) Honda	-1'26.218	Sanna	6
20. Marco Petrini (I) Aprilia	-1'27.877	Petrini	4
21. Youichi Ui (J) Derbi	-1'30.883	Sabbatani	3
22. Hector Faubel (E) Aprilia	-1'46.512	Hules	2
23. David Mico (E) Aprilia	-1'46.656	Kikuchi	2
Schnellste Runde: Locatelli in 1'49.372 = 145,584 km/h			

AUSFÄLLE: Fahrer (Nation) Maschine (Grund)	in Runde
Pablo Nieto (E) Derbi (Sturz)	1
Simone Sanna (I) Aprilia (Sturz)	1
Ivan Martinez (E) Aprilia (Motorschaden)	6
Alessandro Brannetti (I) Honda (Sturz)	8
Massimiliano Sabbatani (I) Honda (falsche Reifenwahl)	11
Gianluigi Scalvini (I) Aprilia (Grund unbekannt)	13

250 cm³

STARTAUFSTELLUNG	
Fahrer (Nr)	Trainingszeit
1. Waldmann (6)	1'44.025
2. Nakano (56)	1'44.488
3. Katoh (74)	1'44.709
4. Ukawa (4)	1'44.854
5. Lucchi (34)	1'44.894
6. Jacque (19)	1'44.945
7. Melandri (13)	1'45.298
8. Boscoscuro (37)	1'45.593
9. Battaini (21)	1'45.641
10. Matsudo (8)	1'45.737
11. Nöhles (26)	1'45.780
12. Porto (9)	1'45.808
13. Debon (30)	1'45.932
14. Stigefelt (16)	1'46.029
15. West (14)	1'46.132
16. Yuzy (18)	1'46.181
17. Robinson (77)	1'46.242
18. Garcia (54)	1'46.344
19. Nieto (10)	1'46.368
20. Vincent (24)	1'46.388
21. Vidal (20)	1'46.599
22. Janssen (41)	1'46.614
23. Hofmann (66)	1'46.685
24. Clementi (11)	1'46.853
25. Checa (42)	1'47.143
26. Coates (15)	1'47.326
27. Rolfo (44)	1'47.576
28. Oliver (31)	1'47.659
29. Allemand (23)	1'47.744
30. Philippe (25)	1'48.346
31. Ortega (40)	1'49.775
32. Bonilla (39)	1'50.150

ERGEBNIS nach 26 Runden = 114,998 km			
Schnitt des Siegers: 150,191 km/h		WM-Stand	
Fahrer (Nation) Maschine	Zeit (Min)	Fahrer/Punkte	
1. Ralf Waldmann (D) Aprilia	45'56.451	Katoh	81
2. Daijiro Katoh (J) Honda	-5.188	Nakano	67
3. Tohru Ukawa (J) Honda	-6.052	Jacque	59
4. Olivier Jacque (F) Yamaha	-23.670	Ukawa	52
5. Anthony West (AUS) Honda	-29.685	Waldmann	47
6. Marco Melandri (I) Aprilia	-36.549	West	42
7. Marcellino Lucchi (I) Aprilia	-43.644	Melandri	35
8. Klaus Nöhles (D) Aprilia	-47.266	Battaini	28
9. Sebastian Porto (RA) Yamaha	-50.638	Porto	27
10. Franco Battaini (I) Aprilia	-50.706	Boscoscuro	19
11. Luca Boscoscuro (I) Aprilia	-52.303	Vincent	15
12. Jason Vincent (GB) Aprilia	-56.202	Debon	13
13. Johan Stigefelt (S) TSR-Honda	-58.336	Nöhles	13
14. Alex Debon (E) Aprilia	-1'00.523	Matsudo	11
15. Shinya Nakano (J) Yamaha	-1'03.969	Lucchi	9
16. Alfonso Nieto (E) Yamaha	-1'03.985	Miyazaki	8
17. Alexander Hofmann (D) Aprilia	-1'07.612	Hofmann	7
18. David Checa (E) TSR-Honda	-1'09.664	Nakatomi	7
19. Roberto Rolfo (I) TSR-Honda	-1'11.963	Ohsaki	6
20. David Garcia (E) Aprilia	-1'16.652	Robinson	5
21. Adrian Coates (GB) Aprilia	-1'25.101	Stigefelt	4
22. Jeronimo Vidal (E) Aprilia	-1'26.646	Rolfo	3
23. Lucas Oliver (E) Yamaha	-1 Runde	Sekiguchi	2
24. Julien Allemand (F) Yamaha	-1 Runde		
25. David Ortega (E) Honda	-1 Runde		
Schnellste Runde: Waldmann in 1'44.991 = 151,659 km/h			

AUSFÄLLE: Fahrer (Nation) Maschine (Grund)	in Runde
Shahrol Yuzy (MAL) Yamaha (Sturz)	1
Ismael Bonilla (E) Honda (Reifenprobleme)	8
Jamie Robinson (GB) Aprilia (Reifenprobleme)	10
Jarno Janssen (NL) TSR-Honda (Grund unbekannt)	15
Ivan Clementi (I) Aprilia (Sturz)	16
Naoki Matsudo (J) Yamaha (Sturz)	16
Vincent Philippe (F) TSR-Honda (Sturz)	23

500 cm³

STARTAUFSTELLUNG	
Fahrer (Nr)	Trainingszeit
1. Biaggi (4)	1'42.941
2. Rossi (46)	1'42.992
3. Checa (7)	1'43.180
4. Roberts (2)	1'43.219
5. Crivillé (1)	1'43.274
6. Capirossi (65)	1'43.286
7. Okada (8)	1'43.309
8. Barros (10)	1'43.743
9. McWilliams (99)	1'43.754
10. Laconi (55)	1'43.759
11. Harada (31)	1'43.761
12. McCoy (24)	1'43.937
13. v. d. Goorbergh (17)	1'43.971
14. Abe (6)	1'43.991
15. Cardoso (25)	1'44.008
16. Gibernau (5)	1'44.042
17. Aoki (9)	1'44.437
18. de Gea (11)	1'44.929
19. Gimbert (22)	1'46.930
20. Konishi (15)	1'47.215
21. Norval (12)	1'47.312

ERGEBNIS nach 26 Runden = 114,998 km			
Schnitt des Siegers: 150,416 km/h		WM-Stand	
Fahrer (Nation) Maschine	Zeit (Min)	Fahrer/Punkte	
1. Kenny Roberts (USA) Suzuki	45'52.311	Roberts	80
2. Carlos Checa (E) Yamaha	-0.859	Checa	71
3. Valentino Rossi (I) Honda	-3.525	McCoy	48
4. Alex Crivillé (E) Honda	-5.037	Aoki	41
5. Alexandre Barros (BR) Honda	-12.608	Barros	41
6. Loris Capirossi (I) Honda	-17.436	Crivillé	34
7. Nobuatsu Aoki (J) Suzuki	-19.484	Abe	34
8. Regis Laconi (F) Yamaha	-27.589	Okada	32
9. Jürgen v. d. Goorbergh (NL) TSR-Honda	-27.777	Capirossi	30
10. Tadayuki Okada (J) Honda	-35.920	Laconi	24
11. Tetsuya Harada (J) Aprilia	-47.107	Goorbergh	21
12. David de Gea (E) Modenas	-1'56.859	Rossi	21
13. Yoshiteru Konishi (J) TSR-Honda	-2'09.097	McWilliams	14
Schnellste Runde: Roberts in 1'44.127 = 152,917 km		Biaggi	13

AUSFÄLLE: Fahrer (Nation) Maschine (Grund)	in Runde
Massimiliano Biaggi (I) Yamaha (Kupplung defekt)	4
José Luis Cardoso (E) Honda (Aufgabe/Schmerzen)	5
Sebastien Gimbert (F) Honda (Motorprobleme)	12
Jeremy McWilliams (GB) Aprilia (Sturz)	16
Norifumi Abe (J) Yamaha (2. Start verpasst)	17
Sete Gibernau (E) Honda (Sturz)	17
Garry McCoy (AUS) Yamaha (Sturz)	18
Shane Norval (SA) Honda (Sturz)	18

Da geht´s lang - nach oben: Ralf Waldmann feiert den ersten Saisonsieg

GP Frankreich in Le Mans

Termin: 14. Mai 2000, Wetter: sonnig, Zuschauer: 65.000, Streckenlänge: 4,305 km

125 cm³

STARTAUFSTELLUNG	
Fahrer (Nr)	Trainingszeit
1. Ui (41)	1'49.776
2. Locatelli (4)	1'49.787
3. Ueda (5)	1'49.960
4. Scalvini (8)	1'50.083
5. Cecchinello (9)	1'50.169
6. Vincent (21)	1'50.188
7. Alzamora (1)	1'50.620
8. Sabbatani (11)	1'50.678
9. Poggiali (54)	1'50.691
10. Borsoi (23)	1'50.713
11. Azuma (3)	1'50.796
12. Goi (26)	1'50.967
13. Giansanti (32)	1'51.002
14. Jenkner (17)	1'51.565
15. Brannetti (19)	1'51.631
16. Sanna (16)	1'51.746
17. Stolz (35)	1'51.800
18. Elias (18)	1'52.158
19. de Puniet (12)	1'52.357
20. W.de Angelis (53)	1'52.465
21. Petrini (51)	1'52.471
22. A. de Angelis (15)	1'52.493
23. Hules (39)	1'53.423
24. Petit (63)	1'53.433
25. Nieto (22)	1'53.548
26. Nieto jr. (29)	1'54.438
27. Lefort (61)	1'55.314
28. Marchand (64)	1'55.378
29. Nigon (62)	1'56.029
30. Lecomte (60)	1'58.329
31. Haslam (24)	1'59.656

ERGEBNIS nach 24 Runden = 103,320 km			
Schnitt des Siegers: 141,767 km/h		WM-Stand	
Fahrer (Nation) Maschine	Zeit (Min)	Fahrer/Punkte	
1. Youichi Ui (J) Derbi	43'43.690	Alzamora	81
2. Mirko Giansanti (I) Aprilia	-1.655	Giansanti	76
3. Emilio Alzamora (E) Honda	-1.857	Ui	70
4. Roberto Locatelli (I) Aprilia	-2.079	Locatelli	67
5. Arnaud Vincent (F) Aprilia	-2.231	Ueda	53
6. Ivan Goi (I) Honda	-5.899	Vincent	52
7. Lucio Cecchinello (I) Honda	-10.132	Azuma	44
8. Manuel Poggiali (RSM) Derbi	-13.923	Goi	43
9. Gino Borsoi (I) Aprilia	-14.267	Borsoi	40
10. Simone Sanna (I) Aprilia	-20.522	Jenkner	26
11. Gianluigi Scalvini (I) Aprilia	-23.135	Cecchinello	24
12. Randy de Puniet (F) Aprilia	-33.577	Scalvini	23
13. Reinhard Stolz (D) Honda	-40.851	Poggiali	15
14. Alessandro Brannetti (I) Honda	-41.862	de Puniet	15
15. Alex de Angelis (I) Honda	-41.883	Sanna	12
16. Angel Nieto jr. (E) Honda	-42.843	Nieto jr.	12
17. Antonio Elias (E) Honda	-1'01.198	Nieto	11
18. Marco Petrini (I) Aprilia	-1'21.871	Nakajoh	9
19. Jimmy Petit (F) Honda	-1'25.409	Fujioka	7
20. Erwan Nigon (F) Yamaha	-1 Runde	Stolz	4
21. Gregory Lefort (F) Aprilia	-1 Runde	Petrini	4
22. Hugo Marchand (F) Honda	-1 Runde	Sabbatani	3
Schnellste Runde: Ueda in 1'48.11 = 143,485 km/h			

AUSFÄLLE: Fahrer (Nation) Maschine (Grund)	in Runde
Leon Haslam (GB) Italjet (Nichtstarter/nicht qualifiziert)	-
Lionel Lecomte (F) Honda (Nichtstarter/nicht qualifiziert)	-
Steve Jenkner (D) Honda (Sturz)	2
William de Angelis (I) Aprilia (Sturz)	3
Noboru Ueda (J) Honda (Sturz)	5
Pablo Nieto (E) Derbi (Sturz)	8
Masao Azuma (J) Honda (Sturz)	10
Jaroslav Hules (CZ) Italjet (Bremse defekt)	20
Massimiliano Sabbatani (I) Honda (Motor defekt)	21

250 cm³

STARTAUFSTELLUNG	
Fahrer (Nr)	Trainingszeit
1. Katoh (74)	1'41.635
2. Waldmann (6)	1'42.225
3. Nakano (56)	1'42.371
4. Melandri (13)	1'42.493
5. Ukawa (4)	1'42.638
6. Jacque (19)	1'42.914
7. Battaini (21)	1'43.060
8. West (14)	1'43.393
9. Debon (30)	1'43.621
10. Boscoscuro (37)	1'43.805
11. Matsudo (8)	1'43.931
12. Yuzy (18)	1'44.024
13. Allemand (23)	1'44.075
14. Stigefelt (16)	1'44.133
15. Nöhles (26)	1'44.259
16. Philippe (25)	1'44.297
17. Hofmann (66)	1'44.357
18. Robinson (77)	1'44.364
19. Porto (9)	1'44.484
20. Vincent (24)	1'44.838
21. Janssen (41)	1'44.921
22. Checa (42)	1'45.159
23. Oliver (31)	1'45.354
24. Coates (15)	1'45.356
25. Nieto (10)	1'45.580
26. Clementi (11)	1'45.729
27. Garcia (54)	1'46.269
28. Guintoli (55)	1'46.338
29. Gimbert (22)	1'46.435
30. da Costa (52)	1'46.963
31. Mora (57)	1'47.532
32. Dubray (53)	1'48.125
33. Vecchioni (58)	1'48.24

ERGEBNIS nach 26 Runden = 111,930 km			
Schnitt des Siegers: 150,188 km/h		WM-Stand	
Fahrer (Nation) Maschine	Zeit (Min)	Fahrer/Punkte	
1. Tohru Ukawa (J) Honda	44'42.954	Katoh	91
2. Shinya Nakano (J) Yamaha	-0.279	Nakano	87
3. Olivier Jacque (F) Yamaha	-2.521	Ukawa	77
4. Marco Melandri (I) Aprilia	-20.531	Jacque	75
5. Anthony West (AUS) Honda	-25.474	Waldmann	55
6. Daijiro Katoh (J) Honda	-36.681	West	53
7. Naoki Matsudo (J) Yamaha	-42.599	Melandri	48
8. Ralf Waldmann (D) Aprilia	-46.083	Battaini	33
9. Luca Boscoscuro (I) Aprilia	-48.751	Porto	33
10. Sebastian Porto (RA) Yamaha	-49.128	Boscoscuro	26
11. Franco Battaini (I) Aprilia	-55.586	Matsudo	20
12. Johan Stigefelt (S) TSR-Honda	-1'03.973	Nöhles	15
13. Shahrol Yuzy (MAL) Yamaha	-1'07.028	Vincent	15
14. Klaus Nöhles (D) Aprilia	-1'09.460	Debon	14
15. Alex Debon (E) Aprilia	-1'10.649	Lucchi	9
16. Alfonso Nieto (E) Yamaha	-1'11.700	Stigefelt	8
17. Jarno Janssen (NL) TSR-Honda	-1'23.677	Miyazaki	8
18. Alexander Hofmann (D) Aprilia	-1'25.025	Hofmann	7
19. Ivan Clementi (I) Aprilia	-1'41.997	Nakatomi	7
20. Lucas Oliver (E) Yamaha	-1 Runde	Ohsaki	6
21. Sebastien Gimbert (F) TSR-Honda	-1 Runde	Robinson	5
22. Julien da Costa (F) Honda	-1 Runde	Yuzy	3
23. Bruno Vecchioni (F) Yamaha	-1 Runde	Rolfo	3
24. Eric Dubray (F) Yamaha	-1 Runde	Sekiguchi	2
Schnellste Runde: Ukawa in 1'42.312 = 151,478 km/h			

AUSFÄLLE: Fahrer (Nation) Maschine (Grund)	in Runde
Sylvain Guintoli (F) Honda (Sturz)	2
Hervé Mora (F) Honda (Sturz)	5
David Checa (E) TSR-Honda (Sturz)	10
Jason Vincent (GB) Aprilia (Sturz)	10
David Garcia (E) Aprilia (Aufgabe)	11
Julien Allemand (F) Yamaha (Sturz)	12
Adrian Coates (GB) Aprilia (Motor defekt)	13
Vincent Philippe (F) TSR-Honda (Sturz)	20
Jamie Robinson (GB) Aprilia (Elektrik defekt)	22

500 cm³

STARTAUFSTELLUNG	
Fahrer (Nr)	Trainingszeit
1. Biaggi (4)	1'39.342
2. Checa (7)	1'39.396
3. Barros (10)	1'39.610
4. Roberts (2)	1'39.682
5. Crivillé (1)	1'40.034
6. McWilliams (99)	1'40.074
7. Abe (6)	1'40.369
8. McCoy (24)	1'40.420
9. Capirossi (65)	1'40.494
10. Rossi (46)	1'40.568
11. Okada (8)	1'40.612
12. Laconi (55)	1'40.739
13. v. d. Goorbergh (17)	1'41.167
14. Aoki (9)	1'41.212
15. Harada (31)	1'41.288
16. Gibernau (5)	1'41.315
17. de Gea (11)	1'43.060
18. Konishi (15)	1'43.397
19. Haslam (21)	1'44.162
20. Le Grelle (18)	1'45.042

ERGEBNIS nach 28 Runden = 120,540 km			
Schnitt des Siegers: 153,047 km/h		WM-Stand	
Fahrer (Nation) Maschine	Zeit (Min)	Fahrer/Punkte	
1. Alex Crivillé (E) Honda	47'15.363	Roberts	90
2. Norifumi Abe (J) Yamaha	-0.321	Checa	80
3. Valentino Rossi (I) Honda	-1.155	McCoy	61
4. Garry McCoy (AUS) Yamaha	-4.377	Crivillé	59
5. Alexandre Barros (BR) Honda	-5.240	Abe	54
6. Kenny Roberts (USA) Suzuki	-9.176	Barros	52
7. Carlos Checa (E) Yamaha	-11.600	Aoki	46
8. Loris Capirossi (I) Honda	-12.174	Capirossi	38
9. Regis Laconi (F) Yamaha	-12.342	Rossi	37
10. Tetsuya Harada (J) Aprilia	-29.818	Okada	34
11. Nobuatsu Aoki (J) Suzuki	-38.477	Laconi	31
12. Jeremy McWilliams (GB) Aprilia	-42.085	Goorbergh	24
13. Jürgen v. d. Goorbergh (NL) TSR-Honda	-44.936	McWilliams	18
14. Tadayuki Okada (J) Honda	-45.857	Harada	15
15. Sete Gibernau (E) Honda	-50.834	Biaggi	13
16. David de Gea (E) Modenas	-1'18.818	Gibernau	10
17. Sebastien Le Grelle (B) Honda	-1 Runde	de Gea	8
Schnellste Runde: Rossi in 1'40.89 = 154,842 km/h			

AUSFÄLLE: Fahrer (Nation) Maschine (Grund)	in Runde
Ron Haslam (GB) Honda (Nichtstarter)	-
Massimiliano Biaggi (I) Yamaha (Sturz)	4
Yoshiteru Konishi (J) TSR-Honda (Sturz)	10

Sieg in der Höhle des Löwen:
Tohru Ukawa war noch schneller als Jacque und Nakano

GP Italien in Mugello

Termin: 28. Mai 2000, Wetter: bewölkt, Zuschauer: 70.000, Streckenlänge: 5,245 km

125 cm^3

STARTAUFSTELLUNG	
Fahrer (Nr)	**Trainingszeit**
1. Locatelli (4)	1'58.923
2. Sanna (16)	1'59.909
3. Scalvini (8)	2'00.263
4. Ui (41)	2'00.314
5. Borsoi (23)	2'00.486
6. Ueda (5)	2'00.570
7. Vincent (21)	2'00.630
8. Cecchinello (9)	2'00.893
9. Poggiali (54)	2'00.946
10. Jenkner (17)	2'00.947
11. Alzamora (1)	2'01.005
12. Azuma (3)	2'01.009
13. Giansanti (32)	2'01.153
14. Nieto (22)	2'01.157
15. de Puniet (12)	2'01.236
16. Sabbatani (11)	2'01.436
17. W.de Angelis (53)	2'01.438
18. Petrini (51)	2'01.698
19. Goi (26)	2'01.731
20. A. de Angelis (15)	2'02.119
21. Brannetti (19)	2'02.220
22. Stolz (35)	2'02.241
23. Elias (18)	2'02.396
24. Nieto jr. (29)	2'02.528
25. Hules (39)	2'02.633
26. Tresoldi (67)	2'03.926
27. Haslam (24)	2'05.063
28. Araujo (10)	2'06.292
29. Baldolini (66)	2'06.899

ERGEBNIS nach 20 Runden = 104,900 km			
Schnitt des Siegers: 154,977 km/h		**WM-Stand**	
Fahrer (Nation) Maschine	**Zeit (Min)**	**Fahrer/Punkte**	
1. Roberto Locatelli (I) Aprilia	40'36.753	Giansanti	96
2. Mirko Giansanti (I) Aprilia	-6.212	Locatelli	92
3. Masao Azuma (J) Honda	-6.258	Alzamora	90
4. Steve Jenkner (D) Honda	-6.493	Ui	70
5. Gino Borsoi (I) Aprilia	-6.494	Ueda	63
6. Noboru Ueda (J) Honda	-6.821	Vincent	60
7. Emilio Alzamora (E) Honda	-6.932	Azuma	60
8. Arnaud Vincent (F) Aprilia	-7.038	Borsoi	51
9. Randy de Puniet (F) Aprilia	-7.214	Goi	46
10. Gianluigi Scalvini (I) Aprilia	-20.644	Jenkner	39
11. Pablo Nieto (E) Derbi	-20.945	Scalvini	29
12. Alex de Angelis (I) Honda	-38.950	Cecchinello	24
13. Ivan Goi (I) Honda	-38.971	de Puniet	22
14. Jaroslav Hules (CZ) Italjet	-39.002	Nieto	16
15. Antonio Elias (E) Honda	-40.284	Poggiali	15
16. Angel Nieto jr. (E) Honda	-40.484	Sanna	12
17. Alessandro Brannetti (I) Honda	-40.522	Nieto jr.	12
18. William de Angelis (I) Aprilia	-40.757	Nakajoh	9
19. Reinhard Stolz (D) Honda	-41.099	Fujioka	7
20. Massimiliano Sabbatani (I) Honda	-41.186	de Angelis	6
21. Marco Petrini (I) Aprilia	-42.010	Stolz	4
22. Leon Haslam (GB) Italjet	-1'16.769	Hules	4
23. Adrian Araujo (E) Honda	-1'39.715	Petrini	4
24. Alex Baldolini (I) Honda	-1 Runde	Sabbatani	3
Schnellste Runde: Locatelli in 2'00.29 = 157,312 km/h			

AUSFÄLLE: Fahrer (Nation) Maschine (Grund)	in Runde
Youichi Ui (J) Derbi (Zündung defekt)	5
Marco Tresoldi (CH) Honda (Kolbenklemmer)	9
Simone Sanna (I) Aprilia (Elektrik defekt)	10
Lucio Cecchinello (I) Honda (Sturz)	20
Manuel Poggiali (RSM) Derbi (Sturz)	20

250 cm^3

STARTAUFSTELLUNG	
Fahrer (Nr)	**Trainingszeit**
1. Lucchi (34)	1'53.928
2. Nakano (56)	1'54.270
3. Jacque (19)	1'54.323
4. Waldmann (6)	1'54.378
5. Melandri (13)	1'54.789
6. Ukawa (4)	1'54.881
7. Nöhles (26)	1'55.173
8. Katoh (74)	1'55.490
9. Battaini (21)	1'55.612
10. Robinson (77)	1'55.986
11. Debon (30)	1'56.183
12. Hofmann (66)	1'56.245
13. Matsudo (8)	1'56.368
14. Vincent (24)	1'56.375
15. Clementi (11)	1'56.466
16. Boscoscuro (37)	1'56.720
17. Coates (15)	1'57.085
18. Yuzy (18)	1'57.117
19. Stigefelt (16)	1'57.471
20. Janssen (41)	1'57.614
21. Allemand (23)	1'57.809
22. Nieto (10)	1'57.908
23. West (14)	1'57.970
24. Garcia (54)	1'58.360
25. Porto (9)	1'58.475
26. Oliver (31)	1'58.530
27. Checa (42)	1'58.563
28. Gimbert (22)	1'58.962

ERGEBNIS nach 21 Runden = 110,145 km			
Schnitt des Siegers: 163,168 km/h		**WM-Stand**	
Fahrer (Nation) Maschine	**Zeit (Min)**	**Fahrer/Punkte**	
1. Shinya Nakano (J) Yamaha	40'30.142	Nakano	112
2. Olivier Jacque (F) Yamaha	-0.786	Katoh	107
3. Daijiro Katoh (J) Honda	-15.233	Jacque	95
4. Marco Melandri (I) Aprilia	-15.334	Ukawa	87
5. Franco Battaini (I) Aprilia	-34.753	West	62
6. Tohru Ukawa (J) Honda	-38.003	Melandri	61
7. Anthony West (AUS) Honda	-1'01.597	Waldmann	55
8. Naoki Matsudo (J) Yamaha	-1'01.839	Battaini	44
9. Alfonso Nieto (E) Yamaha	-1'02.068	Porto	33
10. Ivan Clementi (I) Aprilia	-1'07.095	Matsudo	28
11. Shahrol Yuzy (MAL) Yamaha	-1'17.005	Boscoscuro	26
12. Julien Allemand (F) Yamaha	-1'21.649	Nöhles	15
13. David Checa (E) TSR-Honda	-1'38.389	Vincent	15
14. Adrian Coates (GB) Aprilia	-1 Runde	Debon	14
Schnellste Runde: Nakano in 1'54.462 = 164,963 km/h			

AUSFÄLLE: Fahrer (Nation) Maschine (Grund)	in Runde
Sebastien Gimbert (F) TSR-Honda (Kupplung verbrannt)	1
Alexander Hofmann (D) Aprilia (Sturz)	1
Jarno Janssen (NL) TSR-Honda (Kolbenklemmer)	1
Johan Stigefelt (S) TSR-Honda (Kupplung verbrannt)	1
Ralf Waldmann (D) Aprilia (Sturz)	3
Lucas Oliver (E) Yamaha (Sturz)	4
Jamie Robinson (GB) Aprilia (Sturz)	4
Jason Vincent (GB) Aprilia (Sturz)	4
Klaus Nöhles (D) Aprilia (Sturz)	5
David Garcia (E) Aprilia (Sturz)	8
Marcellino Lucchi (I) Aprilia (Sturz)	12
Sebastian Porto (RA) Yamaha (Hinterreifen zu weich)	12
Alex Debon (E) Aprilia (Grund unbekannt)	19
Luca Boscoscuro (I) Aprilia (Sturz)	21

500 cm^3

STARTAUFSTELLUNG	
Fahrer (Nr)	**Trainingszeit**
1. Barros (10)	1'52.811
2. Biaggi (4)	1'52.934
3. Rossi (46)	1'53.066
4. Capirossi (65)	1'53.077
5. Checa (7)	1'53.196
6. Roberts (2)	1'53.327
7. Okada (8)	1'53.382
8. Aoki (9)	1'53.466
9. Laconi (55)	1'53.534
10. Harada (31)	1'53.613
11. McWilliams (99)	1'53.625
12. Crivillé (1)	1'53.881
13. McCoy (24)	1'54.331
14. Abe (6)	1'54.358
15. Gibernau (5)	1'54.648
16. Cardoso (25)	1'54.757
17. v. d. Goorbergh (17)	1'54.812
18. de Gea (11)	1'56.246
19. Konishi (15)	1'57.426
20. Le Grelle (18)	1'57.691
21. Tessari (43)	2'00.126
22. Ramsay (23)	2'00.786

ERGEBNIS nach 23 Runden = 120,635 km			
Schnitt des Siegers: 164,240 km/h		**WM-Stand**	
Fahrer (Nation) Maschine	**Zeit (Min)**	**Fahrer/Punkte**	
1. Loris Capirossi (I) Honda	44'04.220	Roberts	100
2. Carlos Checa (E) Yamaha	-2.876	Checa	100
3. Jeremy McWilliams (GB) Aprilia	-8.041	Abe	65
4. Nobuatsu Aoki (J) Suzuki	-9.631	Capirossi	63
5. Norifumi Abe (J) Yamaha	-9.939	McCoy	61
6. Kenny Roberts (USA) Suzuki	-10.127	Crivillé	59
7. Regis Laconi (F) Yamaha	-18.288	Aoki	59
8. Tadayuki Okada (J) Honda	-18.401	Barros	52
9. Massimiliano Biaggi (I) Yamaha	-26.661	Okada	42
10. Sete Gibernau (E) Honda	-27.668	Rossi	41
11. Jürgen v. d. Goorbergh (NL) TSR-Honda	-28.147	Laconi	40
12. Valentino Rossi (I) Honda	-49.625	McWilliams	34
13. José Luis Cardoso (E) Honda	-1'15.622	Goorbergh	29
14. Sebastien Le Grelle (B) Honda	-1 Runde	Biaggi	20
15. Yoshiteru Konishi (J) TSR-Honda	-1 Runde	Gibernau	16
Schnellste Runde: Capirossi in 1'53.885 = 165,799 km/h			

AUSFÄLLE: Fahrer (Nation) Maschine (Grund)	in Runde
Paolo Tessari (I) Paton (Motorprobleme)	2
David de Gea (E) Modenas (Kupplung verbrannt)	3
Callum Ramsay (GB) Honda (Motor defekt)	6
Alex Crivillé (E) Honda (Sturz)	9
Alexandre Barros (BR) Honda (Sturz)	18
Garry McCoy (AUS) Yamaha (Sturz)	19
Tetsuya Harada (J) Aprilia (Motor defekt)	22

Tips vom fünffachen Champion: Valentino Rossi mit Berater Mick Doohan

GP Katalonien in Barcelona

Termin: 11. Juni 2000, Wetter: nass, Zuschauer: 85.000, Streckenlänge: 4,727 km

125 cm³

STARTAUFSTELLUNG

Fahrer (Nr)	Trainingszeit
1. Locatelli (4)	1'52.588
2. Ui (41)	1'52.864
3. Ueda (5)	1'53.067
4. Cecchinello (9)	1'53.097
5. Nieto (22)	1'53.174
6. Scalvini (8)	1'53.198
7. Alzamora (1)	1'53.442
8. A. de Angelis (15)	1'53.545
9. Hules (39)	1'53.622
10. Jenkner (17)	1'53.677
11. Azuma (3)	1'53.978
12. Sanna (16)	1'53.985
13. Borsoi (23)	1'54.198
14. de Puniet (12)	1'54.294
15. Poggiali (54)	1'54.409
16. W.de Angelis (53)	1'54.499
17. Goi (26)	1'54.600
18. Petrini (51)	1'54.627
19. Elias (18)	1'54.644
20. Sabbatani (11)	1'54.716
21. Vincent (21)	1'54.788
22. Stolz (35)	1'55.151
23. Nieto jr. (29)	1'55.288
24. Haslam (24)	1'56.670
25. Araujo (10)	1'56.834
26. Martinez (45)	1'57.246
27. Bataille (34)	1'57.246
28. Perera (50)	2'01.689
29. Giansanti (32)	–
30. Rodriguez (47)	–

ERGEBNIS nach 22 Runden = 103,994 km
Schnitt des Siegers: 130,246 km/h

Fahrer (Nation) Maschine	Zeit (Min)	WM-Stand Fahrer	Punkte
1. Simone Sanna (I) Aprilia	47'54.390	Giansanti	96
2. Masao Azuma (J) Honda	-10.770	Locatelli	92
3. Gino Borsoi (I) Aprilia	-11.012	Alzamora	90
4. Arnaud Vincent (F) Aprilia	-32.298	Azuma	80
5. Reinhard Stolz (D) Honda	-1'14.098	Vincent	73
6. Pablo Nieto (E) Derbi	-1'23.253	Ui	70
7. Massimiliano Sabbatani (I) Honda	-1'27.049	Borsoi	67
8. Antonio Elias (E) Honda	-1'37.000	Ueda	63
9. Angel Nieto jr. (E) Honda	-1'40.199	Goi	51
10. Leon Haslam (GB) Italjet	-1'46.951	Jenkner	39
11. Ivan Goi (I) Honda	-1'50.843	Sanna	37
12. Eric Bataille (AND) Honda	-2'09.311	Scalvini	29
13. Randy de Puniet (F) Aprilia	-1 Runde	Nieto	26
14. Ivan Martinez (E) Aprilia	-1 Runde	de Puniet	25

Schnellste Runde: Nieto in 2'07.820 = 133,134 km/h

AUSFÄLLE: Fahrer (Nation) Maschine (Grund)	in Runde
Mirko Giansanti (I) Aprilia (Nichtstarter/Trainingssturz)	-
Angel Rodriguez (E) Aprilia (Nichtstarter/Trainingssturz)	-
Jaroslav Hules (CZ) Italjet (Zündung defekt)	1
Noboru Ueda (J) Honda (Sturz)	1
Youichi Ui (J) Derbi (Sturz)	1
Emilio Alzamora (E) Honda (Sturz)	3
William de Angelis (I) Aprilia (Sturz)	3
Gianluigi Scalvini (I) Aprilia (Sturz)	3
Adrian Araujo (E) Honda (Sturz)	4
Roberto Locatelli (I) Aprilia (Sturz)	8
Manuel Poggiali (RSM) Derbi (Getriebe defekt)	8
Marco Petrini (I) Aprilia (Sturz)	13
Steve Jenkner (D) Honda (Sturz)	14
Lucio Cecchinello (I) Honda (Sturz)	15
Alex de Angelis (I) Honda (Sturz)	15
Joaquin Perera (E) Honda (Sturz)	15

250 cm³

STARTAUFSTELLUNG

Fahrer (Nr)	Trainingszeit
1. Nakano (56)	1'48.183
2. Waldmann (6)	1'48.312
3. Ukawa (4)	1'48.515
4. Jacque (19)	1'48.611
5. Melandri (13)	1'48.679
6. Lucchi (34)	1'48.788
7. Katoh (74)	1'49.044
8. Debon (30)	1'49.261
9. Battaini (21)	1'49.265
10. Robinson (77)	1'49.410
11. Vincent (24)	1'49.509
12. Nöhles (26)	1'49.688
13. Porto (9)	1'49.821
14. Janssen (41)	1'50.042
15. Yuzy (18)	1'50.161
16. Coates (15)	1'50.209
17. Matsudo (8)	1'50.451
18. Clementi (11)	1'50.459
19. Stigefelt (16)	1'50.482
20. Rolfo (44)	1'50.598
21. Boscoscuro (37)	1'50.760
22. Checa (42)	1'50.764
23. Garcia (54)	1'51.159
24. West (14)	1'51.302
25. Nieto (10)	1'51.397
26. Vidal (20)	1'51.404
27. Oliver (31)	1'51.534
28. Allemand (23)	1'51.802
29. Gimbert (22)	1'52.579
30. Molina (38)	1'52.845
31. Tomas (33)	1'53.744
32. de Marco (27)	1'58.849

ERGEBNIS nach 23 Runden = 108,721 km
Schnitt des Siegers: 134,819 km/h

Fahrer (Nation) Maschine	Zeit (Min)	WM-Stand Fahrer	Punkte
1. Olivier Jacque (F) Yamaha	48'23.116	Nakano	128
2. Tohru Ukawa (J) Honda	-4.025	Jacque	120
3. Shinya Nakano (J) Yamaha	-8.177	Katoh	120
4. Daijiro Katoh (J) Honda	-12.811	Ukawa	107
5. Franco Battaini (I) Aprilia	-12.998	Melandri	71
6. Marco Melandri (I) Aprilia	-13.161	West	69
7. Ralf Waldmann (D) Aprilia	-46.137	Waldmann	64
8. Naoki Matsudo (J) Yamaha	-49.412	Battaini	55
9. Anthony West (AUS) Honda	-49.458	Matsudo	36
10. Jamie Robinson (GB) Aprilia	-56.066	Porto	33
11. Johan Stigefelt (S) TSR-Honda	-58.740	Boscoscuro	26
12. Jarno Janssen (NL) TSR-Honda	-1'08.906	Nöhles	16
13. David Checa (E) TSR-Honda	-1'09.056	Vincent	15
14. Jeronimo Vidal (E) Aprilia	-1'12.935	Debon	14
15. Klaus Nöhles (D) Aprilia	-1'16.235	Stigefelt	13
16. Sebastien Gimbert (F) TSR-Honda	-1'16.403	Robinson	11
17. Lucas Oliver (E) Yamaha	-1'24.739	Lucchi	9
18. Alfonso Nieto (E) Yamaha	-1'24.826	Miyazaki	8
19. Jason Vincent (GB) Aprilia	-1'38.584	Yuzy	8
20. Shahrol Yuzy (MAL) Yamaha	-1'38.693	Hofmann	7
21. Adrian Coates (GB) Aprilia	-1'54.290	Nakatomi	7
22. Julien Allemand (F) Yamaha	-1 Runde	Nieto	7

Schnellste Runde: Vincent in 2'03.100 = 138,239 km/h

AUSFÄLLE: Fahrer (Nation) Maschine (Grund)	in Runde
Fabrizio de Marco (I) Honda (Sturz)	1
Marcellino Lucchi (I) Aprilia (Sturz)	1
Sebastian Porto (RA) Yamaha (Sturz)	6
Roberto Rolfo (I) TSR-Honda (Grund unbekannt)	6
Ivan Clementi (I) Aprilia (Motor defekt)	10
Alvaro Molina (E) Aprilia (Aufgabe nach Ausritt)	10
David Garcia (E) Aprilia (Unwohlsein bei Regen)	15
Luca Boscoscuro (I) Aprilia (Motor defekt)	16
Alex Debon (E) Aprilia (Sturz)	16
David Tomas (E) Honda (Reifen- und Fahrwerkprobleme)	21

500 cm³

STARTAUFSTELLUNG

Fahrer (Nr)	Trainingszeit
1. Barros (10)	1'45.914
2. Capirossi (65)	1'46.110
3. Roberts (2)	1'46.828
4. Checa (7)	1'47.044
5. Aoki (9)	1'47.135
6. Okada (8)	1'47.164
7. Crivillé (1)	1'47.216
8. Biaggi (4)	1'47.239
9. Rossi (46)	1'47.242
10. Gibernau (5)	1'47.293
11. Laconi (55)	1'47.375
12. Abe (6)	1'47.493
13. McWilliams (99)	1'47.626
14. Harada (31)	1'47.820
15. v. d. Goorbergh (17)	1'47.918
16. Cardoso (25)	1'48.123
17. de Gea (11)	1'49.191
18. McCoy (24)	1'49.262
19. Konishi (15)	1'51.207
20. Norval (12)	1'52.626
21. Legrelle (18)	1'53.511

ERGEBNIS nach 25 Runden = 118,175 km
Schnitt des Siegers: 137,613 km/h

Fahrer (Nation) Maschine	Zeit (Min)	WM-Stand Fahrer	Punkte
1. Kenny Roberts (USA) Suzuki	51'31.504	Roberts	125
2. Norifumi Abe (J) Yamaha	-4.454	Checa	100
3. Valentino Rossi (I) Honda	-9.541	Abe	85
4. Nobuatsu Aoki (J) Suzuki	-12.621	Capirossi	73
5. Massimiliano Biaggi (I) Yamaha	-17.224	Aoki	72
6. Loris Capirossi (I) Honda	-25.906	McCoy	61
7. Jürgen v. d. Goorbergh (NL) TSR-Honda	-45.688	Crivillé	59
8. David de Gea (E) Modenas	-1'02.945	Rossi	57
9. Tetsuya Harada (J) Aprilia	-1'21.784	Barros	52
10. Yoshiteru Konishi (J) TSR-Honda	-1'33.670	Okada	43
11. Sebastien Legrelle (B) Honda	-1 Runde	Laconi	43
12. Jeremy McWilliams (GB) Aprilia	-1 Runde	McWilliams	38
13. Regis Laconi (F) Yamaha	-1 Runde	Goorbergh	38
14. Shane Norval (SA) Honda	-1 Runde	Biaggi	31
15. Tadayuki Okada (J) Honda	-1 Runde	Harada	22
16. Garry McCoy (AUS) Yamaha	-2 Runden	de Gea	16

Schnellste Runde: Barros in 2'02.98 = 139,373 km/h

AUSFÄLLE: Fahrer (Nation) Maschine (Grund)	in Runde
José Luis Cardoso (E) Honda (Nichtstarter/Trainingssturz)	–
Carlos Checa (E) Yamaha (Sturz)	5
Sete Gibernau (E) Honda (Sturz)	6
Alex Crivillé (E) Honda (Sturz)	11
Alexandre Barros (BR) Honda (Elektrik defekt)	13

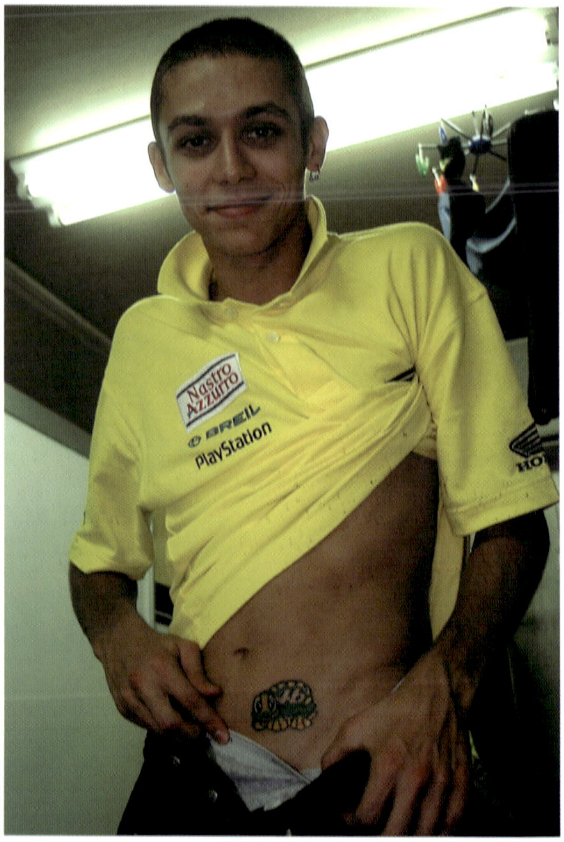

Valentinos neuester Gag: Die schnellste Schildkröte der Welt

GP Holland in Assen

Termin: 24. Juni 2000, Wetter: Regen, Zuschauer: 92.000, Streckenlänge: 6,049 km

125 cm³

STARTAUFSTELLUNG	
Fahrer (Nr)	Trainingszeit
1. Ui (41)	2'18.942
2. Ueda (5)	2'20.623
3. Alzamora (1)	2'20.706
4. Sanna (16)	2'22.305
5. Hules (39)	2'22.355
6. Jenkner (17)	2'22.696
7. de Puniet (12)	2'23.341
8. Locatelli (4)	2'23.574
9. Goi (26)	2'23.988
10. A. de Angelis (15)	2'34.278
11. Vincent (21)	2'24.490
12. Sabbatani (11)	2'24.721
13. Nieto (22)	2'24.814
14. Elias (18)	2'25.098
15. Borsoi (23)	2'25.212
16. Nieto jr. (29)	2'25.300
17. Azuma (3)	2'25.724
18. Scalvini (8)	2'26.041
19. Stolz (35)	2'26.146
20. Haslam (24)	2'26.372
21. van Leeuwen (68)	2'27.169
22. W.de Angelis (53)	2'27.336
23. Poggiali (54)	2'27.621
24. Cecchinello (9)	2'27.720
25. Timmer (69)	2'28.312
26. Petrini (51)	2'28.370
27. Lakerveld (70)	2'29.060
28. Bataille (34)	2'29.144
29. de Haan (65)	2'29.150
30. Araujo (10)	2'29.280

ERGEBNIS nach 17 Runden = 102,833 km			
Schnitt des Siegers: 146,642 km/h		WM-Stand	
Fahrer (Nation) Maschine	Zeit (Min)	Fahrer/Punkte	
1. Youichi Ui (J) Derbi	42'04.508	Locatelli	102
2. Noboru Ueda (J) Honda	-2.380	Giansanti	96
3. Manuel Poggiali (RSM) Derbi	-2.781	Ui	95
4. Lucio Cecchinello (I) Honda	-18.203	Alzamora	90
5. Simone Sanna (I) Aprilia	-24.482	Azuma	87
6. Roberto Locatelli (I) Aprilia	-25.449	Ueda	83
7. Steve Jenkner (D) Honda	-26.179	Vincent	76
8. Ivan Goi (I) Honda	-34.507	Borsoi	72
9. Masao Azuma (J) Honda	-40.846	Goi	59
10. Angel Nieto jr. (E) Honda	-41.000	Sanna	48
11. Gino Borsoi (I) Aprilia	-57.628	Jenkner	48
12. Reinhard Stolz (D) Honda	-1'08.205	Cecchinello	37
13. Arnaud Vincent (F) Aprilia	-1'24.340	Poggiali	31
14. Alex de Angelis (I) Honda	-1'28.651	Scalvini	29
15. Massimiliano Sabbatani (I) Honda	-1'32.682	Nieto	26
16. Marco Petrini (I) Aprilia	-1'46.208	Nieto jr.	25
17. Patrick Lakerveld (NL) Honda	-1'46.383	de Puniet	25
18. Leon Haslam (GB) Italjet	-1'51.279	Stolz	19
19. Pablo Nieto (E) Derbi	-1'51.415	Sabbatani	13
20. Wilhelm van Leeuwen (NL) Honda	-2'19.281	Elias	9
21. Harold de Haan (NL) Honda	-2'24.301	Nakajoh	9
22. Ronnie Timmer (NL) Honda	-2'26.871	de Angelis	8
Schnellste Runde: Ueda in 2'24.177 = 151,039 km/h			

AUSFÄLLE: Fahrer (Nation) Maschine (Grund)	in Runde
Adrian Araujo (E) Honda (Sturz)	1
Gianluigi Scalvini (I) Aprilia (Kolbenklemmer)	5
Randy de Puniet (F) Aprilia (Sturz)	6
Jaroslav Hules (CZ) Italjet (Sturz)	11
Eric Bataille (AND) Honda (Sturz)	14
William de Angelis (I) Aprilia (Sturz)	14
Antonio Elias (E) Honda (Grund unbekannt)	16
Emilio Alzamora (E) Honda (Aufgabe/Sturz)	17

250 cm³

STARTAUFSTELLUNG	
Fahrer (Nr)	Trainingszeit
1. Waldmann (6)	2'05.059
2. Melandri (13)	2'05.539
3. Nakano (56)	2'05.734
4. Jacque (19)	2'05.801
5. Ukawa (4)	2'06.140
6. Katoh (74)	2'07.045
7. Nöhles (26)	2'07.292
8. Robinson (77)	2'07.386
9. Battaini (21)	2'07.548
10. Stigefelt (16)	2'08.039
11. Clementi (11)	2'08.073
12. Porto (9)	2'08.085
13. Yuzy (18)	2'08.121
14. Matsudo (8)	2'08.194
15. Boscoscuro (37)	2'08.221
16. Allemand (23)	2'08.268
17. Debon (30)	2'08.313
18. Vincent (24)	2'08.346
19. Janssen (41)	2'08.470
20. Coates (15)	2'08.513
21. Checa (42)	2'08.910
22. West (14)	2'09.025
23. Rolfo (44)	2'09.119
24. Philippe (25)	2'09.257
25. Tomas (33)	2'09.377
26. Nieto (10)	2'09.405
27. Oliver (31)	2'10.127
28. Gimbert (22)	2'10.843
29. Filart (61)	2'13.059
30. Blok (62)	2'13.328
31. Pieper (64)	2'13.640
32. Litjens (63)	2'13.807

ERGEBNIS nach 18 Runden = 108,882 km			
Schnitt des Siegers: 151,990 km/h		WM-Stand	
Fahrer (Nation) Maschine	Zeit (Min)	Fahrer/Punkte	
1. Tohru Ukawa (J) Honda	42'58.958	Nakano	144
2. Olivier Jacque (F) Yamaha	-5.954	Jacque	140
3. Shinya Nakano (J) Yamaha	-7.986	Ukawa	132
4. Anthony West (AUS) Honda	-10.981	Katoh	128
5. Naoki Matsudo (J) Yamaha	-41.983	West	82
6. Jamie Robinson (GB) Aprilia	-46.491	Melandri	71
7. Sebastian Porto (RA) Yamaha	-47.470	Waldmann	64
8. Daijiro Katoh (J) Honda	-1'00.943	Battaini	55
9. Roberto Rolfo (I) Aprilia	-1'08.157	Matsudo	47
10. Vincent Philippe (F) TSR-Honda	-1'17.561	Porto	42
11. Julien Allemand (F) Yamaha	-1'19.304	Boscoscuro	26
12. Sebastien Gimbert (F) TSR-Honda	-1'22.928	Robinson	21
13. Lucas Oliver (E) Yamaha	-1'28.467	Nöhles	16
14. David Tomas (E) Honda	-1'29.495	Vincent	15
15. David Checa (E) TSR-Honda	-1'29.686	Debon	14
16. Alfonso Nieto (E) Yamaha	-2'04.463	Stigefelt	13
17. Arnold Litjens (NL) Honda	-1 Runde	Rolfo	10
18. Klaus Nöhles (D) Aprilia	-1 Runde	Allemand	9
19. Jason Vincent (GB) Aprilia	-1 Runde	Lucchi	9
20. Franco Battaini (I) Aprilia	-1 Runde	Miyazaki	8
21. Johan Stigefelt (S) TSR-Honda	-1 Runde	Yuzy	8
22. Luca Boscoscuro (I) Aprilia	-1 Runde	Checa	7
23. Ivan Clementi (I) Aprilia	-1 Runde	Hofmann	7
24. Ralf Waldmann (D) Aprilia	-2 Runden	Nakatomi	7
25. Gert Pieper (NL) Honda	-2 Runden	Nieto	7
Schnellste Runde: Nakano in 2'18.667 = 157,041 km/h			

AUSFÄLLE: Fahrer (Nation) Maschine (Grund)	in Runde
Shahrol Yuzy (MAL) Yamaha (Grund unbekannt)	2
Rob Filart (NL) Honda (Sturz)	3
Alex Debon (E) Aprilia (Sturz)	6
Adrian Coates (GB) Aprilia (Sturz)	7
Jan Blok (NL) Honda (Sturz)	13
Marco Melandri (I) Aprilia (Aufgabe/falsche Reifenwahl)	14
Jarno Janssen (NL) TSR-Honda (Sturz)	16

500 cm³

STARTAUFSTELLUNG	
Fahrer (Nr)	Trainingszeit
1. Capirossi (65)	2'02.058
2. Crivillé (1)	2'02.616
3. Roberts (2)	2'02.652
4. Barros (10)	2'02.809
5. Biaggi (4)	2'03.194
6. Rossi (46)	2'03.201
7. Okada (8)	2'03.301
8. Harada (31)	2'03.332
9. Checa (7)	2'03.502
10. Laconi (55)	2'03.714
11. McWilliams (99)	2'03.788
12. Aoki (9)	2'03.911
13. v. d. Goorbergh (17)	2'03.956
14. Gibernau (5)	2'04.038
15. Abe (6)	2'04.564
16. McCoy (24)	2'04.981
17. de Gea (11)	2'07.249
18. Legrelle (18)	2'08.651
19. Konishi (15)	2'09.680
20. Giles (20)	2'10.069

ERGEBNIS nach 20 Runden = 120,980 km			
Schnitt des Siegers: 169,721 km/h		WM-Stand	
Fahrer (Nation) Maschine	Zeit (Min)	Fahrer/Punkte	
1. Alexandre Barros (BR) Honda	42'46.142	Roberts	125
2. Alex Crivillé (E) Honda	-2.077	Checa	111
3. Loris Capirossi (I) Honda	-2.907	Abe	91
4. Massimiliano Biaggi (I) Yamaha	-4.880	Capirossi	89
5. Carlos Checa (E) Yamaha	-7.394	Crivillé	79
6. Valentino Rossi (I) Honda	-11.768	Barros	77
7. Sete Gibernau (E) Honda	-12.232	Aoki	75
8. Regis Laconi (F) Yamaha	-15.397	Rossi	67
9. Jürgen v. d. Goorbergh (NL) TSR-Honda	-20.905	McCoy	62
10. Norifumi Abe (J) Yamaha	-22.156	Laconi	51
11. Tadayuki Okada (J) Honda	-28.750	Okada	48
12. Tetsuya Harada (J) Aprilia	-34.521	Goorbergh	45
13. Nobuatsu Aoki (J) Suzuki	-47.713	Biaggi	44
14. David de Gea (E) Modenas	-1'22.071	McWilliams	38
15. Garry McCoy (AUS) Yamaha	-1'54.359	Harada	26
Schnellste Runde: Biaggi in 2'03.898 = 175,761 km/h			

AUSFÄLLE: Fahrer (Nation) Maschine (Grund)	in Runde
Jeremy McWilliams (GB) Aprilia (Motorschaden)	1
Kenny Roberts (USA) Suzuki (Sturz)	1
Yoshiteru Konishi (J) TSR-Honda (Grund unbekannt)	8
Sebastien Legrelle (B) Honda (Sturz)	12
Phil Giles (GB) Honda (Grund unbekannt)	20

Podestplatz statt Sturz:
Olivier Jacque fuhr seinem Assen-Fluch davon

GP England in Donington Park

Termin: 9. Juli 2000, Wetter: nass/trocken, Zuschauer: 18.000, Streckenlänge: 4,023 km

125 cm³

STARTAUFSTELLUNG	
Fahrer (Nr)	Trainingszeit
1. Ui (41)	1'38.413
2. Ueda (5)	1'38.770
3. Cecchinello (9)	1'39.478
4. Alzamora (1)	1'39.661
5. Borsoi (23)	1'39.734
6. Locatelli (4)	1'39.864
7. Giansanti (32)	1'39.972
8. Hules (39)	1'40.195
9. Goi (26)	1'40.231
10. Scalvini (8)	1'40.274
11. Nieto jr. (29)	1'40.298
12. Azuma (3)	1'40.326
13. Sanna (16)	1'40.378
14. de Puniet (12)	1'40.497
15. Sabbatani (11)	1'40.576
16. Poggiali (54)	1'40.740
17. Elias (18)	1'40.897
18. Vincent (21)	1'40.972
19. Nieto (22)	1'40.988
20. A. de Angelis (15)	1'41.205
21. Jenkner (17)	1'41.533
22. Petrini (51)	1'41.658
23. W.de Angelis (53)	1'41.937
24. Haslam (24)	1'41.972
25. Tibble (72)	1'42.176
26. Easton (73)	1'43.362
27. Araujo (10)	1'43.376
28. Bataille (34)	1'43.977
29. Robinson (71)	1'45.219
30. Stolz (35)	–

ERGEBNIS nach 26 Runden = 104,598 km			
Schnitt des Siegers: 144,363 km/h		WM-Stand	
Fahrer (Nation) Maschine	Zeit (Min)	Fahrer/Punkte	
1. Youichi Ui (J) Derbi	43'28.374	Ui	120
2. Emilio Alzamora (E) Honda	-0.752	Locatelli	115
3. Noboru Ueda (J) Honda	-3.104	Alzamora	110
4. Roberto Locatelli (I) Aprilia	-4.181	Giansanti	106
5. Masao Azuma (J) Honda	-4.358	Ueda	99
6. Mirko Giansanti (I) Aprilia	-14.117	Azuma	98
7. Lucio Cecchinello (I) Honda	-14.609	Vincent	79
8. Jaroslav Hules (CZ) Italjet	-28.730	Borsoi	72
9. Angel Nieto jr. (E) Honda	-35.300	Goi	59
10. Randy de Puniet (F) Aprilia	-38.275	Jenkner	48
11. Gianluigi Scalvini (I) Aprilia	-38.957	Sanna	48
12. Alex de Angelis (I) Honda	-43.184	Cecchinello	46
13. Arnaud Vincent (F) Aprilia	-49.993	Scalvini	34
14. Antonio Elias (E) Honda	-1'00.467	Nieto jr.	32
15. Pablo Nieto (E) Derbi	-1'06.862	de Puniet	31
16. Massimiliano Sabbatani (I) Honda	-1'07.560	Poggiali	31
17. Marco Petrini (I) Aprilia	-1'10.485	Nieto	27
18. Steve Jenkner (D) Honda	-1'13.586	Stolz	19
19. Leon Haslam (GB) Italjet	-1'23.679	Sabbatani	13
20. Stuart Easton (GB) Honda	-1'46.031	de Angelis	12
21. Eric Bataille (AND) Honda	-1'52.377	Hules	12
22. William de Angelis (I) Aprilia	-1'59.279	Elias	11
23. Paul Robinson (GB) Honda	-2'15.991	Nakajoh	9
Schnellste Runde: Azuma in 1'39.77 = 146,177 km/h			

AUSFÄLLE: Fahrer (Nation) Maschine (Grund)	in Runde
Adrian Araujo (E) Honda (Nichtstarter/Trainingssturz)	-
Reinhard Stolz (D) Honda (Nichtstarter/Trainingssturz)	-
Gino Borsoi (I) Aprilia (Sturz)	9
Ivan Goi (I) Honda (Sturz)	9
Manuel Poggiali (RSM) Derbi (Elektrik defekt)	9
Kenny Tibble (GB) Honda (Sturz)	15
Simone Sanna (I) Aprilia (Sturz)	18

250 cm³

STARTAUFSTELLUNG	
Fahrer (Nr)	Trainingszeit
1. Jacque (19)	1'34.181
2. Nakano (56)	1'34.241
3. Ukawa (4)	1'34.291
4. Melandri (13)	1'34.621
5. Katoh (74)	1'34.799
6. Waldmann (6)	1'35.114
7. West (14)	1'35.320
8. Robinson (77)	1'35.356
9. Vincent (24)	1'35.470
10. Nöhles (26)	1'35.532
11. Porto (9)	1'35.619
12. Battaini (21)	1'35.637
13. Rolfo (44)	1'35.733
14. Nieto (10)	1'35.749
15. Matsudo (8)	1'35.879
16. Stigefelt (16)	1'36.005
17. Gimbert (22)	1'36.430
18. Debon (30)	1'36.431
19. Checa (42)	1'36.453
20. Janssen (41)	1'36.542
21. Yuzy (18)	1'36.560
22. Boscoscuro (37)	1'36.619
23. Philippe (25)	1'36.700
24. Coates (15)	1'36.766
25. Clementi (11)	1'37.009
26. Allemand (23)	1'37.097
27. Oliver (31)	1'37.484
28. Davis (73)	1'37.789
29. Haslam (71)	1'38.099
30. Tomas (33)	1'38.475
31. Jackson (72)	1'38.515
32. Tunstall (70)	1'39.307

ERGEBNIS nach 27 Runden = 108,621 km			
Schnitt des Siegers: 131,173 km/h		WM-Stand	
Fahrer (Nation) Maschine	Zeit (Min)	Fahrer/Punkte	
1. Ralf Waldmann (D) Aprilia	49'41.73	Jacque	160
2. Olivier Jacque (F) Yamaha	-0.344	Nakano	153
3. Naoki Matsudo (J) Yamaha	-1.609	Ukawa	145
4. Tohru Ukawa (J) Honda	-6.909	Katoh	134
5. Jason Vincent (GB) Aprilia	-22.714	Waldmann	89
6. Alex Debon (E) Aprilia	-43.663	West	82
7. Shinya Nakano (J) Yamaha	-47.345	Melandri	71
8. Johan Stigefelt (S) TSR-Honda	-1'12.409	Matsudo	63
9. David Checa (E) TSR-Honda	-1'13.408	Battaini	55
10. Daijiro Katoh (J) Honda	-1'23.370	Porto	47
11. Sebastian Porto (RA) Yamaha	-1'37.181	Vincent	26
12. Lucas Oliver (E) Yamaha	-1'54.363	Boscoscuro	26
13. Gary Haslam (GB) Honda	-1'54.697	Debon	24
14. Vincent Philippe (F) TSR-Honda	-2'00.208	Stigefelt	21
15. Julien Allemand (F) Yamaha	-1 Runde	Robinson	21
16. Klaus Nöhles (D) Aprilia	-1 Runde	Nöhles	16
17. Jarno Janssen (NL) TSR-Honda	-1 Runde	Checa	14
18. Alfonso Nieto (E) Yamaha	-1 Runde	Allemand	10
19. Jason Davis (GB) Honda	-1 Runde	Rolfo	10
Schnellste Runde: Robinson in 1'39.886 = 144,993 km/h			

AUSFÄLLE: Fahrer (Nation) Maschine (Grund)	in Runde
Sebastien Gimbert (F) TSR-Honda (Sekundärkette gerissen)	2
Marco Melandri (I) Aprilia (Sturz)	2
Ivan Clementi (I) Aprilia (Aufgabe/Regenreifen (!))	6
Roberto Rolfo (I) Aprilia (Aufgabe/Stop-and-go-Strafe)	9
Shahrol Yuzy (MAL) Yamaha (Sturz)	10
Luca Boscoscuro (I) Aprilia (Sturz)	13
Adrian Coates (GB) Aprilia (Sturz)	13
Lee Jackson (GB) Honda (Sturz)	16
Jamie Robinson (GB) Aprilia (Sturz)	16
Tom Tunstall (GB) Honda (Aufgabe/falsche Reifenwahl)	16
David Tomas (E) Honda (Zündkerze defekt)	18
Franco Battaini (I) Aprilia (Sturz)	19
Anthony West (AUS) Honda (Sturz)	23

500 cm³

STARTAUFSTELLUNG	
Fahrer (Nr)	Trainingszeit
1. Barros (10)	1'32.316
2. Roberts (2)	1'32.477
3. McCoy (24)	1'32.803
4. Rossi (46)	1'32.805
5. Biaggi (4)	1'32.821
6. Checa (7)	1'32.951
7. Abe (6)	1'33.001
8. Crivillé (1)	1'33.038
9. Okada (8)	1'33.170
10. Laconi (55)	1'33.223
11. Aoki (9)	1'33.227
12. Capirossi (65)	1'33.390
13. Harada (31)	1'33.515
14. Gibernau (5)	1'33.694
15. McWilliams (99)	1'34.035
16. v. d. Goorbergh (17)	1'34.233
17. Cardoso (25)	1'34.990
18. McGuiness (26)	1'35.191
19. Giles (20)	1'36.773
20. Gobert (30)	1'36.996
21. Legrelle (18)	1'37.084
22. Konishi (15)	–

ERGEBNIS nach 30 Runden = 120,690 km			
Schnitt des Siegers: 137,615 km/h		WM-Stand	
Fahrer (Nation) Maschine	Zeit (Min)	Fahrer/Punkte	
1. Valentino Rossi (I) Honda	52'37.246	Roberts	145
2. Kenny Roberts (USA) Suzuki	-0.395	Checa	116
3. Jeremy McWilliams (GB) Aprilia	-0.944	Capirossi	102
4. Loris Capirossi (I) Honda	-23.037	Abe	101
5. Jürgen v. d. Goorbergh (NL) TSR-Honda	-25.574	Rossi	92
6. Norifumi Abe (J) Yamaha	-27.052	Crivillé	88
7. Alex Crivillé (E) Honda	-29.617	Barros	79
8. Sete Gibernau (E) Honda	-30.166	Aoki	75
9. Massimiliano Biaggi (I) Yamaha	-30.873	McCoy	62
10. Tadayuki Okada (J) Honda	-31.584	Goorbergh	56
11. Carlos Checa (E) Yamaha	-38.869	Laconi	55
12. Regis Laconi (F) Yamaha	-44.057	Okada	54
13. John McGuiness (GB) Honda	-1'03.534	McWilliams	54
14. Alexandre Barros (BR) Honda	-1'13.535	Biaggi	51
15. Anthony Gobert (AUS) Modenas	-1'15.652	Gibernau	33
16. Nobuatsu Aoki (J) Suzuki	-1'31.057	Harada	26
17. Garry McCoy (AUS) Yamaha	-1 Runde	de Gea	18
18. Sebastien Legrelle (B) Honda	-1 Runde	Konishi	13
Schnellste Runde: McCoy in 1'39.895 = 144,98 km/h			

AUSFÄLLE: Fahrer (Nation) Maschine (Grund)	in Runde
Yoshiteru Konishi (J) TSR-Honda (Nichtstarter/Trainingssturz)	-
Phil Giles (GB) Honda (Getriebe defekt)	2
José Luis Cardoso (E) Honda (Auspuff-Steuerung defekt)	11
Tetsuya Harada (J) Aprilia (Kupplung verbrannt)	13

Regenspezialist Ralf Waldmann:
Der erste Aprilia 250-Sieg auf nasser Piste

GP Deutschland auf dem Sachsenring

Termin: 23. Juli 2000, Wetter: trocken, Zuschauer: 72.000, Streckenlänge: 3,508 km

125 cm³

STARTAUFSTELLUNG	
Fahrer (Nr)	Trainingszeit
1. Ui (41)	1'25.460
2. Locatelli (4)	1'25.682
3. Sanna (16)	1'26.039
4. Ueda (5)	1'26.160
5. Azuma (3)	1'26.160
6. Alzamora (1)	1'26.215
7. Poggiali (54)	1'26.314
8. Borsoi (23)	1'26.468
9. Cecchinello (9)	1'26.538
10. Nieto jr. (29)	1'26.618
11. Goi (26)	1'26.688
12. Sabbatani (11)	1'26.701
13. Giansanti (32)	1'26.747
14. de Puniet (12)	1'26.748
15. Elias (18)	1'26.794
16. Hules (39)	1'26.807
17. A. de Angelis (15)	1'26.869
18. Scalvini (8)	1'26.890
19. Nieto (22)	1'26.913
20. Vincent (21)	1'27.052
21. W.de Angelis (53)	1'27.271
22. Petrini (51)	1'27.560
23. Smrz (78)	1'27.572
24. Müller (74)	1'27.629
25. Jenkner (17)	1'27.740
26. Stolz (35)	1'27.815
27. Bataille (34)	1'27.911
28. Haslam (24)	1'28.519
29. Kariger (75)	1'28.961
30. Hahn (77)	1'29.153
31. Büch (76)	1'30.760

ERGEBNIS nach 29 Runden = 101,732 km			
Schnitt des Siegers: 145,205 km/h		WM-Stand	
Fahrer (Nation) Maschine	Zeit (Min)	Fahrer/Punkte	
1. Youichi Ui (J) Derbi	42'02.197	Ui	145
2. Roberto Locatelli (I) Aprilia	-7.530	Locatelli	135
3. Simone Sanna (I) Aprilia	-17.306	Giansanti	117
4. Arnaud Vincent (F) Aprilia	-18.655	Alzamora	110
5. Mirko Giansanti (I) Aprilia	-18.794	Ueda	102
6. Ivan Goi (I) Honda	-27.896	Azuma	98
7. Pablo Nieto (E) Derbi	-33.535	Vincent	92
8. Gianluigi Scalvini (I) Aprilia	-33.767	Borsoi	72
9. Angel Nieto jr. (E) Honda	-34.131	Goi	69
10. Steve Jenkner (D) Honda	-40.321	Sanna	64
11. Eric Bataille (AND) Honda	-40.664	Jenkner	54
12. Marco Petrini (I) Aprilia	-44.699	Cecchinello	46
13. Noboru Ueda (J) Honda	-57.278	Scalvini	42
14. Jarno Müller (D) Honda	-1'09.172	Nieto jr.	39
15. Reinhard Stolz (D) Honda	-1'14.460	Nieto	36
16. Achim Kariger (D) Honda	-1'19.552	de Puniet	31
17. Andreas Hahn (D) Honda	-1 Runde	Poggiali	31
18. Jakub Smrz (CZ) Honda	-1 Runde	Stolz	20
Schnellste Runde: Ui in 1'26.150 = 146,591 km/h			

AUSFÄLLE: Fahrer (Nation) Maschine (Grund)	in Runde
Masao Azuma (J) Honda (Start-Kollision)	1
Gino Borsoi (I) Aprilia (Start-Kollision)	1
Alex de Angelis (I) Honda (Start-Kollision)	1
Antonio Elias (E) Honda (Start-Kollision)	1
Manuel Poggiali (RSM) Derbi (Start-Kollision)	1
Randy de Puniet (F) Aprilia (Start-Kollision)	2
Jaroslav Hules (CZ) Italjet (Start-Kollision)	3
Emilio Alzamora (E) Honda (Aufgabe nach Start-Kollision)	4
William de Angelis (I) Aprilia (Sturz)	7
Massimiliano Sabbatani (I) Honda (Start-Kollision)	8
Lucio Cecchinello (I) Honda (Start-Kollision)	11
Leon Haslam (GB) Italjet (Grund unbekannt)	20
Jascha Büch (D) Yamaha (Plattfuß)	22

250 cm³

STARTAUFSTELLUNG	
Fahrer (Nr)	Trainingszeit
1. Jacque (19)	1'23.396
2. Ukawa (4)	1'23.469
3. Melandri (13)	1'23.586
4. Nöhles (26)	1'23.773
5. Nakano (56)	1'23.956
6. Waldmann (6)	1'24.051
7. Katoh (74)	1'24.360
8. Robinson (77)	1'24.396
9. West (14)	1'24.506
10. Battaini (21)	1'24.651
11. Rolfo (44)	1'24.694
12. Porto (9)	1'24.849
13. Debon (30)	1'24.955
14. Stigefelt (16)	1'24.956
15. Philippe (25)	1'24.960
16. Nieto (10)	1'25.132
17. Gimbert (22)	1'25.226
18. Vincent (24)	1'25.257
19. Vidal (20)	1'25.310
20. Janssen (41)	1'25.322
21. Matsudo (8)	1'25.322
22. Allemand (23)	1'25.413
23. Coates (15)	1'25.656
24. Oliver (31)	1'25.685
25. Boscoscuro (37)	1'25.733
26. Clementi (11)	1'25.782
27. Reißmann (78)	1'26.012
28. Gemmel (80)	1'26.247
29. Checa (42)	1'26.364
30. Yuzy (18)	1'26.407
31. Neukirchen (75)	1'26.789
32. Heidolf (76)	1'27.055
33. Göbel (79)	1'28.129

ERGEBNIS nach 30 Runden = 105,240 km			
Schnitt des Siegers: 149,441 km/h		WM-Stand	
Fahrer (Nation) Maschine	Zeit (Min)	Fahrer/Punkte	
1. Olivier Jacque (F) Yamaha	42'15.207	Jacque	185
2. Tohru Ukawa (J) Honda	-11.689	Nakano	169
3. Shinya Nakano (J) Yamaha	-21.810	Ukawa	165
4. Daijiro Katoh (J) Honda	-30.105	Katoh	147
5. Klaus Nöhles (D) Aprilia	-31.781	Waldmann	97
6. Roberto Rolfo (I) Aprilia	-32.291	West	88
7. Franco Battaini (I) Aprilia	-33.336	Melandri	71
8. Ralf Waldmann (D) Aprilia	-49.750	Matsudo	65
9. Sebastian Porto (RA) Yamaha	-50.214	Battaini	64
10. Anthony West (AUS) Honda	-54.596	Porto	54
11. Johan Stigefelt (S) TSR-Honda	-55.353	Boscoscuro	27
12. Alfonso Nieto (E) Yamaha	-59.592	Nöhles	27
13. Sebastien Gimbert (F) TSR-Honda	-1'07.700	Stigefelt	26
14. Naoki Matsudo (J) Yamaha	-1'15.446	Vincent	26
15. Luca Boscoscuro (I) Aprilia	-1'16.320	Debon	24
16. Ivan Clementi (I) Aprilia	-1'27.342	Robinson	21
17. Julien Allemand (F) Yamaha	-1 Runde	Rolfo	20
18. Shahrol Yuzy (MAL) Yamaha	-1 Runde	Checa	14
19. David Checa (E) TSR-Honda	-1 Runde	Nieto	11
20. Dirk Heidolf (D) Yamaha	-1 Runde	Allemand	10
21. Jason Vincent (GB) Aprilia	-1 Runde	Lucchi	9
22. Lucas Oliver (E) Yamaha	-1 Runde	Philippe	8
23. Dirk Reißmann (D) Yamaha	-1 Runde	Miyazaki	8
24. Adrian Coates (GB) Aprilia	-1 Runde	Yuzy	8
25. Mathias Neukirchen (D) Yamaha	-1 Runde	Gimbert	7
26. Jeronimo Vidal (E) Aprilia	-1 Runde	Oliver	7
27. Andreas Göbel (D) Honda	-2 Runden	Hofmann	7
Schnellste Runde: Jacque in 1'23.575 = 151,107 km/h			

AUSFÄLLE: Fahrer (Nation) Maschine (Grund)	in Runde
Vincent Philippe (F) TSR-Honda (Sturz)	1
Christian Gemmel (D) Honda (Sturz)	3
Alex Debon (E) Aprilia (Grund unbekannt)	7
Jarno Janssen (NL) TSR-Honda (Sturz)	7
Marco Melandri (I) Aprilia (Vorderreifen)	13
Jamie Robinson (GB) Aprilia (Elektrik defekt)	22

500 cm³

STARTAUFSTELLUNG	
Fahrer (Nr)	Trainingszeit
1. Roberts (2)	1'23.168
2. Barros (10)	1'23.260
3. Biaggi (4)	1'23.307
4. Capirossi (65)	1'23.459
5. v. d. Goorbergh (17)	1'23.503
6. Rossi (46)	1'23.539
7. Aoki (9)	1'23.664
8. McWilliams (99)	1'23.840
9. Harada (31)	1'23.967
10. Okada (8)	1'24.018
11. McCoy (24)	1'24.023
12. Gibernau (5)	1'24.032
13. Crivillé (1)	1'24.060
14. Laconi (55)	1'24.196
15. Abe (6)	1'24.223
16. Cadalora (27)	1'24.478
17. Checa (7)	1'24.578
18. Cardoso (25)	1'24.674
19. Kayoh (56)	1'25.918
20. Tessari (43)	1'27.719
21. Giles (20)	1'29.924
22. Legrelle (18)	–

ERGEBNIS nach 31 Runden = 108,748 km			
Schnitt des Siegers: 148,595 km/h		WM-Stand	
Fahrer (Nation) Maschine	Zeit (Min)	Fahrer/Punkte	
1. Alexandre Barros (BR) Honda	43'54.632	Roberts	161
2. Valentino Rossi (I) Honda	-0.078	Checa	123
3. Kenny Roberts (USA) Suzuki	-0.864	Capirossi	112
4. Massimiliano Biaggi (I) Yamaha	-1.263	Rossi	112
5. Tadayuki Okada (J) Honda	-1.674	Abe	106
6. Loris Capirossi (I) Honda	-3.014	Barros	104
7. Regis Laconi (F) Yamaha	-13.606	Crivillé	88
8. Sete Gibernau (E) Honda	-13.917	Aoki	78
9. Carlos Checa (E) Yamaha	-14.019	McCoy	68
10. Garry McCoy (AUS) Yamaha	-20.085	Okada	65
11. Norifumi Abe (J) Yamaha	-26.590	Laconi	64
12. José Luis Cardoso (E) Honda	-29.564	Biaggi	64
13. Nobuatsu Aoki (J) Suzuki	-49.188	Goorbergh	56
14. Luca Cadalora (I) Modenas	-53.542	McWilliams	54
15. Paolo Tessari (I) Paton	-1 Runde	Gibernau	41
Schnellste Runde: Okada in 1'23.918 = 150,49 km/h			

AUSFÄLLE: Fahrer (Nation) Maschine (Grund)	in Runde
Phil Giles (GB) Honda (Nichtstarter/nicht qualifiziert)	-
Tekkyu Kayoh (J) TSR-Honda (Nichtstarter/Trainingssturz)	-
Sebastien Legrelle (B) Honda (Nichtstarter/Trainingssturz)	-
Jeremy McWilliams (GB) Aprilia (Sturz)	9
Alex Crivillé (E) Honda (Sturz)	13
Jürgen v. d. Goorbergh (NL) TSR-Honda (Sturz)	13
Tetsuya Harada (J) Aprilia (Motorschaden)	28

Klaus Nöhles: Erste Reihe, erste Sahne

GP Tschechien in Brünn

Termin: 20. August 2000, Wetter: heiß, Zuschauer: 56.000, Streckenlänge: 5,403 km

125 cm³

STARTAUFSTELLUNG

Fahrer (Nr)	Trainingszeit
1. Locatelli (4)	2'10.003
2. Ui (41)	2'10.048
3. Ueda (5)	2'10.323
4. Alzamora (1)	2'10.543
5. Jenkner (17)	2'11.046
6. Nieto jr. (29)	3'11.302
7. Sanna (16)	2'11.318
8. Scalvini (8)	2'11.321
9. Cecchinello (9)	2'11.322
10. Azuma (3)	2'11.363
11. Giansanti (32)	2'11.366
12. Borsoi (23)	2'11.413
13. Goi (26)	2'11.573
14. A. de Angelis (15)	2'11.695
15. Nieto (22)	2'11.807
16. de Puniet (12)	2'12.082
17. Smrz (78)	2'12.083
18. Hules (39)	2'12.236
19. Petrini (51)	2'12.249
20. Vincent (21)	2'12.308
21. Stolz (35)	2'12.358
22. Elias (18)	2'12.410
23. Sabbatani (11)	2'12.656
24. Poggiali (54)	2'12.660
25. W.de Angelis (53)	2'13.320
26. Haslam (24)	2'13.783
27. Kalab (79)	2'15.028
28. Araujo (10)	2'15.347
29. Bancsiki (81)	2'15.557
30. Brezina (80)	2'16.405
31. Talmacsi (82)	2'18.056

ERGEBNIS nach 19 Runden = 102,657 km

Schnitt des Siegers: 149,067 km/h		WM-Stand	
Fahrer (Nation) Maschine	Zeit (Min)	Fahrer/Punkte	
1. Roberto Locatelli (I) Aprilia	41'19.190	Ui	165
2. Youichi Ui (J) Derbi	-1.533	Locatelli	160
3. Emilio Alzamora (E) Honda	-1.716	Giansanti	126
4. Lucio Cecchinello (I) Honda	-18.466	Alzamora	126
5. Noboru Ueda (J) Honda	-29.076	Ueda	113
6. Arnaud Vincent (F) Aprilia	-33.896	Vincent	102
7. Mirko Giansanti (I) Aprilia	-34.910	Azuma	98
8. Gino Borsoi (I) Aprilia	-35.161	Borsoi	80
9. Jaroslav Hules (CZ) Italjet	-43.932	Goi	75
10. Ivan Goi (I) Honda	-51.767	Sanna	64
11. Jakub Smrz (CZ) Honda	-55.001	Cecchinello	59
12. Manuel Poggiali (RSM) Derbi	-58.524	Jenkner	54
13. Marco Petrini (I) Aprilia	-1'02.714	Scalvini	42
14. Antonio Elias (E) Honda	-1'03.009	Nieto jr.	39
15. Reinhard Stolz (D) Honda	-1'08.530	Nieto	36
16. Pablo Nieto (E) Derbi	-1'09.919	Poggiali	35
17. Leon Haslam (GB) Italjet	-1'35.984	de Puniet	31
18. Igor Kalab (CZ) Honda	-1'36.325	Stolz	21
19. Laszlo Bancsiki (HU) Honda	-1 Runde	Hules	19
20. Gabor Talmacsi (HU) Honda	-1 Runde	Elias	13

Schnellste Runde: Ui in 2'09.416 = 150,297 km/h

AUSFÄLLE: Fahrer (Nation) Maschine (Grund)	in Runde
Adrian Araujo (E) Honda (Nichtstarter/Trainingssturz)	-
Randy de Puniet (F) Aprilia (Sturz)	1
Masao Azuma (J) Honda (Schmutz angesaugt/Motor defekt)	4
William de Angelis (I) Aprilia (Sturz)	5
Gianluigi Scalvini (I) Aprilia (Schmutz angesaugt/Motor defekt)	5
Alex de Angelis (I) Honda (Sturz)	7
Angel Nieto jr. (E) Honda (Sturz)	7
Michal Brezina (CZ) Honda (Motor-Probleme)	8
Massimiliano Sabbatani (I) Honda (Motor defekt)	9
Simone Sanna (I) Aprilia (Motor defekt)	13
Steve Jenkner (D) Honda (Sturz)	17

250 cm³

STARTAUFSTELLUNG

Fahrer (Nr)	Trainingszeit
1. Jacque (19)	2'03.673
2. Nakano (56)	2'03.686
3. Waldmann (6)	2'03.927
4. Ukawa (4)	2'04.019
5. Melandri (35)	2'04.041
6. Battaini (21)	2'04.749
7. Robinson (77)	2'05.244
8. Katoh (74)	2'05.323
9. Vincent (24)	2'05.478
10. Nöhles (26)	2'05.621
11. Porto (9)	2'05.637
12. Matsudo (8)	2'06.086
13. Yuzy (18)	2'06.099
14. Debon (30)	2'06.156
15. Nieto (10)	2'06.167
16. West (14)	2'06.358
17. Checa (42)	2'06.429
18. Philippe (25)	2'06.770
19. Boscoscuro (37)	2'06.856
20. Vidal (20)	2'06.879
21. Castka (82)	2'07.023
22. Janssen (41)	2'07.052
23. Hofmann (66)	2'07.210
24. Gimbert (22)	2'07.330
25. Oliver (31)	2'07.344
26. Allemand (23)	2'07.383
27. Stigefelt (16)	2'07.626
28. Clementi (11)	2'07.911
29. Coates (15)	2'09.287
30. Witzendeder (84)	2'09.850
31. Bolteraurer (83)	2'10.193
32. Rous (81)	2'10.699

ERGEBNIS nach 20 Runden = 108,060 km

Schnitt des Siegers: 155,305 km/h		WM-Stand	
Fahrer (Nation) Maschine	Zeit (Min)	Fahrer/Punkte	
1. Shinya Nakano (J) Yamaha	41'44.845	Jacque	201
2. Tohru Ukawa (J) Honda	-3.994	Nakano	194
3. Olivier Jacque (F) Yamaha	-4.987	Ukawa	185
4. Marco Melandri (I) Aprilia	-6.028	Katoh	157
5. Ralf Waldmann (D) Aprilia	-13.366	Waldmann	108
6. Daijiro Katoh (J) Honda	-21.259	West	94
7. Franco Battaini (I) Aprilia	-26.489	Melandri	84
8. Sebastian Porto (RA) Yamaha	-45.073	Battaini	73
9. Klaus Nöhles (D) Aprilia	-47.135	Matsudo	70
10. Anthony West (AUS) Honda	-56.932	Porto	62
11. Naoki Matsudo (J) Yamaha	-57.074	Nöhles	34
12. Shahrol Yuzy (MAL) Yamaha	-57.321	Boscoscuro	29
13. David Checa (E) TSR-Honda	-1'11.286	Stigefelt	26
14. Luca Boscoscuro (I) Aprilia	-1'12.160	Vincent	26
15. Jamie Robinson (GB) Aprilia	-1'15.068	Debon	24
16. Vincent Philippe (F) TSR-Honda	-1'15.496	Robinson	22
17. Ivan Clementi (I) Aprilia	-1'16.125	Rolfo	20
18. Sebastien Gimbert (F) TSR-Honda	-1'16.282	Checa	17
19. Alexander Hofmann (D) Aprilia	-1'16.881	Yuzy	12
20. Lucas Oliver (E) Yamaha	-1'27.084	Nieto	11
21. Julien Allemand (F) Yamaha	-1'32.893	Allemand	10
22. Adrian Coates (GB) Aprilia	-1'35.776	Lucchi	9
23. Vladimir Castka (SL) Yamaha	-1'42.645	Philippe	8
24. Michael Witzendeder (A) Honda	-1 Runde	Miyazaki	8
25. Radek Rous (CZ) Honda	-1 Runde	Gimbert	7

Schnellste Runde: Nakano in 2'04.113 = 156,718 km/h

AUSFÄLLE: Fahrer (Nation) Maschine (Grund)	in Runde
Johan Stigefelt (S) TSR-Honda (Nichtstarter/Trainingssturz)	-
Uwe Bolterauer (A) Honda (Motor defekt)	3
Alex Debon (E) Aprilia (Motor defekt)	3
Jarno Janssen (NL) TSR-Honda (Motor defekt)	3
Alfonso Nieto (E) Yamaha (Motor defekt)	8
Jeronimo Vidal (E) Aprilia (Motor defekt)	10
Jason Vincent (GB) Aprilia (Sturz)	17

500 cm³

STARTAUFSTELLUNG

Fahrer (Nr)	Trainingszeit
1. Biaggi (4)	2'01.291
2. Capirossi (65)	2'01.675
3. Roberts (2)	2'01.713
4. McCoy (24)	2'01.936
5. Rossi (46)	2'02.096
6. Crivillé (1)	2'02.208
7. Abe (6)	2'02.481
8. Harada (31)	2'02.631
9. McWilliams (99)	2'02.641
10. v. d. Goorbergh (17)	2'02.694
11. Barros (10)	2'02.865
12. Gibernau (5)	2'02.915
13. Okada (8)	2'02.982
14. Aoki (9)	2'03.013
15. Checa (7)	2'03.025
16. Laconi (55)	2'03.944
17. Cadalora (27)	2'04.321
18. Cardoso (25)	2'04.765
19. Tessari (43)	2'07.688
20. Legrelle (18)	2'08.660
21. Konishi (15)	2'09.107
22. Giles (20)	2'09.615

ERGEBNIS nach 22 Runden = 118,866 km

Schnitt des Siegers: 156,636 km/h		WM-Stand	
Fahrer (Nation) Maschine	Zeit (Min)	Fahrer/Punkte	
1. Massimiliano Biaggi (I) Yamaha	45'31.918	Roberts	174
2. Valentino Rossi (I) Honda	-6.641	Rossi	132
3. Garry McCoy (AUS) Yamaha	-8.627	Checa	128
4. Kenny Roberts (USA) Suzuki	-12.106	Capirossi	123
5. Loris Capirossi (I) Honda	-16.083	Abe	106
6. Sete Gibernau (E) Honda	-22.388	Barros	104
7. Alex Crivillé (E) Honda	-22.640	Crivillé	97
8. Nobuatsu Aoki (J) Suzuki	-22.830	Biaggi	89
9. Jeremy McWilliams (GB) Aprilia	-23.002	Aoki	86
10. Tadayuki Okada (J) Honda	-24.525	McCoy	84
11. Carlos Checa (E) Yamaha	-29.560	Okada	71
12. Jürgen v. d. Goorbergh (NL) TSR-Honda	-29.844	Laconi	67
13. Regis Laconi (F) Yamaha	-30.393	McWilliams	61
14. Tetsuya Harada (J) Aprilia	-35.863	Goorbergh	60
15. Luca Cadalora (I) Modenas	-1'05.405	Gibernau	51
16. José Luis Cardoso (E) Honda	-1'15.549	Harada	28
17. Paolo Tessari (I) Paton	-1 Runde	de Gea	18
18. Sebastien Legrelle (B) Honda	-1 Runde	Cardoso	15
19. Phil Giles (GB) Honda	-1 Runde	Konishi	13
20. Yoshiteru Konishi (J) TSR-Honda	-1 Runde	Legrelle	7

Schnellste Runde: Biaggi in 2'02.854 = 158,325 km/h

AUSFÄLLE: Fahrer (Nation) Maschine (Grund)	in Runde
Norifumi Abe (J) Yamaha (Sturz)	2
Alexandre Barros (BR) Honda (Sturz)	5

Wieder fröhlich vereint:
Der genesene Alex Hofmann und sein Manager Dieter Theis

GP Portugal in Estoril

Termin: 3. September 2000, Wetter: sonnig, Zuschauer: 40.000, Streckenlänge: 4,182 km

125 cm³

STARTAUFSTELLUNG

Fahrer (Nr)	Trainingszeit
1. Ui (41)	1'47.080
2. Alzamora (1)	1'47.217
3. Locatelli (4)	1'47.428
4. Poggiali (54)	1'47.536
5. A. de Angelis (15)	1'47.604
6. Giansanti (32)	1'48.091
7. Ueda (5)	1'48.221
8. Vincent (21)	1'48.311
9. de Puniet (12)	1'48.337
10. Borsoi (23)	1'48.344
11. Azuma (3)	1'48.353
12. Scalvini (8)	1'48.398
13. Nieto jr. (29)	1'48.566
14. Sanna (16)	1'48.755
15. Goi (26)	1'48.774
16. Elias (18)	1'49.019
17. Cecchinello (9)	1'49.123
18. Stolz (35)	1'49.432
19. Nieto (22)	1'49.462
20. Jenkner (17)	1'49.566
21. W.de Angelis (53)	1'49.645
22. Sabbatani (11)	1'49.681
23. Hules (39)	1'49.975
24. Petrini (51)	1'50.076
25. Haslam (24)	1'50.623
26. Bataille (34)	1'50.870
27. Araujo (10)	1'51.307
28. Leite (84)	1'52.846
29. Henriques (86)	1'54.892
30. Carvalho (83)	1'55.850
31. Vieira (85)	1'58.080

ERGEBNIS nach 24 Runden = 100,368 km
Schnitt des Siegers: 138,817 km/h

Fahrer (Nation) Maschine	Zeit (Min)	WM-Stand Fahrer/Punkte	
1. Emilio Alzamora (E) Honda	43'22.891	Locatelli	180
2. Roberto Locatelli (I) Aprilia	-3.691	Ui	165
3. Arnaud Vincent (F) Aprilia	-12.233	Alzamora	151
4. Lucio Cecchinello (I) Honda	-12.804	Giansanti	126
5. Simone Sanna (I) Aprilia	-16.958	Vincent	118
6. Ivan Goi (I) Honda	-19.629	Ueda	113
7. Randy de Puniet (F) Aprilia	-26.990	Azuma	98
8. Gino Borsoi (I) Aprilia	-30.785	Borsoi	88
9. Angel Nieto jr. (E) Honda	-30.794	Goi	85
10. Jaroslav Hules (CZ) Italjet	-33.054	Sanna	75
11. Steve Jenkner (D) Honda	-33.466	Cecchinello	72
12. Pablo Nieto (E) Derbi	-49.454	Jenkner	59
13. Massimiliano Sabbatani (I) Honda	-1'04.046	Nieto jr.	46
14. Adrian Araujo (E) Honda	-1'13.056	Scalvini	42
15. William de Angelis (I) Aprilia	-1'13.060	de Puniet	40
16. Eric Bataille (AND) Honda	-1'14.132	Nieto	40
17. Antonio Elias (E) Honda	-1 Runde	Poggiali	35
18. José Leite (P) Honda	-1 Runde	Hules	25

Schnellste Runde: Locatelli in 1'47.279 = 140,337 km/h

AUSFÄLLE: Fahrer (Nation) Maschine (Grund)	in Runde
Emmanuel Carvalho (P) Honda (Nichtstarter/nicht qualifiziert)	-
Paulo Henriques (P) Aprilia (Nichtstarter/nicht qualifiziert)	-
Manuel Vieira (P) Yamaha (Nichtstarter/nicht qualifiziert)	-
Noboru Ueda (J) Honda (Sturz)	9
Gianluigi Scalvini (I) Aprilia (Sturz)	10
Reinhard Stolz (D) Honda (Sturz nach Kolbenklemmer)	10
Youichi Ui (J) Derbi (Sturz)	10
Mirko Giansanti (I) Aprilia (Sturz)	11
Marco Petrini (I) Aprilia (Motor defekt)	11
Alex de Angelis (I) Honda (Sturz)	13
Leon Haslam (GB) Italjet (Kupplungskorb gebrochen)	18
Manuel Poggiali (RSM) Derbi (Batteriekabel gebrochen)	18
Masao Azuma (J) Honda (Sturz)	24

250 cm³

STARTAUFSTELLUNG

Fahrer (Nr)	Trainingszeit
1. Jacque (19)	1'42.506
2. Katoh (74)	1'42.700
3. Nakano (56)	1'42.709
4. Ukawa (4)	1'42.892
5. Waldmann (6)	1'42.992
6. Melandri (35)	1'43.211
7. Checa (42)	1'43.254
8. Nöhles (26)	1'43.629
9. Debon (30)	1'43.681
10. Porto (9)	1'43.715
11. Nieto (10)	1'43.825
12. West (14)	1'43.914
13. Battaini (21)	1'44.048
14. Vincent (24)	1'44.258
15. Matsudo (8)	1'44.285
16. Philippe (25)	1'44.385
17. Janssen (41)	1'44.686
18. Gimbert (22)	1'44.844
19. Clementi (11)	1'44.950
20. Oliver (31)	1'44.972
21. Vidal (20)	1'45.018
22. Coates (15)	1'45.032
23. Allemand (23)	1'45.159
24. Boscoscuro (37)	1'45.165
25. Hofmann (66)	1'45.236
26. Yuzy (18)	1'45.509
27. Stigefelt (16)	1'45.953
28. Robinson (77)	1'45.968
29. Molina (38)	1'47.216
30. Teixeira (85)	1'47.603
31. Esparragoso (86)	1'50.237
32. Antelo (87)	1'51.527

ERGEBNIS nach 26 Runden = 108,732 km
Schnitt des Siegers: 144,560 km/h

Fahrer (Nation) Maschine	Zeit (Min)	WM-Stand Fahrer/Punkte	
1. Daijiro Katoh (J) Honda	45'07.769	Jacque	221
2. Olivier Jacque (F) Yamaha	-10.954	Nakano	194
3. Marco Melandri (I) Aprilia	-28.317	Ukawa	185
4. Anthony West (AUS) Honda	-34.314	Katoh	182
5. Klaus Nöhles (D) Aprilia	-35.983	Waldmann	108
6. Alfonso Nieto (E) Yamaha	-40.091	West	107
7. Jason Vincent (GB) Aprilia	-40.375	Melandri	100
8. Ivan Clementi (I) Aprilia	-51.493	Battaini	77
9. Sebastien Gimbert (F) TSR-Honda	-54.322	Matsudo	70
10. Shahrol Yuzy (MAL) Yamaha	-54.506	Porto	62
11. Alexander Hofmann (D) Aprilia	-58.840	Nöhles	45
12. Franco Battaini (I) Aprilia	-59.337	Vincent	35
13. Vincent Philippe (F) TSR-Honda	-1'00.132	Boscoscuro	31
14. Luca Boscoscuro (I) Aprilia	-1'05.509	Stigefelt	26
15. Jamie Robinson (GB) Aprilia	-1'24.133	Debon	24
16. Julien Allemand (F) Yamaha	-1'24.462	Robinson	23
17. Lucas Oliver (E) Yamaha	-1'35.079	Nieto	21
18. Felisberto Teixeira (P) Yamaha	-1 Runde	Rolfo	20
19. Alvaro Molina (E) Aprilia	-1 Runde	Yuzy	18

Schnellste Runde: Jacque in 1'42.985 = 146,188 km/h

AUSFÄLLE: Fahrer (Nation) Maschine (Grund)	in Runde
Pablo Antelo (E) Honda (Nichtstarter/Trainingssturz)	-
Vicente Esparragoso (E) Yamaha (Nichtstarter/Trainingssturz)	-
Johan Stigefelt (S) TSR-Honda (Nichtstarter/Grund unbekannt)	-
David Checa (E) TSR-Honda (Sturz)	2
Alex Debon (E) Aprilia (Sturz)	2
Sebastian Porto (RA) Yamaha (Sturz)	2
Ralf Waldmann (D) Aprilia (Sturz)	3
Naoki Matsudo (J) Yamaha (Sturz)	4
Shinya Nakano (J) Yamaha (Sturz)	4
Tohru Ukawa (J) Honda (Sturz)	4
Jarno Janssen (NL) TSR-Honda (Kupplung defekt)	10
Adrian Coates (GB) Aprilia (Motor am Start überfettet)	13
Jeronimo Vidal (E) Aprilia (Zündkerze defekt)	21

500 cm³

STARTAUFSTELLUNG

Fahrer (Nr)	Trainingszeit
1. McCoy (24)	1'40.736
2. Aoki (9)	1'41.111
3. v. d. Goorbergh (17)	1'41.145
4. Roberts (2)	1'41.150
5. Biaggi (4)	1'41.366
6. Okada (8)	1'41.396
7. Barros (10)	1'41.520
8. Checa (7)	1'41.596
9. Crivillé (1)	1'41.907
10. Laconi (55)	1'41.916
11. Gibernau (5)	1'41.957
12. Rossi (46)	1'42.021
13. Abe (6)	1'42.187
14. Capirossi (65)	1'42.251
15. McWilliams (99)	1'42.472
16. Willis (68)	1'42.677
17. Harada (31)	1'43.156
18. Cardoso (25)	1'43.257
19. Konishi (15)	1'44.966
20. Legrelle (18)	1'46.159
21. Giles (20)	1'46.601
22. Tessari (43)	1'46.631

ERGEBNIS nach 28 Runden = 117,096 km
Schnitt des Siegers: 145,982 km/h

Fahrer (Nation) Maschine	Zeit (Min)	WM-Stand Fahrer/Punkte	
1. Garry McCoy (AUS) Yamaha	48'07.663	Roberts	194
2. Kenny Roberts (USA) Suzuki	-4.941	Rossi	148
3. Valentino Rossi (I) Honda	-5.182	Checa	132
4. Massimiliano Biaggi (I) Yamaha	-5.724	Capirossi	126
5. Regis Laconi (F) Yamaha	-13.759	Abe	113
6. Alex Crivillé (E) Honda	-15.422	Barros	110
7. Tadayuki Okada (J) Honda	-15.425	McCoy	109
8. Jürgen v. d. Goorbergh (NL) TSR-Honda	-15.776	Crivillé	107
9. Norifumi Abe (J) Yamaha	-19.623	Biaggi	102
10. Alexandre Barros (BR) Honda	-19.843	Aoki	86
11. Jeremy McWilliams (GB) Aprilia	-32.421	Okada	80
12. Carlos Checa (E) Yamaha	-33.195	Laconi	78
13. Loris Capirossi (I) Honda	-54.916	Goorbergh	68
14. Tetsuya Harada (J) Aprilia	-1'13.562	McWilliams	66
15. Mark Willis (AUS) Modenas	-1'18.311	Gibernau	51
16. José Luis Cardoso (E) Honda	-1'19.532	Harada	30
17. Yoshiteru Konishi (J) TSR-Honda	-1'47.140	de Gea	18
18. Sebastien Legrelle (B) Honda	-1 Runde	Cardoso	15
19. Phil Giles (GB) Honda	-1 Runde	Konishi	13

Schnellste Runde: Rossi in 1'42.200 = 147,311 km/h

AUSFÄLLE: Fahrer (Nation) Maschine (Grund)	in Runde
Nobuatsu Aoki (J) Suzuki (Sturz)	1
Paolo Tessari (I) Paton (Getriebe defekt/Öl auf dem Hinterrad)	11
Sete Gibernau (E) Honda (Sturz)	21

Ehrengast für die »Hall of Fame« unvergessener Helden: Wayne Rainey mit Dorna-Chef Carmelo Ezpeleta

GP Valencia

Termin: 17. September 2000, Wetter: sonnig, Zuschauer: 130.000, Streckenlänge: 4,005 km

125 cm^3

STARTAUFSTELLUNG	
Fahrer (Nr)	Trainingszeit
1. Locatelli (4)	1'40.918
2. Ui (41)	1'41.011
3. Alzamora (1)	1'41.547
4. Nieto (22)	1'41.671
5. A. de Angelis (15)	1'41.695
6. Azuma (3)	1'41.785
7. Nieto jr. (29)	1'41.834
8. Cecchinello (9)	1'41.890
9. Ueda (5)	1'41.946
10. Vincent (21)	1'41.957
11. Borsoi (23)	1'41.992
12. Giansanti (32)	1'42.108
13. de Puniet (12)	1'42.119
14. Goi (26)	1'42.200
15. Elias (18)	1'42.453
16. Sabbatani (11)	1'42.523
17. Sanna (16)	1'42.556
18. Poggiali (54)	1'42.559
19. Scalvini (8)	1'42.560
20. Jenkner (17)	1'42.878
21. Mico (43)	1'43.210
22. Bataille (34)	1'43.277
23. Hules (39)	1'43.467
24. Petrini (51)	1'43.507
25. Haslam (24)	1'43.554
26. Faubel (44)	1'43.802
27. Rodriguez (47)	1'43.938
28. Stolz (35)	1'44.320
29. W.de Angelis (53)	1'44.465
30. Araujo (10)	1'47.297

ERGEBNIS nach 25 Runden = 100,125 km			
Schnitt des Siegers: 141,491 km/h		WM-Stand	
Fahrer (Nation) Maschine	Zeit (Min)	Fahrer/Punkte	
1. Roberto Locatelli (I) Aprilia	42'27.505	Locatelli	205
2. Masao Azuma (J) Honda	-0.433	Ui	181
3. Youichi Ui (J) Derbi	-7.925	Alzamora	162
4. Pablo Nieto (E) Derbi	-7.941	Giansanti	129
5. Emilio Alzamora (E) Honda	-15.086	Vincent	124
6. Simone Sanna (I) Aprilia	-20.463	Azuma	118
7. Gianluigi Scalvini (I) Aprilia	-20.625	Ueda	118
8. Lucio Cecchinello (I) Honda	-21.015	Borsoi	95
9. Gino Borsoi (I) Aprilia	-21.456	Sanna	85
10. Arnaud Vincent (F) Aprilia	-21.688	Goi	85
11. Noboru Ueda (J) Honda	-21.848	Cecchinello	80
12. Alex de Angelis (I) Honda	-25.453	Jenkner	59
13. Mirko Giansanti (I) Aprilia	-27.102	Nieto	53
14. Manuel Poggiali (RSM) Derbi	-32.153	Scalvini	51
15. Antonio Elias (E) Honda	-36.034	Nieto jr.	46
16. Steve Jenkner (D) Honda	-44.666	de Puniet	40
17. Angel Nieto jr. (E) Honda	-47.817	Poggiali	37
18. Randy de Puniet (F) Aprilia	-47.862	Hules	25
19. Hector Faubel (E) Aprilia	-1'10.477	Stolz	21
20. Marco Petrini (I) Aprilia	-1'12.524	A. de Angelis	16
21. Jaroslav Hules (CZ) Italjet	-1'12.684	Sabbatani	16
22. Leon Haslam (GB) Italjet	-1'17.512	Elias	14
23. Reinhard Stolz (D) Honda	-1'26.832	Petrini	11
24. David Mico (E) Aprilia	-1'27.526	Bataille	9
25. William de Angelis (I) Aprilia	-1'30.158	Nakajoh	9
26. Massimiliano Sabbatani (I) Honda	-1 Runde	Fujioka	7
Schnellste Runde: Ui in 1'40.631 = 143,276 km/h			

AUSFÄLLE: Fahrer (Nation) Maschine (Grund)	in Runde
Adrian Araujo (E) Honda (Motor defekt)	1
Eric Bataille (AND) Honda (Sturz)	14
Ivan Goi (I) Honda (Sturz)	14
Angel Rodriguez (E) Aprilia (Auspuff gebrochen)	22

250 cm^3

STARTAUFSTELLUNG	
Fahrer (Nr)	Trainingszeit
1. Jacque (19)	1'36.680
2. Nakano (56)	1'36.706
3. Melandri (35)	1'37.424
4. Ukawa (4)	1'37.538
5. Battaini (21)	1'37.552
6. Waldmann (6)	1'37.577
7. Debon (30)	1'37.757
8. Checa (42)	1'37.986
9. Boscoscuro (37)	1'38.149
10. Nieto (10)	1'38.216
11. Yuzy (18)	1'38.306
12. Porto (9)	1'38.415
13. Katoh (74)	1'38.415
14. West (14)	1'38.650
15. Nöhles (26)	1'38.655
16. Vidal (20)	1'38.734
17. Robinson (77)	1'38.844
18. Matsudo (8)	1'38.992
19. Vincent (24)	1'39.048
20. Philippe (25)	1'39.165
21. Coates (15)	1'39.225
22. Allemand (23)	1'39.345
23. Clementi (11)	1'39.422
24. Hofmann (66)	1'39.713
25. Janssen (41)	1'39.734
26. Stigefelt (16)	1'39.813
27. Gimbert (22)	1'39.981
28. Oliver (31)	1'40.226
29. Bonilla (39)	1'40.437
30. Molina (38)	1'40.569

ERGEBNIS nach 27 Runden = 108,135 km			
Schnitt des Siegers: 148,066 km/h		WM-Stand	
Fahrer (Nation) Maschine	Zeit (Min)	Fahrer/Punkte	
1. Shinya Nakano (J) Yamaha	43'49.140	Jacque	241
2. Olivier Jacque (F) Yamaha	-4.285	Nakano	219
3. Marco Melandri (I) Aprilia	-14.848	Ukawa	198
4. Tohru Ukawa (J) Honda	-14.897	Katoh	193
5. Daijiro Katoh (J) Honda	-20.208	Melandri	116
6. Franco Battaini (I) Aprilia	-36.491	West	116
7. Anthony West (AUS) Honda	-39.810	Waldmann	111
8. Sebastian Porto (RA) Yamaha	-39.887	Battaini	87
9. Jason Vincent (GB) Aprilia	-40.271	Matsudo	71
10. David Checa (E) TSR-Honda	-40.273	Porto	70
11. Alex Debon (E) Aprilia	-53.509	Nöhles	45
12. Luca Boscoscuro (I) Aprilia	-56.619	Vincent	42
13. Ralf Waldmann (D) Aprilia	-56.709	Boscoscuro	35
14. Shahrol Yuzy (MAL) Yamaha	-1'01.788	Debon	29
15. Naoki Matsudo (J) Yamaha	-1'04.067	Stigefelt	26
16. Vincent Philippe (F) TSR-Honda	-1'17.605	Checa	23
17. Alfonso Nieto (E) Yamaha	-1'18.349	Robinson	23
18. Alexander Hofmann (D) Aprilia	-1'20.839	Nieto	21
19. Jamie Robinson (GB) Aprilia	-1'22.270	Yuzy	20
20. Julien Allemand (F) Yamaha	-1'28.758	Rolfo	20
21. Ivan Clementi (I) Aprilia	-1'30.004	Gimbert	14
22. Lucas Oliver (E) Yamaha	-1'34.529	Clementi	14
23. Adrian Coates (GB) Aprilia	-1 Runde	Hofmann	12
24. Jarno Janssen (NL) TSR-Honda	-1 Runde	Philippe	11
Schnellste Runde: Nakano in 1'36.398 = 149,567 km/h			

AUSFÄLLE: Fahrer (Nation) Maschine (Grund)	in Runde
Jeronimo Vidal (E) Aprilia (Motor defekt)	1
Sebastien Gimbert (F) TSR-Honda (Motor defekt)	3
Johan Stigefelt (S) TSR-Honda (Grund unbekannt)	10
Alvaro Molina (E) TSR-Honda (Grund unbekannt)	15
Ismael Bonilla (E) Honda (Grund unbekannt)	20
Klaus Nöhles (D) Aprilia (Sturz)	21

500 cm^3

STARTAUFSTELLUNG	
Fahrer (Nr)	Trainingszeit
1. Roberts (2)	1'35.133
2. Biaggi (4)	1'35.191
3. Capirossi (65)	1'35.296
4. McCoy (24)	1'35.388
5. Rossi (46)	1'35.424
6. Checa (7)	1'35.452
7. Barros (10)	1'35.481
8. v. d. Goorbergh (17)	1'35.632
9. Gibernau (5)	1'35.651
10. Laconi (55)	1'35.682
11. Crivillé (1)	1'35.701
12. Aoki (9)	1'35.800
13. McWilliams (99)	1'35.894
14. Okada (8)	1'36.091
15. de Gea (11)	1'36.109
16. Abe (6)	1'36.115
17. Harada (31)	1'37.445
18. Cardoso (25)	1'37.800
19. Tomas (33)	1'39.026
20. Konishi (15)	1'39.507
21. Legrelle (18)	1'39.638
22. Giles (20)	1'41.461
23. Tessari (43)	1'41.495

ERGEBNIS nach 30 Runden = 120,150 km			
Schnitt des Siegers: 148,752 km/h		WM-Stand	
Fahrer (Nation) Maschine	Zeit (Min)	Fahrer/Punkte	
1. Garry McCoy (AUS) Yamaha	48'27.799	Roberts	214
2. Kenny Roberts (USA) Suzuki	-5.005	Rossi	148
3. Massimiliano Biaggi (I) Yamaha	-5.978	Checa	141
4. Nobuatsu Aoki (J) Suzuki	-8.675	McCoy	134
5. Alexandre Barros (BR) Honda	-14.247	Capirossi	126
6. Regis Laconi (F) Yamaha	-16.111	Barros	121
7. Carlos Checa (E) Yamaha	-19.967	Biaggi	118
8. Sete Gibernau (E) Honda	-21.094	Abe	113
9. Tadayuki Okada (J) Honda	-21.346	Crivillé	107
10. Jürgen v. d. Goorbergh (NL) TSR-Honda	-37.506	Aoki	99
11. David de Gea (E) Modenas	-37.682	Laconi	88
12. José Luis Cardoso (E) Honda	-59.465	Okada	87
13. David Tomas (E) Honda	-1 Runde	Goorbergh	74
14. Yoshiteru Konishi (J) TSR-Honda	-1 Runde	McWilliams	66
15. Phil Giles (GB) Honda	-1 Runde	Gibernau	59
Schnellste Runde: Crivillé in 1'36.85 = 150,055 km/h			

AUSFÄLLE: Fahrer (Nation) Maschine (Grund)	in Runde
Tetsuya Harada (J) Aprilia (Grund unbekannt)	2
Norifumi Abe (J) Yamaha (Sturz)	4
Sebastien Legrelle (B) Honda (Getriebe defekt)	4
Jeremy McWilliams (GB) Aprilia (Sturz)	7
Loris Capirossi (I) Honda (Sturz)	11
Alex Crivillé (E) Honda (Sturz)	13
Paolo Tessari (I) Paton (Motor defekt)	16
Valentino Rossi (I) Honda (Sturz)	27

Der kleine Teufel zeigt die Hörner: Roberto Locatelli bei der Startaufstellung

Rio GP in Jacarepagua

Termin: 7. Oktober 2000, Wetter: trocken, Zuschauer: 40.000, Streckenlänge: 4,933 km

125 cm³

STARTAUFSTELLUNG	
Fahrer (Nr)	**Trainingszeit**
1. Locatelli (4)	1'59.011
2. Ui (41)	1'59.371
3. Sanna (16)	1'59.459
4. Giansanti (32)	1'59.649
5. Poggiali (54)	1'59.705
6. Scalvini (8)	1'59.938
7. Borsoi (23)	2'00.117
8. A. de Angelis (15)	2'00.194
9. Azuma (3)	2'00.195
10. Ueda (5)	2'00.299
11. de Puniet (12)	2'00.484
12. Vincent (21)	2'00.669
13. Nieto (22)	2'00.699
14. Cecchinello (9)	2'00.772
15. Alzamora (1)	2'00.918
16. Jenkner (17)	2'01.035
17. Petrini (51)	2'01.421
18. Sabbatani (11)	2'01.499
19. Hules (39)	2'01.585
20. Goi (26)	2'01.858
21. Bataille (34)	2'02.049
22. Elias (18)	2'02.296
23. Haslam (24)	2'02.974
24. Stolz (35)	2'03.697
25. Nieto jr. (29)	2'04.658
26. W.de Angelis (53)	2'06.772
27. Panades (90)	2'07.589
28. Ramos (89)	2'07.711
29. Calabrezzi (52)	2'10.381
30. Gutierrez (87)	2'12.108

ERGEBNIS nach 21 Runden = 103,593 km			
Schnitt des Siegers: 147,157 km/h		WM-Stand	
Fahrer (Nation) Maschine	**Zeit (Min)**	**Fahrer/Punkte**	
1. Simone Sanna (I) Aprilia	42'14.265	Locatelli	205
2. Masao Azuma (J) Honda	-0.034	Ui	197
3. Youichi Ui (J) Derbi	-5.680	Alzamora	170
4. Gianluigi Scalvini (I) Aprilia	-14.597	Azuma	138
5. Lucio Cecchinello (I) Honda	-14.890	Giansanti	129
6. Noboru Ueda (J) Honda	-15.056	Ueda	128
7. Gino Borsoi (I) Aprilia	-16.677	Vincent	124
8. Emilio Alzamora (E) Honda	-17.033	Sanna	110
9. Randy de Puniet (F) Aprilia	-17.566	Borsoi	104
10. Pablo Nieto (E) Derbi	-18.043	Cecchinello	91
11. Alex de Angelis (I) Honda	-20.526	Goi	89
12. Ivan Goi (I) Honda	-20.695	Scalvini	64
13. Steve Jenkner (D) Honda	-26.309	Jenkner	62
14. Antonio Elias (E) Honda	-50.820	Nieto	59
15. Eric Bataille (AND) Honda	-1'04.998	de Puniet	47
16. Marco Petrini (I) Aprilia	-1'05.290	Nieto jr.	46
17. Massimiliano Sabbatani (I) Honda	-1'05.753	Poggiali	37
18. Reinhard Stolz (D) Honda	-1'27.528	Hules	25
Schnellste Runde: Giansanti in 1'59.368 = 148,774 km/h			

AUSFÄLLE: Fahrer (Nation) Maschine (Grund)	in Runde
Gian Calabrezzi (BR) Honda (Nichtstarter/nicht qualifiziert)	-
William de Angelis (I) Aprilia (Nichtstarter/Trainingssturz)	-
Wesley Gutierrez (BR) Honda (Nichtstarter/nicht qualifiziert)	-
Angel Nieto jr. (E) Honda (Nichtstarter/Trainingssturz)	-
Leandro Panades (BR) Honda (Nichtstarter/nicht qualifiziert)	-
Renato Ramos (BR) Honda (Nichtstarter/nicht qualifiziert)	-
Manuel Poggiali (RSM) Derbi (Sturz)	7
Roberto Locatelli (I) Aprilia (Kurbelwellenbruch)	8
Jaroslav Hules (CZ) Italjet (Sturz)	12
Leon Haslam (GB) Italjet (Zündaussetzer)	16
Arnaud Vincent (F) Aprilia (Kolbenklemmer)	17
Mirko Giansanti (I) Aprilia (Sturz)	21

250 cm³

STARTAUFSTELLUNG	
Fahrer (Nr)	**Trainingszeit**
1. Melandri (35)	1'53.464
2. Jacque (19)	1'53.625
3. Katoh (74)	1'53.712
4. Battaini (21)	1'53.795
5. Nakano (56)	1'53.944
6. Ukawa (4)	1'54.167
7. Waldmann (6)	1'54.224
8. Debon (30)	1'54.571
9. Boscoscuro (37)	1'54.803
10. Vincent (24)	1'55.059
11. Checa (42)	1'55.163
12. Porto (9)	1'55.200
13. West (14)	1'55.234
14. Nöhles (26)	1'55.303
15. Nieto (10)	1'55.435
16. Hofmann (66)	1'55.663
17. Matsudo (8)	1'55.911
18. Vidal (20)	1'56.020
19. Clementi (11)	1'56.032
20. Yuzy (18)	1'56.146
21. Gimbert (22)	1'56.154
22. Philippe (25)	1'56.185
23. Robinson (77)	1'56.210
24. Janssen (41)	1'56.585
25. Allemand (23)	1'56.706
26. Oliver (31)	1'56.770
27. Stigefelt (16)	1'57.216
28. Coates (15)	1'57.477
29. Barros (67)	1'58.544
30. Irias (68)	2'00.836

ERGEBNIS nach 22 Runden = 108,526 km			
Schnitt des Siegers: 154,131 km/h		WM-Stand	
Fahrer (Nation) Maschine	**Zeit (Min)**	**Fahrer/Punkte**	
1. Daijiro Katoh (J) Honda	42'14.822	Jacque	241
2. Tohru Ukawa (J) Honda	-0.064	Nakano	232
3. Marco Melandri (I) Aprilia	-0.190	Katoh	218
4. Shinya Nakano (J) Yamaha	-13.788	Ukawa	218
5. Anthony West (AUS) Honda	-19.087	Melandri	132
6. Ralf Waldmann (D) Aprilia	-19.236	West	127
7. Franco Battaini (I) Aprilia	-24.786	Waldmann	121
8. Sebastian Porto (RA) Yamaha	-31.874	Battaini	96
9. Jason Vincent (GB) Aprilia	-41.546	Porto	78
10. Luca Boscoscuro (I) Aprilia	-45.904	Matsudo	75
11. Alfonso Nieto (E) Yamaha	-55.630	Vincent	49
12. Naoki Matsudo (J) Yamaha	-55.670	Nöhles	45
13. Ivan Clementi (I) Aprilia	-55.980	Boscoscuro	41
14. Sebastien Gimbert (F) TSR-Honda	-56.327	Debon	29
15. Julien Allemand (F) Yamaha	-56.491	Nieto	26
16. Vincent Philippe (F) TSR-Honda	-56.713	Stigefelt	26
17. Klaus Nöhles (D) Aprilia	-1'08.066	Checa	23
18. Adrian Coates (GB) Aprilia	-1'12.784	Robinson	23
19. Jarno Janssen (NL) TSR-Honda	-1'23.491	Yuzy	20
20. Lucas Oliver (E) Yamaha	-1'39.172	Rolfo	20
21. Jeronimo Vidal (E) Aprilia	-1'41.493	Clementi	17
Schnellste Runde: Jacque in 1'54.394 = 155,242 km/h			

AUSFÄLLE: Fahrer (Nation) Maschine (Grund)	in Runde
Alexander Hofmann (D) Aprilia (Nichtstarter/Trainingssturz)	-
Alex Debon (E) Aprilia (Sturz)	1
Johan Stigefelt (S) TSR-Honda (Motor defekt)	1
Cesar Barros (BR) Honda (Sturz)	2
Jamie Robinson (GB) Aprilia (Grund unbekannt)	5
Cristiano Irias (BR) Honda (Grund unbekannt)	6
David Checa (E) TSR-Honda (Sturz)	8
Shahrol Yuzy (MAL) Yamaha (Sturz)	12
Olivier Jacque (F) Yamaha (Sturz)	17

500 cm³

STARTAUFSTELLUNG	
Fahrer (Nr)	**Trainingszeit**
1. Biaggi (4)	1'51.058
2. Barros (10)	1'51.290
3. Checa (7)	1'51.353
4. Rossi (46)	1'51.496
5. Capirossi (65)	1'51.608
6. Abe (6)	1'51./49
7. Roberts (2)	1'51.822
8. Okada (8)	1'51.946
9. Laconi (55)	1'52.492
10. v. d. Goorbergh (17)	1'52.572
11. Gibernau (5)	1'52.649
12. Crivillé (1)	1'52.781
13. McCoy (24)	1'52.845
14. McWilliams (99)	1'52.992
15. Aoki (9)	1'53.312
16. Harada (31)	1'53.453
17. Willis (68)	1'53.896
18. Cardoso (25)	1'56.308
19. Tomas (33)	1'56.876
20. Konishi (15)	1'57.662
21. Legrelle (18)	1'59.521

ERGEBNIS nach 24 Runden = 118,392 km			
Schnitt des Siegers: 156,544 km/h		WM-Stand	
Fahrer (Nation) Maschine	**Zeit (Min)**	**Fahrer/Punkte**	
1. Valentino Rossi (I) Honda	45'22.624	Roberts	224
2. Alexandre Barros (BR) Honda	-0.970	Rossi	173
3. Garry McCoy (AUS) Yamaha	-3.446	McCoy	150
4. Norifumi Abe (J) Yamaha	-3.568	Checa	142
5. Massimiliano Biaggi (I) Yamaha	-3.709	Barros	141
6. Kenny Roberts (USA) Suzuki	-7.778	Biaggi	129
7. Sete Gibernau (E) Honda	-8.260	Abe	126
8. Regis Laconi (F) Yamaha	-8.518	Capirossi	126
9. Tadayuki Okada (J) Honda	-17.506	Crivillé	112
10. Jürgen v. d. Goorbergh (NL) TSR-Honda	-23.254	Aoki	103
11. Alex Crivillé (E) Honda	-28.802	Laconi	96
12. Nobuatsu Aoki (J) Suzuki	-34.134	Okada	94
13. Tetsuya Harada (J) Aprilia	-54.359	Goorbergh	80
14. Mark Willis (AUS) Modenas	-1'03.182	Gibernau	60
15. Carlos Checa (E) Yamaha	-1'03.506	McWilliams	66
16. José Luis Cardoso (E) Honda	-1'21.941	Harada	33
17. David Tomas (E) Honda	-1 Runde	de Gea	23
18. Yoshiteru Konishi (J) TSR-Honda	-1 Runde	Cardoso	19
Schnellste Runde: Rossi in 1'52.667 = 157,622 km/h			

AUSFÄLLE: Fahrer (Nation) Maschine (Grund)	in Runde
Sebastien Legrelle (B) Honda (Trainingssturz/nicht qualifiziert)	-
Loris Capirossi (I) Honda (Sturz)	3
Jeremy McWilliams (GB) Aprilia (Motor defekt)	3

Die Weltmeister-Familie:
Kenny Roberts junior, Kenny Roberts senior

Pazifik GP in Motegi

Termin: 15. Oktober 2000, Wetter: trocken, Zuschauer: 66.000, Streckenlänge: 4,801 km

125 cm³

STARTAUFSTELLUNG	
Fahrer (Nr)	Trainingszeit
1. Locatelli (4)	1'58.831
2. Cecchinello (9)	1'59.351
3. Ui (41)	1'59.636
4. Azuma (3)	1'59.726
5. Alzamora (1)	1'59.789
6. Vincent (21)	2'00.044
7. Ueda (5)	2'00.345
8. Goi (26)	2'00.405
9. Yunoki (95)	2'00.589
10. A. de Angelis (15)	2'00.690
11. Nieto jr. (29)	2'00.710
12. Sanna (16)	2'00.731
13. Poggiali (54)	2'00.746
14. Fujioka (56)	2'00.785
15. Jenkner (17)	2'00.873
16. Scalvini (8)	2'01.039
17. Katoh (97)	2'01.064
18. Giansanti (32)	2'01.087
19. Nieto (22)	2'01.209
20. Ono (98)	2'01.309
21. Borsoi (23)	2'01.358
22. Elias (18)	2'01.420
23. Koyama (96)	2'01.595
24. de Puniet (12)	2'01.693
25. Petrini (51)	2'01.889
26. Sabbatani (11)	2'02.114
27. Bataille (34)	2'02.705
28. Stolz (35)	2'02.950
29. Haslam (24)	2'03.805
30. W.de Angelis (53)	2'05.526
31. Tresoldi (67)	2'05.864

ERGEBNIS nach 21 Runden = 100,821 km			
Schnitt des Siegers: 144,308 km/h		WM-Stand	
Fahrer (Nation) Maschine	Zeit (Min)	Fahrer/Punkte	
1. Roberto Locatelli (I) Aprilia	41'55.152	Locatelli	230
2. Emilio Alzamora (E) Honda	-13.790	Ui	197
3. Simone Sanna (I) Aprilia	-16.429	Alzamora	190
4. Lucio Cecchinello (I) Honda	-17.692	Azuma	149
5. Masao Azuma (J) Honda	-21.734	Ueda	136
6. Ivan Goi (I) Honda	-28.060	Vincent	131
7. Alex de Angelis (I) Honda	-28.277	Giansanti	129
8. Noboru Ueda (J) Honda	-28.322	Sanna	126
9. Arnaud Vincent (F) Aprilia	-29.155	Borsoi	105
10. Pablo Nieto (E) Derbi	-29.521	Cecchinello	104
11. Angel Nieto jr. (E) Honda	-33.499	Goi	99
12. Manuel Poggiali (RSM) Derbi	-38.889	Nieto	65
13. Antonio Elias (E) Honda	-39.828	Jenkner	64
14. Steve Jenkner (D) Honda	-39.983	Scalvini	64
15. Gino Borsoi (I) Aprilia	-40.151	Nieto jr.	51
16. Yuzo Fujioka (J) Honda	-55.189	de Puniet	47
17. Tomoyoshi Koyama (J) Yamaha	-55.212	Poggiali	41
18. Gianluigi Scalvini (I) Aprilia	-1'09.288	A. de Angelis	30
19. Massimiliano Sabbatani (I) Honda	-1'11.898	Hules	25
20. Marco Petrini (I) Aprilia	-1'11.980	Stolz	21
21. Masafumi Ono (J) Honda	-1'12.325	Elias	19
22. Reinhard Stolz (D) Honda	-1'38.513	Sabbatani	16
23. Marco Tresoldi (CH) Honda	-1'52.521	Petrini	11
Schnellste Runde: Locatelli in 1'58.816 = 145,465 km/h			

AUSFÄLLE: Fahrer (Nation) Maschine (Grund)	in Runde
William de Angelis (I) Aprilia (Nichtstarter/Trainingssturz)	-
Mirko Giansanti (I) Aprilia (Nichtstarter/Trainingssturz)	-
Noboyuki Yunoki (J) Honda (Sturz)	1
Eric Bataille (AND) Honda (Grund unbekannt)	2
Leon Haslam (GB) Italjet (Grund unbekannt)	11
Randy de Puniet (F) Aprilia (Grund unbekannt)	12
Youichi Ui (J) Derbi (Sturz)	14
Naoki Katoh (J) Honda (Sturz)	18

250 cm³

STARTAUFSTELLUNG	
Fahrer (Nr)	Trainingszeit
1. Katoh (74)	1'52.574
2. Melandri (35)	1'52.934
3. Nakano (56)	1'52.959
4. Ukawa (4)	1'53.440
5. Jacque (19)	1'53.451
6. Battaini (21)	1'53.502
7. Waldmann (6)	1'53.534
8. Debon (30)	1'53.917
9. West (14)	1'54.304
10. Porto (9)	1'54.461
11. Miyazaki (49)	1'54.662
12. Hatekeyama (88)	1'54.752
13. Vincent (24)	1'54.802
14. Nieto (10)	1'54.812
15. Yuzy (18)	1'54.896
16. Checa (42)	1'54.923
17. Aoyama (89)	1'55.109
18. Boscoscuro (37)	1'55.167
19. Nakatomi (48)	1'55.171
20. Matsudo (8)	1'55.240
21. Philippe (25)	1'55.242
22. Rolfo (44)	1'55.395
23. Allemand (23)	1'55.546
24. Coates (15)	1'55.570
25. Nöhles (26)	1'55.879
26. Clementi (11)	1'55.965
27. Vidal (20)	1'55.984
28. Janssen (41)	1'56.147
29. Kourogi (90)	1'56.239
30. Stigefelt (16)	1'56.259
31. Robinson (77)	1'56.334
32. Gimbert (22)	1'56.498
33. Oliver (31)	1'56.598

ERGEBNIS nach 23 Runden = 110,423 km			
Schnitt des Siegers: 152,518 km/h		WM-Stand	
Fahrer (Nation) Maschine	Zeit (Min)	Fahrer/Punkte	
1. Daijiro Katoh (J) Honda	43'26.394	Jacque	254
2. Shinya Nakano (J) Yamaha	-0.707	Nakano	252
3. Marco Melandri (I) Aprilia	-19.677	Katoh	243
4. Olivier Jacque (F) Yamaha	-24.260	Ukawa	229
5. Tohru Ukawa (J) Honda	-28.673	Melandri	148
6. Anthony West (AUS) Honda	-49.317	West	137
7. Ralf Waldmann (D) Aprilia	-50.661	Waldmann	130
8. Hiroshi Aoyama (J) Honda	-1'06.700	Battaini	96
9. Jason Vincent (GB) Aprilia	-1'08.330	Porto	78
10. Osamu Miyazaki (J) Yamaha	-1'08.510	Matsudo	75
11. Yasu Hatekeyama (J) Honda	-1'14.158	Vincent	56
12. Shahrol Yuzy (MAL) Yamaha	-1'20.838	Nöhles	45
13. Alex Debon (E) Aprilia	-1'20.946	Boscoscuro	43
14. Luca Boscoscuro (I) Aprilia	-1'22.398	Debon	32
15. Alfonso Nieto (E) Yamaha	-1'22.817	Nieto	27
16. David Checa (E) TSR-Honda	-1'22.942	Stigefelt	26
17. Naoki Matsudo (J) Yamaha	-1'37.060	Yuzy	24
18. Yoshinori Kourogi (J) Honda	-1'46.753	Checa	23
19. Sebastien Gimbert (F) TSR-Honda	-1'46.792	Robinson	23
20. Johan Stigefelt (S) TSR-Honda	-1'48.952	Rolfo	20
Schnellste Runde: Nakano in 1'52.253 = 153,097 km/h			

AUSFÄLLE: Fahrer (Nation) Maschine (Grund)	in Runde
Ivan Clementi (I) Aprilia (Nichtstarter)	-
Adrian Coates (GB) Aprilia (Nichtstarter/Trainingssturz)	-
Jeronimo Vidal (E) Aprilia (Nichtstarter)	-
Jarno Janssen (NL) TSR-Honda (Sturz)	1
Shinichi Nakatomi (J) Honda (Sturz)	1
Klaus Nöhles (D) Aprilia (Sturz)	1
Lucas Oliver (E) Yamaha (Sturz)	1
Vincent Philippe (F) TSR-Honda (Sturz)	1
Roberto Rolfo (I) Aprilia (Sturz)	1
Franco Battaini (I) Aprilia (Sturz)	2
Jamie Robinson (GB) Aprilia (Sturz)	3
Julien Allemand (F) Yamaha (Grund unbekannt)	6
Sebastian Porto (RA) Yamaha (Sturz)	15

500 cm³

STARTAUFSTELLUNG	
Fahrer (Nr)	Trainingszeit
1. Biaggi (4)	1'49.954
2. Roberts (2)	1'50.140
3. Capirossi (65)	1'50.286
4. Barros (10)	1'50.515
5. Rossi (46)	1'50.797
6. Abe (6)	1'50.926
7. Checa (7)	1'51.020
8. McCoy (24)	1'51.070
9. Okada (8)	1'51.159
10. Aoki (9)	1'51.177
11. Gibernau (5)	1'51.221
12. Crivillé (1)	1'51.240
13. Laconi (55)	1'51.259
14. McWilliams (99)	1'51.823
15. v. d. Goorbergh (17)	1'52.048
16. Harada (31)	1'52.404
17. Kayoh (56)	1'53.184
18. Willis (68)	1'53.401
19. Tomas (33)	1'55.515
20. Konishi (15)	1'56.056
21. Briggs (36)	2'01.790
22. Cardoso (25)	-

ERGEBNIS nach 25 Runden = 120,025 km			
Schnitt des Siegers: 155,242 km/h		WM-Stand	
Fahrer (Nation) Maschine	Zeit (Min)	Fahrer/Punkte	
1. Kenny Roberts (USA) Suzuki	46'23.327	Roberts	249
2. Valentino Rossi (I) Honda	-6.175	Rossi	193
3. Massimiliano Biaggi (I) Yamaha	-6.360	Checa	155
4. Carlos Checa (E) Yamaha	-19.727	Barros	150
5. Norifumi Abe (J) Yamaha	-21.994	McCoy	150
6. Alex Crivillé (E) Honda	-22.237	Biaggi	145
7. Alexandre Barros (BR) Honda	-23.963	Abe	137
8. Loris Capirossi (I) Honda	-26.051	Capirossi	134
9. Nobuatsu Aoki (J) Suzuki	-26.388	Crivillé	122
10. Tadayuki Okada (J) Honda	-32.508	Aoki	110
11. Regis Laconi (F) Yamaha	-36.078	Laconi	101
12. Sete Gibernau (E) Honda	-37.760	Okada	100
13. Tetsuya Harada (J) Aprilia	-38.014	Goorbergh	81
14. Jeremy McWilliams (GB) Aprilia	-55.657	Gibernau	72
15. Jürgen v. d. Goorbergh (NL) TSR-Honda	-1'06.664	McWilliams	68
16. Tekkyu Kayoh (J) TSR-Honda	-1'28.554	Harada	36
17. David Tomas (E) Honda	-1 Runde	de Gea	23
18. Yoshiteru Konishi (J) TSR-Honda	-1 Runde	Cardoso	19
Schnellste Runde: Rossi in 1'50.591 = 156,284 km/h			

AUSFÄLLE: Fahrer (Nation) Maschine (Grund)	in Runde
Stephen Briggs (NZ) BSL (nicht qualifiziert)	-
José Luis Cardoso (E) Honda (Nichtstarter/Trainingssturz)	-
Mark Willis (AUS) Modenas (Nichtstarter/Trainingssturz)	-
Garry McCoy (AUS) Yamaha (Ausritt/Bremsscheibe hinten gebr.)	18

Immer volle Pulle: Nakano, Katoh, Melandri

GP Australien in Phillip Island

Termin: 29. Oktober 2000, Wetter: trocken, Zuschauer: 40.000, Streckenlänge: 4,448 km

125 cm3

STARTAUFSTELLUNG	
Fahrer (Nr)	**Trainingszeit**
1. Locatelli (4)	1'38.296
2. Ui (41)	1'38.650
3. Scalvini (8)	1'38.764
4. Cecchinello (9)	1'38.812
5. Azuma (3)	1'38.842
6. Sanna (16)	1'38.992
7. Ueda (5)	1'39.021
8. Vincent (21)	1'39.143
9. Alzamora (1)	1'39.316
10. Nieto (22)	1'39.567
11. Borsoi (23)	1'39.580
12. Poggiali (54)	1'39.613
13. A. de Angelis (15)	1'39.721
14. Jenkner (17)	1'39.857
15. Goi (26)	1'40.052
16. Nieto jr. (29)	1'40.110
17. Sabbatani (11)	1'40.239
18. Elias (18)	1'40.358
19. Brookes (92)	1'41.297
20. de Puniet (12)	1'41.337
21. Hules (39)	1'41.974
22. Stolz (35)	1'41.991
23. Teniswood (94)	1'42.070
24. Bataille (34)	1'42.184
25. Tresoldi (67)	1'42.401
26. W.de Angelis (53)	1'42.847
27. Haslam (24)	1'43.859
28. Taylor (91)	1'43.919
29. Bianco (33)	1'44.366

ERGEBNIS nach 23 Runden = 102,304 km			
Schnitt des Siegers: 156,779 km/h		**WM-Stand**	
Fahrer (Nation) Maschine	**Zeit (Min)**	**Fahrer/Punkte**	
1. Masao Azuma (J) Honda	39'09.128	Locatelli	230
2. Youichi Ui (J) Derbi	-0.622	Ui	217
3. Noboru Ueda (J) Honda	-4.088	Alzamora	203
4. Emilio Alzamora (E) Honda	-4.170	Azuma	174
5. Manuel Poggiali (RSM) Derbi	-5.697	Ueda	152
6. Alex de Angelis (I) Honda	-15.596	Sanna	132
7. Steve Jenkner (D) Honda	-15.597	Vincent	131
8. Ivan Goi (I) Honda	-23.402	Giansanti	129
9. Gino Borsoi (I) Aprilia	-32.204	Borsoi	112
10. Simone Sanna (I) Aprilia	-33.961	Goi	107
11. Angel Nieto jr. (E) Honda	-42.276	Cecchinello	104
12. Antonio Elias (E) Honda	-42.378	Jenkner	73
13. Randy de Puniet (F) Aprilia	-42.700	Nieto	67
14. Pablo Nieto (E) Derbi	-43.206	Scalvini	64
15. Jaroslav Hules (CZ) Italjet	-1'07.361	Nieto jr.	56
16. Reinhard Stolz (D) Honda	-1'19.126	Poggiali	52
17. Leon Haslam (GB) Italjet	-1'24.320	de Puniet	50
18. Joshua Brookes (AUS) Honda	-1'35.650	A. de Angelis	40
19. Eric Bataille (AND) Honda	-1'38.754	Hules	26
20. Stefano Bianco (I) Honda	-1'12.256	Elias	23
Schnellste Runde: in '. = km/h			

AUSFÄLLE: Fahrer (Nation) Maschine (Grund)	in Runde
Gianluigi Scalvini (I) Aprilia (Sturz)	3
Roberto Locatelli (I) Aprilia (Sturz)	7
Massimiliano Sabbatani (I) Honda (Motor defekt)	11
Marco Tresoldi (CH) Honda (Motor überhitzt)	15
Lucio Cecchinello (I) Honda (Sturz)	16
Michael Teniswood (AUS) Honda (Batterie leer)	16
Arnaud Vincent (F) Aprilia (Zündkerze gebrochen)	18
William de Angelis (I) Aprilia (Motor defekt)	19
Jay Taylor (AUS) Honda (Grund unbekannt)	21

250 cm3

STARTAUFSTELLUNG	
Fahrer (Nr)	**Trainingszeit**
1. Nakano (56)	1'33.713
2. Jacque (19)	1'34.182
3. Katoh (74)	1'34.188
4. Melandri (35)	1'34.287
5. Waldmann (6)	1'34.561
6. Ukawa (4)	1'34.678
7. Debon (30)	1'35.296
8. Nieto (10)	1'35.298
9. Vincent (24)	1'35.357
10. Porto (9)	1'35.434
11. Checa (42)	1'35.442
12. Allemand (23)	1'35.614
13. Yuzy (18)	1'35.905
14. Coates (15)	1'35.942
15. West (14)	1'35.987
16. Battaini (21)	1'36.190
17. Rolfo (44)	1'36.196
18. Stigefelt (16)	1'36.428
19. Philippe (25)	1'36.472
20. Boscoscuro (37)	1'36.502
21. Vidal (20)	1'36.507
22. Janssen (41)	1'36.628
23. Matsudo (8)	1'36.813
24. Oliver (31)	1'36.979
25. Gimbert (22)	1'37.464
26. Geronimi (91)	1'38.424
27. Robinson (77)	1'38.485
28. Clementi (11)	1'38.512
29. Nöhles (26)	1'39.568
30. Carter (93)	1'40.152
31. Boyle (92)	1'41.097
32. Torresi (94)	1'42.302

ERGEBNIS nach 25 Runden = 111,200 km			
Schnitt des Siegers: 169,642 km/h		**WM-Stand**	
Fahrer (Nation) Maschine	**Zeit (Min)**	**Fahrer/Punkte**	
1. Olivier Jacque (F) Yamaha	39'19.795	Jacque	279
2. Shinya Nakano (J) Yamaha	-0.014	Nakano	272
3. Daijiro Katoh (J) Honda	-14.525	Katoh	259
4. Ralf Waldmann (D) Aprilia	-14.556	Ukawa	239
5. Marco Melandri (I) Aprilia	-30.945	Melandri	159
6. Tohru Ukawa (J) Honda	-49.942	West	146
7. Anthony West (AUS) Honda	-59.116	Waldmann	143
8. Jason Vincent (GB) Aprilia	-59.170	Battaini	96
9. Alfonso Nieto (E) Yamaha	-59.563	Porto	83
10. Roberto Rolfo (I) Aprilia	-59.588	Matsudo	79
11. Sebastian Porto (RA) Yamaha	-59.677	Vincent	64
12. Naoki Matsudo (J) Yamaha	-59.692	Nöhles	45
13. Vincent Philippe (F) TSR-Honda	-1'08.252	Boscoscuro	44
14. Julien Allemand (F) Yamaha	-1'11.768	Nieto	34
15. Luca Boscoscuro (I) Aprilia	-1'20.888	Debon	32
16. Ivan Clementi (I) Aprilia	-1'20.965	Rolfo	26
17. Johan Stigefelt (S) TSR-Honda	-1'21.234	Stigefelt	26
18. Alex Debon (E) Aprilia	-1'24.803	Yuzy	24
19. Shahrol Yuzy (MAL) Yamaha	-1'33.561	Robinson	23
20. David Checa (E) TSR-Honda	-1'33.618	Checa	23
21. Lucas Oliver (E) Yamaha	-1'36.657	Clementi	17
22. Jarno Janssen (NL) TSR-Honda	-1 Runde	Gimbert	16
Schnellste Runde: Jacque in 1'33.784 = 170,741 km/h			

AUSFÄLLE: Fahrer (Nation) Maschine (Grund)	in Runde
Franco Battaini (I) Aprilia (Nichtstarter/Trainingssturz)	-
Jason Boyle (AUS) Honda (Nichtstarter/nicht qualifiziert)	-
Klaus Nöhles (D) Aprilia (Nichtstarter/Trainingssturz)	-
Jamie Robinson (GB) Aprilia (Nichtstarter/Trainingssturz)	-
Steven Torresi (AUS) Yamaha (Nichtstarter/nicht qualifiziert)	-
Adrian Coates (GB) Aprilia (Sturz)	4
Jeronimo Vidal (E) Aprilia (Motor defekt)	4
Terry Carter (AUS) Yamaha (Aufgabe/zu langsam)	6
Sebastien Gimbert (F) TSR-Honda (Bremse defekt)	9
Shaun Geronimi (AUS) Yamaha (Auspuff gebrochen)	20

500 cm3

STARTAUFSTELLUNG	
Fahrer (Nr)	**Trainingszeit**
1. McWilliams (99)	1'32.552
2. Barros (10)	1'32.811
3. Laconi (55)	1'32.964
4. Roberts (2)	1'33.032
5. Capirossi (65)	1'33.282
6. McCoy (24)	1'33.312
7. Checa (7)	1'33.481
8. Rossi (46)	1'33.520
9. Crivillé (1)	1'33.618
10. Okada (8)	1'33.667
11. Abe (6)	1'33.711
12. Biaggi (4)	1'33.757
13. Aoki (9)	1'34.354
14. Gibernau (5)	1'34.419
15. Kayoh (56)	1'34.901
16. Willis (68)	1'35.049
17. v. d. Goorbergh (17)	1'35.488
18. Konishi (15)	1'37.493
19. Harada (31)	1'37.946
20. Tomas (33)	1'38.623
21. Cardoso (25)	1'39.654
22. Briggs (36)	1'42.026

ERGEBNIS nach 27 Runden = 120,096 km			
Schnitt des Siegers: 169,561 km/h		**WM-Stand**	
Fahrer (Nation) Maschine	**Zeit (Min)**	**Fahrer/Punkte**	
1. Massimiliano Biaggi (I) Yamaha	42'29.792	Roberts	258
2. Loris Capirossi (I) Honda	-0.182	Rossi	209
3. Valentino Rossi (I) Honda	-0.288	Biaggi	170
4. Alexandre Barros (BR) Honda	-0.426	Barros	163
5. Garry McCoy (AUS) Yamaha	-1.885	McCoy	161
6. Norifumi Abe (J) Yamaha	-3.818	Checa	155
7. Kenny Roberts (USA) Suzuki	-3.846	Capirossi	154
8. Jeremy McWilliams (GB) Aprilia	-3.878	Abe	147
9. Tadayuki Okada (J) Honda	-4.308	Crivillé	122
10. Nobuatsu Aoki (J) Suzuki	-12.582	Aoki	116
11. Regis Laconi (F) Yamaha	-15.939	Okada	107
12. Jürgen v. d. Goorbergh (NL) TSR-Honda	-40.420	Laconi	106
13. Tekkyu Kayoh (J) Honda	-1'06.159	Goorbergh	85
14. Tetsuya Harada (J) Aprilia	-1'15.267	McWilliams	76
15. Yoshiteru Konishi (J) TSR-Honda	-1 Runde	Gibernau	72
Schnellste Runde: Biaggi in 1'33.320 = 171,59 km/h			

AUSFÄLLE: Fahrer (Nation) Maschine (Grund)	in Runde
Stephen Briggs (NZ) BSL (Nichtstarter/nicht qualifiziert)	-
José Luis Cardoso (E) Honda (Nichtstarter/nicht qualifiziert)	-
Alex Crivillé (E) Honda (Sturz)	4
David Tomas (E) Honda (rutschende Kupplung)	7
Mark Willis (AUS) Modenas (Benzinzufuhr unterbrochen)	8
Carlos Checa (E) Yamaha (Sturz)	11
Sete Gibernau (E) Honda (Unwucht am Hinterrad)	21

Traumfinale statt des befürchteten Alptraums:
Das Chesterfield Team Tech 3 feiert Weltmeister Olivier Jacque

Endstand der WM-Punktewertung

125 ccm

Fahrer		Punkte	RSA	MAL	J	E	F	I	CAT	NL	GB	D	CZ	P	VAL	BR	MOT	AUS
1.	Roberto Locatelli (I) Aprilia	230	13	25	-	16	13	25	-	10	13	20	25	20	25	-	25	-
2.	Youichi Ui (J) Derbi	217	—	20	25	—	25	—	—	25	25	25	20	—	16	16	—	20
3.	Emilio Alzamora (E) Honda	203	16	13	11	25	16	9	—	—	20	—	16	25	11	8	20	13
4.	Masao Azuma (J) Honda	174	7	8	16	13	—	16	20	7	11	—	—	—	20	20	11	25
5.	Noboru Ueda (J) Honda	152	11	11	20	11	—	10	—	20	16	3	11	—	5	10	8	16
6.	Simone Sanna (I) Aprilia	132	4	2	—	—	6	—	25	11	—	16	—	11	10	25	16	6
7.	Arnaud Vincent (F) Aprilia	131	25	—	8	8	11	8	13	3	3	13	10	16	6	—	7	—
8.	Mirko Giansanti (I) Honda	129	20	16	—	20	20	20	—	—	10	11	9	—	3	—	—	—
9.	Gino Borsoi (I) Aprilia	112	6	10	13	4	7	11	16	5	—	—	8	8	7	9	1	7
10.	Ivan Goi (I) Honda	107	8	6	10	9	10	3	5	8	—	10	6	10	—	4	10	8
11.	Lucio Cecchinello (I) Honda	104	5	—	—	10	9	—	—	13	9	—	13	13	8	11	13	—
12.	Steve Jenkner (D) Honda	73	10	7	3	6	—	13	—	9	—	6	—	5	—	3	2	9
13.	Pablo Nieto (E) Derbi	67	1	5	5	—	—	5	10	—	1	9	—	4	13	6	6	2
14.	Gianluigi Scalvini (I) Aprilia	64	9	9	—	—	5	6	—	—	5	8	—	—	9	13	—	—
15.	Angel Nieto Jr. (E) Honda	56	3	4	—	5	—	—	7	6	7	7	—	7	—	—	5	5

16. Manuel Poggiali (E) Derbi 52; 17. Randy de Puniet (F) Aprilia 50; 18. Alex de Angelis (RSM) Honda 40; 19. Jaroslav Hules (CZ) Aprilia 26; 20. Antonio Elias (E) Honda 23; 21. Reinhard Stolz (D) Honda 21; 22. Max Sabbatani (I) Honda 16; 23. Marco Petrini (I) Aprilia 11; 24. Eric Bataille (AND) Honda 10; 25. Hideyuki Nakajoh (J) Honda 9; 26. Yuzo Fujioka (J) Honda 7; 27. Leon Haslam (GB) Italjet 6; 28. Jakub Smrz (CZ) Honda 5; 29. Hiroyuki Kikuchi (J) Honda 2; 30. Alessandro Brannetti (I) Honda 2; 31. Ivan Martinez (E) Aprilia 2; 32. Jarno Müller (D) Honda 2; 33. Adrian Araujo (E) Honda 2; 34. Katsuji Uezu (J) Yamaha 1; 35. William de Angelis (RSM) Aprilia 1

Markenweltmeisterschaft

		Punkte	RSA	MAL	J	E	F	I	CAT	NL	GB	D	CZ	P	VAL	BR	MOT	AUS
1.	Honda	318	20	16	20	25	20	20	20	20	20	11	16	25	20	20	20	25
2.	Aprilia	313	25	25	13	16	13	25	25	11	13	20	25	20	25	25	25	7
3.	Derbi	250	1	20	25	7	25	5	10	25	25	25	20	4	16	16	6	20
4.	Italjet	31	—	—	—	2	—	2	6	—	8	—	7	6	—	—	—	—
5.	Yamaha	1	—	—	1	—	—	—	—	—	—	—	—	—	—	—	—	—

250 ccm

Fahrer		Punkte	RSA	MAL	J	E	F	I	CAT	NL	GB	D	CZ	P	VAL	BR	MOT	AUS
1.	Olivier Jacque (F) Yamaha	279	13	20	13	13	16	20	25	20	20	25	16	20	20	—	13	25
2.	Shinya Nakano (J) Yamaha	272	25	25	16	1	20	25	16	16	9	16	25	—	25	13	20	20
3.	Daijiro Katoh (J) Honda	259	20	16	25	20	10	16	13	8	6	13	10	25	11	25	25	16
4.	Tohru Ukawa (J) Honda	239	16	—	20	16	25	10	20	25	13	20	20	—	13	20	11	10
5.	Marco Melandri (I) Aprilia	159	3	11	11	10	13	13	10	—	—	—	13	16	16	16	16	11
6.	Anthony West (AUS) Honda	146	11	10	10	11	11	9	7	13	—	6	6	13	9	11	10	9
7.	Ralf Waldmann (D) Aprilia	143	9	13	—	25	8	—	9	—	25	8	11	—	3	10	9	13
8.	Franco Battaini (I) Aprilia	96	10	3	9	6	5	11	11	—	—	9	9	4	10	9	—	—
9.	Sebastian Porto (RA) Yamaha	83	8	8	4	7	6	—	—	9	5	7	8	—	8	8	—	5
10.	Naoki Matsudo (J) Yamaha	79	6	5	—	—	9	8	8	11	16	2	5	—	1	4	—	4
11.	Jason Vincent (GB) Aprilia	64	7	4	—	4	—	—	—	—	11	—	—	9	7	7	7	8
12.	Klaus Nöhles (D) Aprilia	45	2	—	3	8	2	—	1	—	—	11	7	11	—	—	—	—
13.	Luca Boscoscuro (I) Aprilia	44	—	9	5	5	7	—	—	—	—	1	2	2	4	6	2	1
14.	Fonsi Nieto (E) Yamaha	34	—	—	—	—	—	7	—	—	—	4	—	10	—	5	1	7
15.	Alex Debon (E) Aprilia	32	4	7	—	2	1	—	—	—	10	—	—	—	5	—	3	—

16. Roberto Rolfo (I) Aprilia 26; 17. Johan Stigefelt (S) TSR-Honda 26; 18. Sharol Yuzy (MAL) Yamaha 24; 19. Jamie Robinson (GB) Aprilia 23; 20. David Checa (E) TSR-Honda 23; 21. Ivan Clementi (I) Aprilia 17; 22. Sebastien Gimbert (F) TSR-Honda 16; 23. Osamu Miyazaki (J) Yamaha 14; 24. Vincent Philippe (F) TSR-Honda 14; 25. Julien Allemand (F) Yamaha 13; 26. Alex Hofmann (D) Aprilia 12; 27. Marcellino Lucchi (I) Aprilia 9; 28. Hiroshi Aoyama (J) Honda 8; 29. Shinichi Nakatomi (J) Honda 7; 30. Lucas Oliver (E) Yamaha 7; 31. Nobuyuki Ohsaki (J) Yamaha 6; 32. Yasu Hatekayama (J) Honda 5; 33. Jarno Janssen (NL) TSR-Honda 4; 34. Gary Haslam (GB) Honda 3; 35. Taro Sekiguchi (J) Yamaha 2; 36. Adrian Coates (GB) Aprilia 2; 37. Jeronimo Vidal (E) Aprilia 2; 38. David Thomas (E) Honda 2

Markenweltmeisterschaft

		Punkte	RSA	MAL	J	E	F	I	CAT	NL	GB	D	CZ	P	VAL	BR	MOT	AUS
1.	Yamaha	342	25	25	16	13	20	25	25	20	20	25	25	20	25	13	20	25
2.	Honda	324	20	16	25	20	25	16	20	25	13	20	20	25	13	25	25	16
3.	Aprilia	232	10	13	11	25	13	13	11	10	25	11	13	16	16	16	16	13
4.	TSR-Honda	58	1	2	—	3	4	3	5	6	8	5	3	7	6	2	—	3

500 ccm

Fahrer		Punkte	RSA	MAL	J	E	F	I	CAT	NL	GB	D	CZ	P	VAL	BR	MOT	AUS
1.	Kenny Roberts (USA) Suzuki	258	10	25	20	25	10	10	25	—	20	16	13	20	20	10	25	9
2.	Valentino Rossi (I) Honda	209	—	—	5	16	16	4	16	10	25	20	20	16	—	25	20	16
3.	Max Biaggi (I) Yamaha	170	—	13	—	—	—	7	11	13	7	13	25	13	16	11	16	25
4.	Alex Barros (BR) Honda	163	13	8	9	11	11	—	—	25	2	25	—	6	11	20	9	13
5.	Garry McCoy (AUS) Yamaha	161	25	16	7	—	13	—	—	1	—	6	16	25	25	16	—	11
6.	Carlos Checa (E) Yamaha	155	20	20	11	20	9	20	—	11	5	7	5	4	9	1	13	—
7.	Loris Capirossi (I) Honda	154	16	—	4	10	8	25	10	16	13	10	11	3	—	—	8	20
8.	Norick Abe (J) Yamaha	147	9	—	25	—	20	11	20	6	10	5	—	7	—	13	11	10
9.	Alex Crivillé (E) Honda	122	11	—	10	13	25	—	—	20	9	—	9	10	—	5	10	—
10.	Nobuatsu Aoki (J) Suzuki	116	8	11	13	9	5	13	13	3	—	3	8	—	13	4	7	6
11.	Tadayuki Okada (J) Honda	107	—	10	16	6	2	8	1	5	6	11	6	9	7	7	6	7
12.	Regis Laconi (F) Yamaha	106	7	7	2	8	7	9	3	8	4	9	3	11	10	8	5	5
13.	Jürgen van den Goorbergh (NL) TSR-Honda	85	6	5	3	7	3	5	9	7	11	—	4	8	6	6	1	4
14.	Jeremy McWilliams (GB) Aprilia	76	—	6	8	—	4	16	4	—	16	—	7	5	—	—	2	8
15.	Sete Gibernau (E) Honda	72	—	9	—	—	1	6	—	9	8	8	10	—	8	9	4	—
16.	Tetsuya Harada (J) Aprilia	38	—	4	—	5	6	—	7	4	—	—	2	2	—	3	3	2
17.	David de Gea (E) Modenas	23	1	2	1	4	—	—	8	2	—	—	—	—	5	—	—	—
18.	José Luis Cardoso (E) Honda	19	5	3	—	—	—	3	—	—	—	4	—	—	4	—	—	—
19.	Yoshiteru Konishi (J) TSR-Honda	16	3	—	—	3	—	1	6	—	—	—	—	—	2	—	—	1
20.	Sebastien Legrelle (B) Honda	7	—	—	—	—	—	2	5	—	—	—	—	—	—	—	—	—
21.	Akira Ryo (J) Suzuki	6	—	—	6	—	—	—	—	—	—	—	—	—	—	—	—	—
22.	Sebastien Gimbert (F) Honda	5	4	1	—	—	—	—	—	—	—	—	—	—	—	—	—	—
23.	Shane Norval (RSA) Honda	4	2	—	—	—	—	—	2	—	—	—	—	—	—	—	—	—
24.	John McGuiness (GB) Honda	3	—	—	—	—	—	—	—	—	3	—	—	—	—	—	—	—
25.	David Tomas (E) Honda	3	—	—	—	—	—	—	—	—	—	—	—	—	3	—	—	—
26.	Tekkyu Kayoh (J) Honda	3	—	—	—	—	—	—	—	—	—	—	—	—	—	—	—	3
27.	Luca Cadalora (I) Modenas	3	—	—	—	—	—	—	—	—	—	2	1	—	—	—	—	—
28.	Mark Willis (AUS) Modenas	3	—	—	—	—	—	—	—	—	—	—	—	1	—	2	—	—
29.	Anthony Gobert (AUS) Modenas	1	—	—	—	—	—	—	—	—	1	—	—	—	—	—	—	—
30.	Paolo Tessari (I) Paton	1	—	—	—	—	—	—	—	—	—	1	—	—	—	—	—	—
31.	Phil Giles (GB) Honda	1	—	—	—	—	—	—	—	—	—	—	—	—	1	—	—	—

Markenweltmeisterschaft

		Punkte	RSA	MAL	J	E	F	I	CAT	NL	GB	D	CZ	P	VAL	BR	MOT	AUS
1.	Yamaha	318	25	20	25	20	20	20	20	13	10	13	25	25	25	16	16	25
2.	Honda	311	16	10	16	16	25	25	16	25	25	25	20	16	11	25	20	20
3.	Suzuki	264	10	25	20	25	10	13	25	3	20	16	13	20	20	10	25	9
4.	Aprilia	94	—	6	8	5	6	16	7	4	16	—	7	5	—	3	3	8
5.	TSR-Honda	85	6	5	3	7	3	5	9	7	11	—	4	8	6	6	1	4
6.	Modenas	30	1	2	1	4	—	—	8	2	1	2	1	1	5	2	—	—
7.	Paton	1	—	—	—	—	—	—	—	—	—	1	—	—	—	—	—	—

DIE WELT IST EINE KURVE.
JETZT NEU!
Verkürzen Sie die Zeit zwischen zwei Kurven. Lesen Sie alle 14 Tage das neue MOTORRAD – Europas größte Motorradzeitschrift – und spüren Sie beim Umblättern jetzt noch größere Fliehkräfte: mit Tests, an denen sich die Branche orientiert, mit weltexklusiven Fahrberichten und Fotos, die es im Bauch kribbeln lassen! Was sonst noch alles neu ist bei MOTORRAD, sehen Sie jetzt an Ihrem Kiosk. Vorausgesetzt Sie fahren gleich hin!
MOTORRAD

Lucio Cecchinello

Marco Melandri

Max Biaggi

Mirko Giansanti

Nobby Ueda

Nobuatsu Aoki

Norick Abe

Olivier Jacque

Ralf Waldmann